高等学校新形态教材

大学现代篮球教程

主　编　张　衡

副主编　赵　琳　程　刚　张正瑶

编　者　张　衡　赵　琳　程　刚
　　　　张正瑶　董　林　王志峰
　　　　郝　玮

西北工业大学出版社

西　安

【内容简介】 本书主要内容包括篮球运动概述、篮球技术教学与训练、篮球战术教学与训练、篮球运动员专项身体素质训练、篮球竞赛裁判法等。本书内容丰富、深入浅出、通俗易懂、紧扣教学、高效实用。

本书可作为高等院校学生篮球课程教材,也可供篮球爱好者参考使用。

图书在版编目(CIP)数据

大学现代篮球教程 / 张衡主编 . — 西安 : 西北工业大学出版社, 2023.1

ISBN 978-7-5612-8622-7

Ⅰ.①大… Ⅱ.①张… Ⅲ.①篮球运动-高等学校-教材 Ⅳ.①G841

中国国家版本馆 CIP 数据核字(2023)第 021088 号

DAXUE XIANDAI LANQIU JIAOCHENG

大 学 现 代 篮 球 教 程

张衡 主编

责任编辑: 万灵芝 陈松涛 **策划编辑:** 杨 军

责任校对: 李 欣 **装帧设计:** 董晓伟

出版发行: 西北工业大学出版社

通信地址: 西安市友谊西路 127 号 邮编:710072

电　　话: (029)88491757, 88493844

网　　址: www.nwpup.com

印 刷 者: 陕西向阳印务有限公司

开　　本: 710 mm×1 000 mm 1/16

印　　张: 15.875

字　　数: 311 千字

版　　次: 2023 年 1 月第 1 版 2023 年 1 月第 1 次印刷

书　　号: ISBN 978-7-5612-8622-7

定　　价: 69.00 元

如有印装问题请与出版社联系调换

前　言

篮球是一项集人的智慧、篮球意识、技战术、体能等为一体，且在身体发育、动作发展、意志品质培养、智力发展、团结合作等方面促进人的全面健康发展的运动。

篮球是深受大学生喜爱的重要运动项目之一。系统地掌握篮球基础理论、基本知识、竞赛管理及裁判方法等技能，对于做好学校体育教学和校园体育指导工作，促进大学生的身心健康发展具有极为重要的意义。

本书是为了适应当前教育改革、篮球运动的发展、社会对人才的要求以及校园篮球的推进，更好地实现篮球专项课程培养目标而编写的。本书针对现代大学篮球教学提出了自己的观点、教学方法、练习手段、对易犯错误的纠正方法、各项技术在实践中运用的方法等。通过篮球课程教学，能培养大学体育教师具备从事篮球教学、训练、竞赛组织管理工作的能力，培养具有一定篮球运动能力的学生教练员、裁判员，全民健身指导员，校园篮球工作管理者和篮球社团工作者。同时，本书对从事高校篮球教学的相关人员具有一定的启发和帮助作用。

笔者根据高等体育教育专业本科教学计划培养目标和篮球课程的教学任务，在对多年来篮球课程的教学实践和对不同时期、不同版本使用的各类篮球教材总结的基础上，重视教材知识结构的系统性、整体性，进行了教学内容的更新，重视大学生研学能力的培养。根据篮球运动的发展及社会的需求，本书吸收了现代体育科学理论和篮球运动科学研究的新成果，充实了篮球运动的新概念、新观点、新技术、新战术以及教学与训练的新方法，全面、系统地介绍了篮球学科的基本知识、基本技术与战术等理论与实践内容，注重基本技能与实践能力的培养。

本书的编写分工如下：第一章由张衡、董林编写，黄子欢统稿；第二章由赵琳、张衡编写，韩世鹏统稿；第三章由张衡、郝炜编写，陈铮滔统稿；第四章由王志峰、程刚编写，张正瑶统稿；第五章由赵琳、张衡编写，张正瑶统稿。张正瑶为全书各章节翻译篮球外文文献十余万字。

在编写本书的过程中，参考了不同时期、不同版本的篮球教材和资料，在此对其作者表示诚挚的感谢！对西北工业大学体育部各位老师的无私协助，以及西北工业大学普通生“智慧猩”篮球队的大力支持表示感谢！

由于水平所限，书中不足之处在所难免，敬请广大读者批评指正。

编　者

2022 年 4 月

目　录

第一章　篮球运动概述

第一节　篮球运动的起源与传播

一、篮球运动的起源

现代篮球运动起源于美国，是由美国马萨诸塞州斯普林菲尔德市(Spring－field City，又称春田市)基督教青年会训练学校体育教师，在加拿大出生的詹姆斯·奈史密斯(James Naismith)(见图1－1)于1891年发明的。1891年冬，基督教青年会训练学校(今春田体育学院)教师詹姆斯·奈史密斯依据学校的要求，设计了一项学生可以在室内进行的体育活动，即篮球游戏。由于起初创编该游戏时，运用装桃子的竹编篮筐和美式足球作为游戏的道具，所以将游戏取名为“篮球”。经过数次体育课堂教学后，1891年圣诞夜，詹姆斯·奈史密斯将体育课上的18名学生分为两组进行篮球游戏表演比赛，并将篮球游戏介绍给观众。

图1－1　詹姆斯·奈史密斯

初期的篮球游戏(见图1－2)近似美式足球,无明确的比赛规则,场地大小不等,活动人数不限,仅在室内一块狭长的空地两端各放一个篮筐。比赛时把参加者分成人数相等的两队,分别横列在场地两端界线外,主持比赛者在中心点把近似现代足球大小的球向场地中心区抛起后,两队便集体向球落地区奔跑争球,随即展开攻守对抗,争取将球掷入对方的篮筐。比赛以球进筐数多的队伍为胜者,而每进一球后都需要按开始时的程序重新进行。

图1－2　早期篮球游戏

为了扩大室内场地的活动范围和提高游戏难度,人们将篮筐悬挂在离地10英尺(约3.048米)高的两侧墙壁上(见图1－3),这一变革不仅提高了游戏的趣味,而且把篮球活动的形式和内容向前推进了一大步。正由于篮筐悬高,增加了球进篮筐的难度,所以比赛中常常出现队员将球扔到观看比赛的人群中的情况,从而引起场内外争抢篮球的喧哗,而每次进球还要架梯登高取球,造成了比赛延误。为此,奈史密斯取消了篮筐的底部,在篮筐后上方增设了铁丝挡网或挡板。1892—1893年,奈史密斯有针对性地制定了原始的十三条和二十一条规则,如比赛中只允许用手触球和做动作,不准拿球走和跑,以及争夺中不能发生身体接触等,而且用铁质篮圈取代了不同制式的篮圈,成型的木制篮板替代了铁丝挡网。之后又在场地上增设了分区线和中圈,比赛的上场队员逐步减少,开始有前锋、中场、后卫的位置分工,不久又增设了电灯式的罚球区。自此,篮球游戏从场地设施到比赛规则都去掉了美式足球的影子,逐步呈现出现代篮球运动雏形。

篮球运动产生之后,首先在美国学校盛行起来,随后在美洲、亚洲、欧洲和大洋洲等地区传播并开展起来。

图 1-3　篮球运动早期篮球筐

二、篮球运动的演进

篮球运动经历了由一种民间乡土儿童游戏，到学校课间健体强身活动、区域性社会文化现象、体育竞技项目、全球性跨国文化、教育领域的课程与学科，再到当代社会新兴产业的演进过程。若以其活动的方法和规则完善的过程划分，可分为以下五个时期。

(一)初创时期(1891 年—20 世纪 20 年代)

1891 年，美国马萨诸塞州斯普林菲尔德市基督教青年会训练学校体育教师詹姆斯·奈史密斯发明了篮球运动。最早是使用装桃子的竹筐，悬挂在健身房两侧的栏杆上，离地面 10 英尺(约 3.048 米)，用足球作比赛用球，投球入篮得 1 分。每次球投中后要登上梯子把球取出来，再重新开始比赛。1891 年 12 月举行了第一场篮球比赛。1892 年，奈史密斯编写了《青年会篮球规则》，概括为五项原则十三条规则，主要有竞赛中只允许用手接触球、不准拿球走或跑、争抢中不能有粗野的身体冲撞动作等内容。1893—1894 年，出现了类似现代的篮板、篮圈和篮网等比赛器材。1896 年，美国成立篮球规则委员会。1897 年，场地内增设了罚球区，球场界线初步明确，场上队员也有了位置分工，现代篮球运动基本形成。1898 年，美国成立世界上第一个职业篮球组织“国家篮球联盟”，即 NBL，并开始了最早的职业篮球联赛。1904 年，美国青年男子球队在第 3 届奥运会上进行了第一次国际篮球表演赛。1915 年，在上海举行的第 2 届远东运动会将篮球列为正式比赛项目，篮球运动第一次成为国际体育竞赛正式项目。

(二)完善与推广时期(20 世纪 30—40 年代)

20 世纪 30 年代，篮球运动迅速向欧洲、亚洲、大洋洲等的许多国家推广发展，技术水平不断提高，单兵作战的基本形式逐渐被集体间的相互配合所取代。1932年，葡萄牙、阿根廷等欧美8个国家的代表在瑞士日内瓦酝酿组织国际业余篮球联合会，会上以美国大学生篮球竞赛规则为基础，制定了国际统一的十三条竞赛规则：规定了竞赛人数为5人；场地上增改了进攻限制区；进攻投篮时防守者犯规，若投中加罚1次球，若未投中则加罚2次球；比赛时间改为20分钟一节，共赛2节；进攻方在后场得球必须在10秒钟内过中线，并不得再回后场；等。1932年，国际业余篮球联合会(FIBA)宣告成立。1936年第11届奥运会，篮球运动被列为男子正式竞赛项目。同年，中国加入国际篮联，国际篮联出版第一部国际统一的篮球规则。1939年11月28日，詹姆斯·奈史密斯博士逝世，终年78岁。20世纪40年代，随着篮球技术、战术的不断演进、发展，高大队员开始涌现，篮球规则也得到了补充和修改，攻防更强调集体战术使得比赛更加精彩。1949年，美国成立“国家篮球协会”，即NBA，统一领导当时全美21支职业篮球队，也推动了世界篮球运动的发展。

(三)普及与发展时期(20世纪50—60年代)

20世纪50年代以后，篮球运动在世界范围内广泛普及，国际篮联的会员国迅速增加，国际大型运动会都将篮球列为正式比赛项目。1950年和1953年，首届世界男、女篮球锦标赛分别在阿根廷和智利举行。随后，篮球运动技、战术水平不断提高，出现大批2米以上的高大队员，运动员身高成为决定篮球比赛胜负的重要因素。国际篮联多次修改比赛规则使得篮球运动的高度与速度、进攻与防守获得均衡发展，队员技术趋于全面，形成了欧洲、美洲、亚洲等不同的篮球流派和打法。1960年第1届亚洲男子篮球锦标赛在菲律宾举行。1963年，亚洲业余篮球联合会成立。1965年，第1届亚洲女子篮球锦标赛在韩国举行。

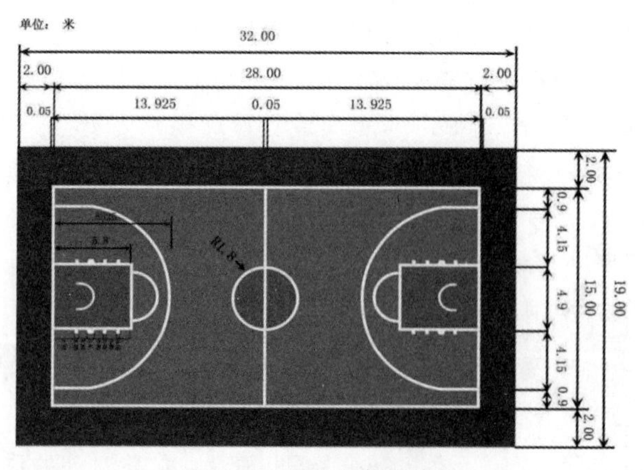

图1-4　现代标准篮球场

(四)全面飞跃时期(20 世纪 70—80 年代)

20 世纪 70 年代以后,现代篮球运动进入全面提高时期,运动员身高迅速增长,逐渐形成组合技术和综合战术,攻守对抗日趋激烈,并且向着既重力量又重技巧、既有高度又有速度的方向发展。FIBA 修改规则,增加了球回后场、控制球队犯规和全队 10 次犯规的规则。1976 年,在第 21 届奥运会上,女子篮球被列为正式比赛项目。1984 年,FIBA 又对规则进行了重大修改,扩大球场面积为 28 米×15 米,设定了 3 分投篮区(见图 1-4),鼓励外线队员投篮。本次规则的修改对篮球运动的迅速、全面发展起到了决定性的作用。

1984 年 9 月 12 日,迈克尔·乔丹(Michael Jordan)(见图 1-5)在 NBA 选秀中被芝加哥公牛队选中,正式进入 NBA。其生涯 9 次入选 NBA 最佳防守阵容一阵,3 次荣膺 NBA 抢断王,两次夺得 NBA 全明星扣篮大赛冠军。2009 年 9 月 11 日正式入选奈·史密斯篮球名人纪念堂。

从乔丹 1984 年进入 NBA,到 1998 年第二次带领球队取得佳绩,篮球运动从一个普通体育项目变为了世界体坛中的热门项目,NBA 从中等规模联赛变成了世界顶级体育联盟,篮球运动员、教练员、裁判员、体能师、球探、篮球记者等所有从业者的收入水平都得到了质的提升。

图 1-5　迈克尔·乔丹

(五)创新与攀高峰时期(20 世纪 90 年代后)

20 世纪 90 年代后,现代篮球的发展进入了黄金时期。1990 年,国际业余篮球联合会更名为国际篮球联合会。与此同时,越来越多的职业篮球运动员开始参加国际性比赛。职业篮球运动员将新技术、新理念与篮球竞技技能相结合,从而丰富和完善了篮球技术，使战术更加简明实用。比赛规则经过多次修改：如篮板底边裁去15厘米，比赛时间定为共40分钟，分4小节，每次进攻时间缩短为24秒，球需在8秒内从后场进入前场等。此后，以南斯拉夫、西班牙、法国为代表的欧洲国家和以中国、韩国为代表的亚洲国家相继成立了职业篮球联赛，篮球运动逐渐进入了职业化、商业化和社会化的发展时期。

第二节　篮球运动的基本规律和本质特征

一、篮球运动的基本规律

（一）集体性规律（篮球运动的集体性）

篮球运动的集体性规律，充分体现在团队精神和协同作风，体现在球场上一切个人行动都要基于全队整体的目的与任务之中，此规律的核心体现在“集”字上，要靠集体力量，倡导团队精神。篮球运动是一项有较强集体性的对抗项目，它要求运动员在比赛中必须做到齐心协力、密切配合。只有把个人的技能融汇于集体，集体才能为个人做最佳保障，给个人技术发挥创造更多、更好的机会。篮球运动的集体规律还体现在不仅要求比赛场上的队员协同合作，而且要求充分发挥教练员的督战才华和场下替补队员的作用，将全队作为一个整体来设计战术，制定战略。篮球运动是集体性的同场竞技。团结互助、协同配合是第一要素。齐心协力，团队配合才能完成错综复杂的攻守任务。因此，篮球运动的集体性规律是篮球运动最为核心和明显的规律。

（二）对抗性规律（篮球竞技比赛的对抗性）

篮球运动的对抗性规律，体现在无论球队整体或运动员个体，其根本目的都是采用合法规则要求的手段，重点在地面与空间制约对方。树立全方位对抗的心态，以智对抗、以力对抗、以技对抗、防中寓抗、抗中求攻、守中有抗、抗中有守，这已是现代篮球竞赛对抗的基本特点。能否始终凶悍地占有地面空间，化对抗优势为实际效果是关键。篮球运动属于同场对抗类竞技项目，对抗始终贯穿在篮球竞技运动中。其主要表现在球队的技战术，队员的身体、心理素质，团队作风等方面，具有综合性、激烈性、准确性的特点。身体接触是现代篮球运动中对抗的主要形式。在篮球训练中要把握住对抗的基本规律和特点，这样有利于促进现代篮球运动的快速发展。

（三）转换性规律（进攻与防守的转换性）

篮球比赛是由两个队在规则规定的时间内进行不断的攻守转换回合完成

的，每次进攻后的防守和防守后的进攻之间的相互转换构成了篮球比赛的重要内容。转换是篮球比赛的基本规律。篮球比赛中攻守转换既包括由攻转守时瞬间的行动意识、战术组织和配合方法，又包括由防守获得球后的转攻。

篮球比赛速度快、场地小，攻守转化十分频繁。攻转守、守转攻不仅发生在一个队的前场、中场和后场，而且还发生在不同的空间位置，转换有时让人猝不及防。球权变化是攻守转换的信号，同时也是进攻和防守矛盾的主要方面。进攻结束就是防守的开始，防守结束就是进攻的开始。随着现代篮球运动进一步向高速度方向发展，其攻守转换越来越快，转换的界限越来越不明显，防守中蕴含着攻击性，进攻中始终关注防守的转换。转换是篮球比赛的主题，变是篮球比赛的灵魂，是转换的具体体现，正确制造和把握出现的攻守转换，合理地运用技、战术，才能牢牢掌握比赛的主动权。

(四)动态性规律(篮球运动在动中展开攻守，并在运动中不断发展)

篮球运动是一项动态性的运动，动的表现之一为比赛中不停地移动。攻守双方布阵互动，动中攻、动中守，动中及时转换，不间断地有谋略、有针对性地动，有目的、有攻击性地动，以主动地动迫使对手被动地动，以动攻守、以动守攻，反复转换动的方式与方法，调动的意图，变化动作节奏和方向，力求主动，这是现代篮球运动的基本规律和特点。动的表现之二是正确认识并合理处理篮球科学理论、技术与战术在动中发展的关系。

从篮球运动的技战术发展规律来看，理论是实践的结晶，它来自篮球实践，又指导篮球实践的创新与发展。技术决定了战术，即有什么技术，技能组合成什么战术。没有先进的理论和技术就不可能建立先进的攻守战术体系。可见，科学理论推进技术发展，技术发展又促进战术的发展。

(五)多元统一性规律(身体、心理、技术、战术、规则等因素的统一性)

篮球运动独特的竞赛动态特征决定了篮球运动员的身体素质、心理水平和技术、战术的不断提高与创新，同时也产生了相应不断变化的比赛规则给予保障。因此，篮球比赛规则是身体、心理、技术、战术的统一，是篮球运动形成与发展的基本规律。

篮球运动是要求最全面的运动项目。技术全面，包括运、传、投，攻、抢、防等都不可或缺。战术全面，要求运动员 4 种基础配合样样精通，各种固定战术了然于胸，整体移动进攻战术熟练掌握，力量、速度、耐力、弹跳、柔韧、灵敏等身体素质极好。心理素质和智慧能力要求全面。因此，教练员、运动员只有真正地理解多元统一的理念是规律、训练是基础、竞赛是杠杆、技术是手段、战术是方法、意识是导向、心理是保障、进攻得分是标尺的多元统一性规律，才能成为优秀的教练员、运动员。

现代篮球运动已趋向于在对抗中利用规则去比身体技能、比技战术、比团队作风、比意识智慧、比心理素质，如果缺一或不能有机统一，就意味着教练员对篮球运动本质认识的局限，也意味着队伍训练水平和实力的不足。

二、篮球运动的本质特征

篮球运动的本质特征是篮球运动本体具有的特殊性，它有利于人们参与和理性认识篮球运动。

（一）技术、战术和身体素质多元化

篮球技术有传球、运球、投篮、突破、篮板球和个人防守 6 类数十种单个技术动作。在篮球运动实践中，技术动作常多元变化组合应用。

篮球战术有区域联防、盯人、区域紧逼等数十种战术形式及难以计数的战术方法。

篮球运动属综合性体育运动，它包含跑、跳、投等身体活动，各种身体活动并非机械性运动，常需不断变换技术动作和动作节奏。

（二）篮球运动技能的开放性

篮球运动技能是指在篮球比赛和攻防对抗情况下，适时合理地运用技术的能力。篮球运动技能是篮球技术实践的表现，运动技能水平是指运用技术的能力程度。

篮球运动技能属于开放性运动技能。所谓开放性运动技能是指在运动实践过程中，技术动作的结构与组合因时间、位置、对手等外部情境有很多差异或变化，技术运用的条件和时机千差万别，需要根据同伴与对手的情况做出判断，及时、合理地运用技术。这与固定技术组合和套路的闭合性运动技能是有本质区别的，两种运动技能的产生与培养也有很大差异。开放性运动技能需要开放环境中的实践。

在篮球运动技能中，基本技术动作是基础，队员的运动技能水平表现在完成技术动作的质量和效果上。如何将技术动作转化成运动技能，取决于以下两个条件：一是提高技术动作质量、难度和对抗能力的身体条件，包括身高、形态、素质、机能。二是把握动作节奏、时机和合理应用技术动作的思想条件，包括经验、意识和技巧。

（三）综合对抗性

篮球运动的活动形式是两队成员相互协同攻守对抗，竞赛过程需整体的智慧和技能协同配合，和谐互助的团队精神和协作风格。

篮球运动攻守对抗竞争是在狭小的场地范围内快速、凶悍地近身进行的，攻守转换、摆脱与限制是拼智、拼技、拼体、拼力，必须有聪颖的智慧，还需要特殊的体能、剽悍的作风、顽强的意志与必胜的精神。篮球运动竞争的过程，即培养这种作风、精神的过程。

篮球比赛在一定的时间内围绕球和篮展开攻守对抗，因此在比赛过程中的时间观念、空间意识必须强烈，并以智慧运用各种形式、方法和手段去争取时间，搏夺空间优势，从而使比赛更具有时空性要求，这也是篮球运动独特的特点。

(四)职业性、商业化

自 20 世纪中期欧美国家率先成立职业篮球俱乐部以后，随着竞技水平的提高以及赛制和规则的完善、创新，现代篮球运动在全球蓬勃发展，运动员的智能、体能和技战术水平不断提高，对推动职业化进程起到了新的催化作用。至 20 世纪八九十年代，篮球职业化如雨后春笋在美洲、欧洲、亚洲发展起来。特别是国际奥委会同意美国 NBA 职业队员参加国际大赛后，全球职业化篮球已成为一种流行的产业化趋势，优秀球队和球星效应的社会商业化价值观发生了新的变化，反映着新世纪篮球运动发展的又一新特点。

篮球运动商业化的重要特征是篮球运动组织体制、竞赛赛制和训练管理机制的商业化气息增加，运动员自由人地位的确立和运动技能价值观的变更，俱乐部产权的明晰，以及独立社会法人代表的重新认识。这一系列的变革一方面促进了世界篮球运动向更高的竞技水平发展，另一方面有力地推动了职业化篮球向商业化、产业化方向发展。这已成为 21 世纪世界篮球竞技运动发展的总体趋势，其社会价值和经济价值必将呈现新的景象。

第三节　现代篮球运动的特点与发展趋势

一、现代篮球运动的特点

(一)篮球运动特殊的空间对抗规律特点

从控制论的角度来看，篮球运动是将球投向篮圈的运动。而现代篮球运动的独特规律是将空间、场地、时间更好地结合起来，以技、战术为基本展开不同内容和形式的激烈对抗。

(二)篮球运动专项内容结构的多元性特点

从运动训练的角度看，篮球是一门科学的竞技学运动。其具体内容包含很多方面，既包括社会学的科学理论，还包括以自然科学的科学理论为基础的内容。不同学科的交叉融合,使篮球运动的内容和结构更加丰富,更加多样化、科学化和独特化。

(三)篮球运动竞赛过程的多变性、综合性、观赏性特点

从军事学的角度来看,篮球运动还可以看作是一门综合性质的竞技艺术。在篮球比赛过程中,个人战斗与集体合作相结合,空间攻防与地面攻防相结合的形式表现出立体化、多维化、多范畴的特征。

(四)篮球运动的健身性、增智性特点

从体育分类学的角度看,篮球运动是一项具有综合性价值的球类活动,因此,参加各种类型各个层次的篮球比赛和篮球活动,有助于人们锻炼心智,加强身体素质,同时,对运动员提高自身素质和综合竞技能力具有积极意义。

(五)篮球运动的群众性、教育性特点

从社会教育学的角度看,篮球运动是当代体育科学和社会教育学两门学科的有机融合,篮球运动已风靡全球100多个国家和地区,充分证明它已经成为最广泛、最受欢迎的体育项目之一。

(六)篮球运动职业化和竞赛商业化特点

从市场经济的角度看,篮球运动已经走向职业化和商业化,这种顺应时代要求的发展趋势已经成为现代篮球运动的一大显著特点。

二、现代篮球运动的发展趋势

(一)大众篮球运动在全球普及,比赛的人文氛围全面提高

由于自身的本体性特点、规律和功能,篮球运动充满活力。大众性篮球运动将进一步在全球普及,成为名副其实的全球性社会文化和民众强身健体、修身养性的工具和手段。而这种运动性人文色彩的氛围将不断地深化为社会特殊人文景观和人们生活的特殊组成部分。特别是在发展中国家、地区的社区和工矿企业开展的篮球运动将日益广泛,热爱篮球运动的各界人士将进一步推广篮球运动。

(二)学校篮球运动的健身、教育功能显著,活动形式丰富多彩

篮球运动的增智、健身、教育、宣传、社交功能越来越被各级教育部门和各类学校领导认同,积极开展学校篮球运动将成为活跃校园文化生活、增强师生体质、提高健身水平、陶冶情操、锻炼意志、修养品行、培养团队精神、增强使命感和荣誉意识的特殊教育形式。各种形式的业余篮球俱乐部将成为校园生活的一种基本社团组织。未来优秀运动幼苗将由此启蒙和得到发展。

(三)职业篮球运动在全球扩展,商业化气息加强,观赏性浓郁

职业篮球比赛的竞技水平的技艺化,进一步产生了特殊社会性魅力和经济效益,促使职业篮球俱乐部在全球范围内广泛建立,职业性竞赛的商业化行为将日益在规范中完善,逐步形成一种新兴产业。现存的国际性和各国的篮球组织形式迟早会有新的组合,竞赛的规则、竞赛的制度与方法的不断变革势在必行,以适应人们观赏、健身和发展篮球竞技运动的需要。

(四)高科技进一步渗透篮球运动理论和实践,形成新结构体系

现代科技对篮球运动的渗透,使传统篮球观念,篮球理论、技术、战术和体能水平与训练手段有新的创新和要求。实践训练手段将更科学化,多元科技将与训练比赛实践相结合,形成篮球观念的新转变,新的理论观点将层出不穷,新的技术、战术不断产生,新的竞赛制度不断完善,新的规则再充实、再发展,从而形成从篮球理论到篮球实践内容的新结构、新体系。篮球运动在创新发展中更具个性化、集约化、技艺化、科技化、商业化,明显反映出竞技篮球科技性。

(五)竞技篮球群雄相争,排名出现新格局,技战术风格呈现新特点

21 世纪世界篮球竞技运动水平和实力形成新格局,这是篮球运动在全球普及、发展、提高的趋势。然而,总体上美国仍居领先地位,欧美地区一些国家在一个时期内仍将处于先进水平,但各国实力将接近,排名反复出现更迭。在亚洲、非洲等地区某些国家将向先进强国冲击。篮球运动总体发展朝着智博谋深、身高体壮、凶悍顽强、积极快速、机敏多变和全面准确这一总趋势与不同流派风格以及多种多样打法的方向发展;比赛规则将应时修订,促进攻守平衡发展;高度与速度进一步相互依赖与制约;技术和战术进一步技艺化、精湛化、实效化、多变化、高空化、全面化和综合化;空间与时间的拼争更趋凶悍激烈,对运动员综合体能、机能、人文素质、文化修养提出更高要求,特殊才华球星的社会效益更加重要;教练员的职业素养、知识结构、智慧才干及人格魅力更需综合提高。

1. 强调智谋,即要求运动员、教练员用智慧进行科学的拼搏

篮球运动是一项科学的智慧性运动,也是体育科学中的一门学科课程。篮球运动过程充满哲理,充满着矛盾的相互转化,因此认识与解决矛盾就要靠知识、靠智慧,有谋略、有方法,善于预测和应变。善于用头脑打球、用意识打球、用灵感打球已成为世界优秀运动员的必由之路。

2. 强调高度,即普遍重视运动员的自然高度,并提高制空能力

现代篮球竞技比赛无可非议地将继续是“巨人”群体的大拼搏,要求以身高、体重、状态、力量和技巧去制空,这是篮球运动特征所决定的。高的内涵还表现

在高智慧、高形态、高速度、高体能、高强度、高比分等。

现代篮球在身高方面的具体表现如下：

(1)国内外强队普遍重视球队整体平均身高的增长。

(2)在重视运动员自然身高增长的基础上普遍重视战斗作风的培养和运动制空能力的提高，强化力量和弹跳感的增长，提高制空能力。

(3)普遍重视高大队员综合性、多元性的特殊训练。

3. 强调准确，即以投篮准为目的的意识进一步增强

(1)三分球投手多，命中率普遍提高，投距远，投点广。

(2)攻守转换快，转化技术、战术判断时间的准确性高。

(3)重视投篮基本功训练，既要求投篮能变化，又要求动作扎实、正确和规范，而且要求在对抗条件下投篮的高数量和高质量。

4. 强调速度，即普遍更重视以速度争取时间

(1)强调提高攻守阶段的不同节奏速度，强调有节奏地加快攻守转换速度，从而快攻反击次数增多、快攻得分率增高，特别是普遍重视提高高大队员参与快攻的意识和速度。

(2)强调在高速度、高强度中的拼搏，在高速度下转换技术和战术的能力，在高速度、高强度对抗中保持较高的投篮命中率，以速度争取主动并以争取时间来控制空间，赢得胜利。

5. 强调全面，即要求在全面素质、能力的基础上有特长，拥有明星队员

(1)队伍整体文化氛围浓厚。

(2)重视体能素质水平提高，特别重视每名运动员滞空高度和意识的提高，同时又重视专项身体体能提高。

(3)比赛对抗意识强，攻守技术全面。

(4)强调基本功扎实并不断在实战中提炼创新，变化发展，从而形成自己的技术特长、个人的技术风格及特殊技艺，最后培养成才华突出的球星。

6. 强调多变，即要求战术阵势的应变多样化

(1)战术的选择与组织都强调与本队实际、世界篮球发展趋势和时间观念、空间意识结合，重视一个“快”字，突出一个“精”字，立足一个“变”字。在最短的时间、最快的速度下变化，组合最强的战斗力，取得最佳的效果。

(2)世界高水平队伍的比赛布阵落位迅速，阵势不一，都力求在对手防守阵势尚未形成之时展开全面进攻，并在进攻时随时应变。

7. 强调帅才，即重视聘用有个性特点、风格的智谋型教练员作统帅

(1)国内外球队队伍的训练、比赛实践证明：“帅乏智，卒不悍，战必溃。”世界各国篮球界都十分重视寻求选聘具有篮球专项个性人格魅力、独特的现代篮球

理论造诣和组织训练、管理与智慧才华的教练员任职。

(2)现代篮球竞赛既是场上运动员的较量对抗,又是教练员日常训练、管理和比赛场上综合智慧、才干的搏弈。

8. 强调凶悍,即强调拼斗性

(1)现代篮球运动的特点之一是攻守对抗的凶悍,拼斗性日趋激烈。篮球比赛的重要组成是有胆识、有毅力和有勇气的进攻,随着拼斗性进攻这一发展方向的提出,必然刺激各国教练员同时考虑到防守的技术、战术的创新和提倡拼斗精神,普遍重视整体与个体防守拼斗能力的提高和控制篮板球拼斗能力强弱,将其视为衡量整体实力强弱和能否获得优势的标志,并对应变革与创新了种种拼斗防守技术和战术。

(2)由于进攻拼斗能力提高所带来的防守拼斗观念与技、战术的变化,当代篮球竞技比赛对抗拼斗更为凶悍激烈,从而形成攻守意识+凶悍意志+体能力量+技能谋略的拼斗体系。

第四节　中国篮球运动的发展概况

一、中国篮球运动的发展概况

1895年,现代篮球运动第一次进入中国,美国基督教青年会传教士、青年会第一任总干事来会理(David Willard Lyon)(见图1-6)将现代篮球带到天津。其于1895年12月8日在天津成功举办了中国第一次篮球演出。从那时起,篮球逐渐开始从天津蔓延到全国各地。100多年里,篮球逐渐成为中国广大人民群众最喜爱的体育运动之一。

图1-6　来会理(David Willard Lyon)

(一)初始传播时期(1895—1911年)

这一阶段,中国社会处在半殖民地和半封建时期。篮球传入中国后,主要在教会学校间开展,到了20世纪初逐渐成为中国高校和中学的重要体育运动项目,并逐渐从学校传入社会。

(二)局部普及时期(1912—1948年)

辛亥革命后,篮球这项竞技运动逐渐被人民大众所接受和认可。1914年和

1924年，男子、女子篮球分别在第2届、第3届中华民国全国运动会上被列为正式比赛项目(见图1-7)。此后，篮球运动逐渐在社会上流行。

图1-7　第2届全运会男篮比赛

20世纪30年代末，篮球受到了革命根据地群众、部队战士们的喜爱。由贺龙等人创办的“战斗篮球队”和抗日军政大学组成的“东干篮球队”尤为引人注目(见图1-8)。

图1-8　“战斗篮球队”和“东干篮球队”

(三)普及、发展时期(1949—1965年)

1949年8月，来自北京和天津两地的在校学生赴匈牙利布达佩斯参加了第10届世界大学生夏季运动会篮球比赛，获得第六名的成绩。1949年10月26日，中华全国体育总会成立(见图1-9)。从此，篮球这项运动在我国进入了新纪元。

为了使中国篮球具备较强的竞争力，体育管理部门开始积极改革创新，组织并建立专项队伍。20 世纪 50 年代初，中央体训班篮球队在北京正式创立。此后，中国各个地区纷纷成立了篮球训练队，学习先进的技战术，在短时间内取得了显著成绩。1955 年举办了全国篮球联赛，我国开始建立较为成熟的分级别比赛制度。1956 — 1957 年，实行升降级联赛制度，并对教练员、裁判员的等级制定了相应的制度。

图 1 - 9　中华全国体育总会成立

1957 年，在上海创办了篮球研究生班，由拉古那维丘斯、李震中和陈允生主讲。1958 年，我国暂时退出了国际奥委会和国际业余篮球联合会。1959 年，四川男子篮球队和北京女子篮球队夺得第 1 届全运会的篮球冠军。

(四)徘徊、困惑时期(1966—1976 年)

20 世纪 70 年代后，我国的体育事业逐渐开始恢复。1972 年 12 月，我国明确了现代篮球积极主动、勇猛顽强，快速灵活和全面、准确的指导思想以及“三从一大”(从严、从难、从实战出发，大运动量训练)的训练原则，篮球运动的发展得到了迅速恢复。

1974 年，我国首次参加亚洲运动会篮球赛。1975 年，中国篮球协会重新获得亚洲业余篮球联合会官方席位。1976 年，国际业余篮球联合会重新恢复中国篮球协会的官方席位，并确认中华人民共和国篮球协会是中国在国际业余篮球联合会的唯一官方组织。

(五)复苏、提高时期(1977—1995 年)

自 1978 年来，我国篮球获得了一些成绩，主要包括第八届世锦赛第十一名(男篮)、第九届世锦赛第三名(女篮)、第二十三届奥运会第三名(女篮)、第二十五届奥运会亚军(女篮)、1993 年的世界大学生运动会冠军(女篮)、第十二届世界锦标赛亚军(女篮)(见图 1 - 10)。男篮在蝉联亚洲冠军的基础上，首次在第十二届男篮锦标赛中取得世界第八名的成绩。由此可见,我国篮球竞技水平已经向世界最高水平发起冲击,篮球运动的发展进入了黄金时期。

中国篮球的赛制在不断更新、变革和创新。1995 年底开始,中国篮球甲级 A 组联赛的赛制由赛会制正式改为主客场联赛,简称甲 A 联赛。这一改革创新推动中国篮球运动进入一个新的发展时期。

图 1-10 比赛中的中国女篮运动员

(六)创新攀登时期(1996 年至今)

1996 年开始举办全国甲级 B 组联赛,同时,还举办了中国职业篮球联盟联赛(CNBA),这是中国职业联赛的雏形。

此后,中国篮协决定进一步改革篮球比赛制度,并以全国男子篮球甲级联赛为突破口,开始加快篮球竞赛制度改革进程。1997 年,国家体委创立了篮球运动管理中心,这是管理体制改革的关键一步,成功将传统的甲级联赛转变为中国男子篮球职业联赛(CBA)(见图 1-11)。

图 1-11 CBA 职业联赛标志

CBA 联赛引起了广大篮球迷和社会的关注。中国巨大的篮球市场潜力也吸引了许多国内外企业,中国的篮球市场为它们提供了有利的商机,这也促进了中国篮球的职业化、产业化和国际化。在竞赛体制改革的背景下,许多篮球俱乐部相继创立,一种顺应篮球社会化、职业化的俱乐部管理体系已初步形成。

第五节　重要篮球联赛介绍

一、NBA

(一)NBA 概述

NBA 即美国职业篮球联赛，是 National Basketball Association 的缩写，成立于 1946 年 6 月 6 日，成立时叫 BAA，即全美篮球协会(Basketball Association of America)。BAA 成立时共 11 支球队，包括：纽约尼克斯队、波士顿凯尔特人队、华盛顿首都队、芝加哥牡鹿队、克利夫兰反叛者队、底特律猎鹰队、费城武士队、匹兹堡铁人队、普罗登斯蒸汽队、圣路易斯轰炸机队和多伦多哈士奇队。

1949 年 BAA 吞并了当时的另外一个联盟美国篮球联盟(NBL)，并改名为 NBA。1949—1950 赛季，NBA 增加到 17 支球队。1976 年，NBA 吞并了美国篮球协会(ABA)，球队增加到 22 支。1980 年，达拉斯小牛队加入 NBA。1988 年，夏洛特黄蜂队和迈阿密热火队加入 NBA。1990 年，奥兰多魔术队和明尼苏达森林狼队加入 NBA。1995 年，两支加拿大球队——多伦多猛龙队和温哥华灰熊队加入 NBA，使 NBA 的球队达到 29 支。2004 年，夏洛特山猫队加盟 NBA，使球队总数达到了 30 支(见表 1 - 1)。

表 1 - 1　NBA 球队

东部分区			西部分区		
东南赛区	中部赛区	大西洋赛区	西南赛区	西北赛区	太平洋赛区
亚特兰大老鹰	芝加哥公牛	波士顿凯尔特人	达拉斯独行侠	丹佛掘金	金州勇士
夏洛特黄蜂	克利夫兰骑士	布鲁克林篮网	休斯顿火箭	明尼苏达森林狼	洛杉矶快船
迈阿密热火	底特律活塞	纽约尼克斯	孟菲斯灰熊	俄克拉荷马雷霆	洛杉矶湖人
奥兰多魔术	印第安纳步行者	费城76人	新奥尔良鹈鹕	波特兰开拓者	菲尼克斯太阳
华盛顿奇才	密尔沃基雄鹿	多伦多猛龙	圣安东尼奥马刺	犹他爵士	萨克拉门托国王

(二)诞生历程

NBA的出现和发展是篮球运动前50年发展的积累和沉淀。1891年,篮球运动被詹姆斯·奈史密斯博士发明。1898年,美国新泽西州特伦顿的一支球队用25美元租用了当地一家礼堂进行比赛并向观众售票。在赛后的分红中队长库珀组织比赛有功,首先领到了1美元。这场“有偿篮球赛”被不列颠百科全书认定为第一场“职业篮球赛”。

特伦顿比赛之后,“有偿比赛”在全美迅速展开。为了保护参加“有偿比赛”选手的利益,1898年,各地的球队成立了第一个职业篮球组织——“国家联盟”(NBL)。由于各球队经济实力和技术水平相差甚远,加上没有成熟的市场运作经验和规则,NBL仅仅经过三四个赛季便名存实亡了。20世纪30年代,NBL在一些中小城市中复苏,进行一些规模不大的联赛。但是由于缺乏足够的资金来推广促销,篮球的影响力始终没有形成。

1945年,第二次世界大战刚刚结束,沉寂已久的体育经纪人看准了这一点,他们联络11支球队老板,发起成立了BAA。BAA是NBA的前身,NBA的真正生日应该是1946年6月6日,这一天,在纽约中央车站附近的“舰长饭店”里,BAA召开了成立大会,会议确定了11支参赛球队和每队要进行60场常规赛。

BAA由11家冰球馆和体育馆的老板们共同发起成立,初衷是让体育馆在冰球比赛以外的时候不至于空闲冷场。这些体育馆的老板们对于经营体育场是行家里手,他们针对“国家篮球联盟”的球队多集中在中西部地区一些中小城市的现实情况提出一定要在当时的大城市内建立当地有名球队,建立一个全国范围的篮球组织的概念。在常规赛季中,每个联盟内部的球队要打两个主客场,和另一个联盟的球队要打一个主客场。最后按成绩好坏排出进入季后赛的名次,只有进入季后赛才有希望夺得总冠军。BAA采用4节共48分钟制,人盯人防守并禁止联防。

BAA的发起人之一,波士顿花园体育馆的老板沃尔特·布朗同时提出新的职业篮球概念,即职业篮球必须有雄厚的财力支援,一名选手只能为一家俱乐部效力并要签订严格的合同,联赛还要建立选手储备制。这些贡献在于将巨额资金和法制制约引入篮球,为日后的NBA的发展奠定了高薪制和合同制这两大基石。

1949年,随着BAA吞并NBL,为了避免可能引起的法律上的麻烦,BAA正式改名为National Basketball Association,即NBA。

(三)赛制安排

NBA赛季分为季前赛、常规赛和季后赛。NBA正式赛季于每年11月的第一个星期的星期二开始，分为常规赛和季后赛两部分。

常规赛为循环赛制，每支球队都要完成82场比赛(1998年和2012年例外。1998年，球队老板们希望就联盟的工资帽体系以及球员的薪资上限进行调整，然而球员工会对于老板们的计划坚决反对，导致每支球队只有50场比赛；2012年，由于劳资纠纷导致每支球队只有66场比赛)，常规赛到次年的4月底结束。东、西部联盟的前八名，包括各个赛区的冠军，将有资格进入接下来进行的季后赛。

季后赛采用七战四胜赛制，共分四轮；季后赛的最后一轮也称为总决赛，由东、西部两个联盟的冠军争夺NBA的最高荣誉——总冠军。赛程采用2—2—1—1—1赛制(其中常规赛战绩好的球队多一个主场)。

(四)发展历程

1896年，美国第一个篮球组织“全国篮球联赛”成立，但由于当时篮球比赛规则还不完善，组织机构也不健全，经过几个赛季后，该组织就名存实亡了。

1946年6月6日，“全美篮球协会”(BAA)成立，共有11支球队参赛，首次提出了高薪制和合同制。高薪制是指职业篮球必须有雄厚的财政支援，这样才能使比赛保持在高水平上。合同制是指一名选手只能与一家俱乐部签订合同，并设立选手储备制，以防球员突然离队球队受到损失。11月1日，BAA的比赛正式开始，对阵双方是多伦多哈士奇和纽约尼克斯，比分是66∶68，尼克斯获胜。

1947年，费城勇士队在队中头号球星，也是联赛中首位得分王乔·福尔克斯(场均23.2分)的率领下，以4∶1战胜芝加哥牡鹿队，成为第一支总冠军。

1949年，在布朗的努力下，美国两大篮球组织BAA和NBL合并为NBA。NBA拥有17支球队，分成三个赛区比赛，来自NBL的明尼阿波利斯湖人队依靠身高2.09米的“美国第一中锋”乔治·迈肯的帮助获得NBA第一个赛季的冠军。

1950年11月22日，在明尼阿波利斯湖人队和韦恩堡活塞队的比赛中，创下了NBA历史最低比分19∶18。

1951年3月2日，凯尔特人队总裁布朗免费提供波士顿花园体育馆，举办了首届全明星赛。最终比分为111∶94，东部明星队获胜。

1952年，NBA首次设立最佳优秀奖，首位获奖球员为韦恩堡活塞队唐·梅尼克。

从1954年开始，NBA开始实行24秒制。在战胜锡拉丘兹国民队后，明尼阿波利斯湖人队成为第一支三连冠的球队。

1961年，芝加哥包装工队传奇巨星沃尔特·贝拉米加入。

1966年，凯尔特人队完成了绝无仅有的八连冠。同年，芝加哥公牛队加入NBA。

1967年，一个新的篮球组织ABA（美国篮球协会）宣告成立，乔治·迈肯任第一位主席。圣迭戈火箭队（休斯顿火箭队）和西雅图超音速队（俄克拉荷马雷霆队）加入。

1968年，密尔沃基雄鹿队和菲尼克斯太阳队加入。

1970年，新加入的3支球队分别是克利夫兰骑士队、波特兰开拓者队、布法罗勇敢者队，NBA联赛正式分为东、西两个区。

1974年，新奥尔良爵士队（犹他爵士队）加入。

1976年，由于经营不善，ABA被美国NBA吞并，原ABA球队丹佛掘金队、印第安纳步行者队、纽约网队和圣安东尼奥马刺队并入NBA，球队增加到22支。从此，NBA形成对美国篮球业的垄断。

1979年，NBA开始实行3分远投制。

1980年，达拉斯小牛队加入NBA。

1984年，篮球历史上最伟大的球员之一，迈克尔·乔丹加入NBA，从此开创了一个NBA的盛世。

1988年，夏洛特黄蜂队和迈阿密热火队加入NBA。

1989年，奥兰多魔术队和明尼苏达森林狼队加入NBA。

1995年，两支加拿大球队——多伦多猛龙队和温哥华灰熊队加入NBA，使NBA的球队达到29支。

1996年，艾弗森、科比、纳什、雷·阿伦等日后统治联赛近15年之久的黄金一代进入联赛。

1997年，特雷西·麦克格雷迪加入联盟，又一巨星开始了NBA的征程，此后10余年，他的名字被世人铭记。

1998年停摆。1998—1999赛季，NBA因劳资纠纷发生历史上第一次最严重的停摆，赛季缩水成50场。

2003年，詹姆斯、韦德、安东尼、波什等白金一代进入联赛。

2004年，夏洛特山猫队加入NBA，使NBA球队达到30支。

2008年，西雅图超音速队更名为俄克拉荷马雷霆队。

2011年，NBA因经营不善（近6年亏损超过18亿美元）正式停摆。同年12月份，NBA劳资双方终于达成新协议。2011—2012赛季NBA常规赛于2011年圣诞节开始。

(五)主要规则变化

1946—1947 赛季:将原来沿用的大学规则中的联防废除。

1951—1952 赛季:将 3 秒区由 6 英尺(1 英尺=0.304 8 米)扩大为 12 英尺。

1953—1954 赛季:为了防止故意犯规对比赛的影响,规定了每名球员每节只能有两次犯规,三次将被罚出场(现已废除)。

1954—1955 赛季:引入 24 秒规则;全队每节累计五次犯规,对方罚球。

1964—1965 赛季:将 3 秒区由 12 英尺扩大为 16 英尺。

1973—1974 赛秀:增加了抢断和盖帽的统计。

1974—1975 赛季:球员在场上有不道德的行为被判技术犯规出场,需缴纳 50～19 100 美元的罚款。在延长期比赛马上要结束时请求暂停将不会被同意。

1975—1976 赛季:在一般犯规之后,将被罚掷边线球。

1976—1977 赛季:在防守中使用过大的肘部动作被判犯规。如果防守球员将球打出界外,进攻球员在罚球线两端的边线外发球。比赛中 5 秒之内不发球(原来为 10 秒),对方罚球一次。

1977—1978 赛季:如果教练在比赛开始后对规则提出疑义,可以派助理教练与官员进行交涉(以前只能在比赛开始前进行交涉)。在得分时如果把篮球弄坏,而官员们又认为球员是故意的,那就是犯规。在所有犯规后,进攻时间都将拨回 24 秒。如果球从篮筐下入篮,将被判为犯规;如果场上有人进行打斗,不在场上的球员离开长椅进入场内将被罚款 100～150 美元;在场前热身期间,如果球员悬挂在篮筐上,将被罚款 25 美元。

1978—1979 赛季:裁判人数从两人增加到三人;球在飞行中被从场外拨回场内是允许的,而以前会被取消控球权;第一次技术犯规,全体被警告,第二次技术犯规,全队将会被记两次犯规;半场结束后,球员和教练要马上回到休息室,而以前的规则是比赛结束后,球员和教练要马上回到休息室;规则允许防守球员用手去干扰他所防守的球员,但不能阻止他的前进。

1979—1980 赛季:底线的三分线由 22 英尺扩大到 23 英尺。裁判人数从三人减少到两人。如果进攻方试图在 10 秒内通过自己的半场时对方球员把球破坏出界,进攻方在中线掷边线球,之前所用的时间不从 24 秒中扣除。

1980—1981 赛季:每半场各队必须叫一回 20 秒的短暂停,全场必须叫两回短暂停,加时赛同样;在暂停到时后,哨声和篮板上的红灯会同时提醒;不允许在场上的球员在头、脸、鼻子、耳朵和手臂上佩戴饰物;球员佩戴的保护脸、眼睛和鼻子的保护物必须与脸型一致,且不能有突出的尖锐物;球员在场上不能使用增加自己身体优势的器具;进攻方被判技术犯规,进攻时间不会被拨回 24 秒;被口头警告后，时间被拨回 24 秒；罚球时球没碰到篮筐前，球员不得去拦截球。

1981—1982 赛季：换人时球员上场必须在记分员台前等待裁判示意；当全队犯规数满后，回线也被视为犯规，对方罚球两次。

1982—1983 赛季：球出界后，球队不能指派某位球员去掷界外球。

1983—1984 赛季：在罚球时不能做假动作。若进攻队员球出手的同时防守队员犯规，如果球进了，则进球有效并追加罚球。

1984—1985 赛季：在 5 分钟加时赛中每支球队可叫暂停数从两次增加到三次，这个数目不会受以前比赛暂停情况的影响。如果在进攻方的前场对进攻队员犯规，且该进攻队员有明显的切入篮下并得分的机会，则防守方应该被判罚两次罚球，在第二次罚球后，由罚球方发边线球。如果在半场和全场比赛结束时，教练或球员没有直接回到休息室而在场内滞留，被罚款金额由 100 美元增至 500 美元。如果替补球员在有球员之间的打斗发生时离开他球队的长椅，被罚款金额由 150 美元增至 500 美元。

1988—1989 赛季：执法裁判由两名增至三名。恶意犯规将被判罚两罚一掷，即被侵犯者在两次罚球后还拥有球权。如果以下条件至少有一条成立，则犯规者可以被驱逐出场且自动被罚款 250 美元：犯规动作对人不对球；依据裁判的尺度，犯规动作将导致伤害。

1993 季后赛：任何在比赛中有争斗挥拳动作的球员将被立即罚出赛场，并停赛至少一场及处以适当数量的罚款；任何球员，如果在比赛中挥拳击打到其他球员，将被立即罚出赛场，停赛一至五场，并处以适当数量的罚款。球队也会被处以与其球员被罚总金额相等的罚款。在争斗中任何离开替补席的球员被罚金额将从 500 美元增加到 2 500 美元，球队将会为每一个这样离开替补席的球员被罚 5 000 美元。

1993—1994 赛季：如果一个球员在一个赛季恶意犯规超过五次，则从其第六次恶意犯规开始，对其每一次恶意犯规追加处以停赛一场的处罚。

1994—1995 赛季：将三分线到篮圈的距离统一为 22 英尺。任何球员在进攻方投三分球时犯规，都将被判三次罚球。任何在争斗中离开替补席的球员将被自动停赛至少一场，罚款金额上限增加到 20 000 美元，在该球员被停赛的场次，将不被付与该场比赛的工资。一场比赛恶意犯规两次将被罚出场。在底线到罚球线之间的区域，防守方只能曲臂防守，而不能伸手推挡进攻方，每次技术犯规将被罚款 500 美元。以前，第一次技术犯规将被罚 100 美元，第二次是 150 美元。如果防守球员抓拉在快攻中拥有明显得分机会的球员，将会被判两次罚球，以前这一条例只对拥有篮下进攻机会的球员生效。第二次及随后的当球不在场内所叫的暂停时间减为45秒。

1996—1997赛季：如果球队已经没有暂停机会而继续叫暂停，将被判技术犯规和失去控球权。

1997—1998赛季：三分线恢复到23英尺9英寸（1英尺=12英寸，1英寸=25.4毫米），在角部区域仍为22英尺。当进攻球员面对篮筐时，防守球员不允许用他的前臂去阻挡其进攻。如果球员双脚都在空中，而他身体已在底线或边线以外，则该球员没有叫暂停的权利。以篮筐为圆心，4英尺为半径的半圆区域之内，进攻球员撞击已确定防守位置的辅助防守球员将不被判进攻撞人犯规。这一区域过去是一个2英尺×6英尺的矩形。

二、CBA

（一）CBA含义

中国男子篮球职业联赛创立于1955年，简称“中职篮”。英文名称为“Chinese Basketball Association”，缩写为“CBA”。其由中国篮球协会主办，是中国最高等级，跨年度的主客场制篮球联赛。

（二）诞生历程

1995年10月，中国篮协推出了《中国篮球协会运动员转会暂行条例》和《俱乐部暂行管理条例》，拉开了中国篮球职业化改革的序幕。同年12月正式推出跨年度的全国男篮甲级主客场联赛（简称“甲A联赛”，CBA前身），分预赛和决赛两个阶段（1995年12月—1996年4月）。决赛阶段按预赛名次分为上区（第1～4名），中区（第5～8名），下区（第9～12名，又称保级圈），位列第11、12名的队降至乙级。1996—1997赛季，中国篮协将联赛分为3个等级：甲A，有12支队；甲B，有10支队；乙级联赛，有6～8支队。甲A和甲B联赛后两名降级，甲B和乙级联赛的前两名升级。1998—1999赛季，中国篮协再次对甲A联赛进行赛制改革，将每场比赛由原来的2×20分钟改为4×12分钟，进攻时间由30秒缩短到25秒，推进前场时间由10秒缩短到7秒，同时允许两名外援在一场比赛中总共可上场4人次。1999—2000赛季，半决赛改为3战2胜制，两名外援在一场比赛中总共可上场5人次。

1997年11月24日，国家体育总局实行体育管理体制改革和运行机制转变，成立了国家体育总局篮球运动管理中心。国家体育总局篮球运动管理中心是具有篮球项目行政管理职能的事业单位，又是中国篮球协会的办事机构。篮球运动管理中心下设综合部、竞赛部、国家队管理部、训练科研部、开发部、社会发展部等，对全国篮球的协会建设、外事、财务，各级竞赛、各俱乐部，运动员、教练员、裁判员注册、培训，产业开发，青少年后备人才培养和群众性篮球运动的开展实行全面管理。

(三)中国篮球联赛的发展历程

1995—1996 赛季：世界著名的体育赛事推广公司——国际管理集团成了甲 A 联赛第一个合作伙伴和赞助商，联赛第一次被商业冠名为甲 A 联赛—555 篮球联赛。本届联赛还第一次推出七支参赛队队标——八一“火箭”、前卫“猎豹”、北京“鸭”、南京军区“麒麟”、济南军区“天马”、浙江中欣“松鼠”、广东宏远“华南虎”等。该赛季，浙江中欣队聘请了甲 A 历史上的第一个外籍球员——乌兹别克斯坦运动员米哈依尔·萨芬科夫。

1996—1997 赛季：该赛季参赛的 12 支甲级队全部成立了俱乐部。虽然各俱乐部的性质和形式不同(有投资赞助型、部分经营型或是“翻牌”型)，但这标志着我国篮球运动从计划经济向市场经济转化的开始。

1996—1997 赛季：和甲 A 联赛分庭抗争的中国职业篮球联盟联赛(CNBA，又称精英联赛)出现。CNBA 球队有吉林虎队、前卫震元队、北京京狮队、上海交大南洋队、湖北黄鹤队、福建飓风队、天津海湾开拓者队、河南雄狮队等。第二年，CNBA 刚刚更名为 CMBA 后就夭折了，这个寿命仅为一年的联赛，当时被称为“精英闹剧”。

1997—1998 赛季：1997 年 4 月 5 日，全明星赛首次扩充为“全明星周末”活动，在上海举行，还首次举办了远投和扣篮大赛。球迷与优秀教练员、全明星球员近距离接触。这是中国篮球的最高管理机构——国家体育总局篮球运动管理中心(简称“篮管中心”)在 1997 年 11 月 24 日正式挂牌成立后直接组织的第一个赛季。篮管中心的成立，是中国篮球管理体制的一项重大改革，改变了以前多头管理、力量分散、关系不顺的情况，形成了在原国家体委宏观指导下，以篮管中心为核心，以篮球协会为组织网络的新的管理体制，实现了篮球项目管理的集约化、系统化。当赛季，四川熊猫队引进了甲 A 联赛的第一位外籍主教练，第一次将全明星赛变成中外明星对抗赛。

1999—2000 赛季：这一赛季成立了三个新的委员会，即联赛管理委员会、联赛纪律委员会和联赛仲裁委员会，以此加大对联赛的管理力度。当赛季，上海东方队引进了中国台北选手郑志龙，开创了两岸队员转会交流的先河。

2001—2002 赛季：在国际管理集团退出甲 A 联赛的合作后，中国篮协接受挑战，成功地组织了一个由自己招商，自己包装、推广的赛季，迈出了依靠自己的力量办联赛的第一步。该赛季，迎来了我国台湾的第一支球队——新浪狮队，这在我国体育史上有着突破性的意义。

2002—2003 赛季：首次实行国内球员倒摘牌；香港飞龙队正式亮相甲 A 联赛；参赛队从原来的 12 支第一次扩至 14 支。

2004—2005 赛季：这是甲 A 联赛改革力度最大的一个赛季，是一个过渡性的、承前启后的赛季，它的使命就是为 2006 年推出崭新的职业联赛探路和奠基。为了让"10 岁"的甲 A 联赛能够完成它的历史使命，中国篮协对联赛的结构、赛制及推广进行了一系列的调整和改革，首次取消升降级，首次把参赛队分成南、北两大区，并决出南、北两大赛区冠军；当赛季提出了新的口号："我的球队，我的比赛，我的 CBA，打造至尊辉煌，镶嵌冠军梦想"。另外，中国篮协对中国篮球运动的竞赛体制进行了一系列改革，试图尽快建立公平竞争机制，完善职业篮球俱乐部管理制度，提高运动员和运动队的竞技水平。

2000—2001 赛季：由八一俱乐部培养的著名中锋王治郅作为亚洲第一人首次加入 NBA 达拉斯小牛队，这标志着中国篮球运动员开始走向世界最高水平的联赛。

2001—2022 赛季：北京首钢俱乐部中锋巴特尔加入了 NBA 丹佛掘金队。

2002—2003 赛季：上海俱乐部的著名中锋姚明参加 NBA 选秀，被休斯顿火箭队作为状元秀选中，成为 NBA 有史以来第一位成为状元秀的外国选手。这标志着中国职业篮球进入了一个新的阶段。

三、CUBA

（一）CUBA 含义

中国大学生篮球联赛（Chinese University Basketball Association，CUBA）是中国篮球协会主办的高校间篮球联赛，其宗旨是"发展高校篮球，培养篮球人才"，参照美国的 NCAA 大学篮球联赛形式。中央电视台体育频道及一些地方电视台每年都会现场直播部分重要场次的比赛。1996 年开始酝酿联赛，1997 年建立章程，1998 年开始正式推行，设男子组和女子组。CUBA 影响力仅次于 CBA。赛事主要的口号有"领悟篮球、领悟体育、领悟文化！""中国篮球新感觉！""上大学是我的梦想，打篮球是我的梦想，CUBA 是我圆梦的地方！"等。

（二）诞生历程

CUBA 酝酿于 1996 年。当时，中国人民大学体育教师，时任中国大学生篮球协会秘书长的龚培山教授游说各方，主导创建一个中国大学生自己的联赛，并携手陈南生、王庆波、张又新、张衡等大学篮球专业教师一起倡议、调研、策划、商讨。陈南生老师引荐自己曾经的学生，热爱篮球的前浙江大学篮球队长、恒华（国际）集团总裁张宁飞先生与中国大学生篮球协会秘书长龚培山教授于1996年4月10日举行了首次会晤，就CUBA的创建意义及发展规划、远景等方面达成共识，恒华（国际）集团决定投资CUBA。

1996年8月1日，中国大学生篮球协会（简称大篮协）全委扩大会议通过与恒华（国际）集团合作的决议，并聘请张宁飞先生为大篮协顾问。同年11月28日，双方在北京人民大会堂举行正式合作签约仪式。

1997年2月—4月，原国家教委批准中国大学生篮球联赛（CUBA）组织办法并在全国推行中国大学生篮球联赛。中国篮球协会批准中国大学生篮球协会为中国篮球协会会员，同时国家体育总局将CUBA纳入1998年度全国竞赛计划。

1997年3月14日，作为CUBA联赛的经济实体，恒华体育（广告）发展有限公司正式成立，张宁飞先生出任公司董事长。CUBA初步建立了各种制度，制定了联赛的章程，并提出把CUBA建设成健康向上、充满朝气品牌的理念，设计出联赛完整的VI系统，包括会标（见图1-12）、会旗、会徽、会歌、吉祥物、队标等。

图1-12　CUBA标志

1997年5月20日，中国大学生篮球协会与恒华（国际）集团在京召开新闻发布会，宣布由双方联合主办的CUBA将于1998年2月在全国全面推广。另外，建立了CUBA章程。1997年11月30日，以钱伟长为名誉主席的CUBA中国大学生篮球联赛组织委员会成立大会在北京人民大会堂香港厅举行。

1998年，CUBA开始正式推行，设男子组和女子组（也称其为WCUBA）。中国大学生篮球联赛现已成为中国篮球运动比赛中的两大赛事之一，影响力仅次于中国男子篮球职业联赛，每年的基层预赛参赛队伍已经超过1 200支，分区赛参赛队伍超过100支。

CUBA是中国历史上第一个面向社会、面向高校的大学生专项运动联赛，其办赛宗旨是在社会化、产业化的运作模式下实现“发展高校篮球、培养篮球人才”的目标。

1998年3月，CUBA考察团赴美考察。考察团与NCAA、NBA的有关负责人就有关赛制的制定、篮球市场推广、篮球产业开发等问题进行了会谈，为创立CUBA联赛坚定了信心。

(三)发展历程

首届 CUBA 的基层预赛在全国各地如期展开，共有来自 26 个省、市、自治区的 617 支男女球队参加了基层预赛，参赛人数达到 9 130 人，比赛场次达到了 2 600 多场。

为了使 CUBA 健康发展，为各参赛队提供公平竞赛的环境，CUBA 组委会建立了参赛队员管理制度，并对参赛队员资格审查的工作严格把关，采取了自查与互查相结合的方式，积极认真对待群众举报，在赛前、赛中、赛后建立了全方位的审查制度。

1998 年 3 月 19 日，首届 CUBA 开幕式在中央电视台举行，著名歌手刘欢为联赛作词、作曲并演唱了会歌《CUBA 之歌》。这标志着中国大学生篮球事业进入了一个崭新的发展阶段。

1998 年 7 月 25 日，首届 CUBA 北方赛区的决赛在原天津财经学院揭幕，这标志着 CUBA 决赛阶段的比赛正式开始。

1998 年 8 月 8 日，首届 CUBA 南方赛区决赛在武汉冶金科技大学揭幕，彼时正值湖北遭受严重的洪涝灾害，CUBA 组委会倡议向灾区捐款，受到了与会人员的热烈响应，并在社会上引起了强烈的反响。

1998 年 8 月，武汉冶金科技大学获得首届 CUBA 的 B 级组女子总冠军。

1998 年 9 月，西北大学获得首届 CUBA 的 B 级组男子总冠军(见图 1－13)。

图 1－13　首届 CUBA B 级组男子总冠军

首届 CUBA 共有 26 个省、自治区、直辖市的 617 支高校代表队、9 130 名运动员和教练员参加了各个阶段的比赛，比赛场次达到 2 600 多场，现场观众 146 万人次，有关 CUBA 信息的受众总量超过了 15 亿人次。中央电视台对决赛阶段的 20 场比赛进行了现场直播，100 多家中央和地方媒体对联赛进行了密集报道。“CUBA现象”给当时正处于历史低谷的中国篮球带来了一股清新的空气，许多关心中国体育改革进程和发展方向的人们因此倍感振奋。CUBA的巨大影响先后吸引了摩托罗拉、达盛电子、中国电信、利生、斐乐、康威、双星、红牛等国内外知名企业的合作。

首届联赛大获成功后，推出了首届CUBA男子八强、女子四强赛。1999年5月，女子四强赛首先在河南大学开战，5月8日，原天津财经学院获得了首届CUBA女子四强赛的冠军，河南大学获得亚军。首届CUBA男子八强赛在长沙、成都两个赛区分别进行，电子科技大学获得了首届CUBA男子八强赛的冠军，湖南财经学院获得亚军。

1999年8月，首届CUBA篮球人才夏令营、第二届高校篮球教练员、一级裁判员培训班在井冈山举行。

1999年9月，第二届CUBA预赛暨第六届大运会基层选拔赛同期在全国各地全面展开。在首届联赛达到预期效果的基础上，第二届CUBA对赛制进行了调整，原来的A、B级联赛“双轨制”实现“并轨”，原A级队另设试点校(大超)联赛。自然年度比赛改为学年度比赛，在全国32个省、市、自治区预赛的基础上，进行东南、西南、西北、东北四个分区比赛，由各赛区的男子前两名、女子第一名形成男子八强 、女子四强赛，最后前两名进行总决赛。

1999年12月12日—2000年1月10日，四个分区的比赛先后在浙江大学、湖南师范大学、太原理工大学、北京体育师范学院举行。

2000年3月12日，第二届CUBA男子八强赛开赛，华侨大学获得联赛男子总冠军，浙江大学获得亚军。

第二届CUBA共进行了2 720场比赛，现场观众超过180万人次，有关CUBA信息受众总量超过23.5亿人次。改制后联赛的整体水平和激烈程度都有大幅度的提高。

CUBA创办以来，CUBA的内部机制日渐完善，CUBA组委会下设了东南、西南、西北、东北四个赛区的分会，这为CUBA长期稳定的发展奠定了扎实的基础。

从第三届开始，CUBA确立了稳定的全国联赛制度，推出以“不变的参赛条件、固定的比赛时间和有利于参赛队系统训练的赛制”为特点的CUBA竞赛规程。第四届CUBA步入了科学化、规范化轨道，在赛事组织和推广方面开始尝试一些新的思路和做法。第五届CUBA进一步体现出以东部大城市为根据地、大举“西进”的战略。第六届CUBA进入了一个新的时期。全面加强与中央电视台的战略合作关系，扩大电视转播规模，成为本届联赛的一条主线。第七届到第十届期间，联赛不断壮大，联赛规模逐步提升。在这期间，华侨大学男篮一举完成了四连冠佳绩，自此成为 CUBA 不可忽视的一支力量。第十一届联赛，在东北赛区，哈尔滨工业大学连续两场完成 20 分的逆转，成功夺得东北赛区冠军。而在西南赛区，湘南学院第一次打进了全国八强，成为 CUBA 历史上以弱胜强的经典。第十二届比赛中，此前数次进入全国八强和全国四强的太原理工大学成功夺得球队的首冠。第十三届完成了联赛扩军，由原来的分区赛前两名进入全国八强，改为了分区赛前四名进入全国赛。在随后五届的 CUBA 中，这一赛制变化充分发挥作用，东北赛区的第三名球队都成功杀入全国四强，说明了东北赛区整体实力的强大。第十八届 CUBA 进一步扩军，男篮和女篮进入全国赛的队伍由之前的 16 支增加到 24 支。同时联赛首次引入了全明星赛，利于拉近联赛明星球员和球迷之间的距离。

2018 年 8 月 6 日，阿里体育宣布出资超过 10 亿元获得 CUBA 未来七个赛季的独家运营权。CUBA 在赛制上进行了大刀阔斧的改革：①分区赛扩军，由原来的 64 支球队增加至 80 支，增加了晋级可能性；②传统 24 强赛扩大为 32 强赛，并采用了双败淘汰制；③男子 8 强赛回归主客场制，使得 CUBA 进入到更多的学校校园中；④将“普通生阳光组”和“高职高专组”单列 CUBA 竞赛体系，取名为 CUBA 二级联赛和三级联赛，三级联赛新增女子组别。在北京大学生体育馆举行的巅峰四强赛中，北京大学成功击败清华大学，成为 CUBA 三冠王(见图 1－14)。

图 1－14　北京大学 CUBA 联赛三连冠

2019 年，第 21 届 CUBA 中国大学生篮球二级联赛(普通生阳光组)中，西北工业大学男篮势不可挡，勇夺全国总决赛冠军！为西北工业大学夺取了建校 83 年以来的第一个篮球全国总冠军(见图 1－15)。其在 2021 年第 23 届 CUBA 中国大学生篮球二级联赛全国总决赛中再夺冠军(见图 1－16)，谱写了在 CUBA (普通生阳光组篮球运动)的华丽篇章！

图 1-15　西工大普通生男篮
（2019 年全国总冠军）

图 1-16　西工大普通生男篮
（2021 年全国总冠军）

2021 年 6 月，第 23 届中国大学生篮球联赛（CUBA）总决赛在橙狮悦动苏州湾体育中心举行，这是 CUBA 巅峰四强赛首度走出校园，走进社会场馆并公开售票。

第二章　篮球技术教学与训练

篮球技术是篮球比赛中为了完成一定目的的专门动作方法的总称，也是篮球运动进攻和防守动作体系的总和，是篮球比赛的基础。

篮球技术是队员以动作的形式作用于自身和球体来实现特定目的的方法过程，并表现出进攻与防守的专门性。篮球技术应符合竞赛规则的要求、运动生物力学原理和个人的特点，体现其合理性和实效性，并能完成比赛中的具体任务。

篮球技术的每个动作方法，都是人体各个关节的运动动作按一定顺序组合进行的，它们大多数是由“平动”“转动”组合成的“复合运动”，既包括周期性运动成分又包含非周期性运动成分。在实际运动中，它表现为以复杂的动作结合为基础的不固定动作。

其动作结构的主要特点如下：

一是动作复杂多变。这是由于比赛中攻守双方队员和球的变化很复杂，要求队员随着外界环境条件的变化果断及时地做出不同的动作，这就使得在运动过程中一个完整动作的组成常常不是稳定的，而是多变的。

二是固定与不固定相结合。篮球技术动作中某些成分是固定的，而且有其比较固定的动作结构特点（如投篮的手法），但在运动过程中又表现出不固定性，这种不固定性是指比赛中完成动作的条件，也是指运用过程中动作组合是千变万化的。从固定的基本动作成分转变为不固定动作，要以环境条件为转移。在相同条件下，队员所做出的动作组合不尽相同。当条件不利时，固定的基本动作成分有可能被破坏，但是，经过训练，训练水平较高的运动员不仅能在对抗条件下完成动作，而且还能随机应变创造出新的动作。

篮球技术是在运动实践中逐步形成、发展和完善起来的。篮球运动进攻与防守的发展，竞赛规则的演变，队员身高的增加、素质与文化素养的提高，完成动作条件的复杂性与快速性的提升，促使各类技术动作得以改进、完善和创新。在篮球比赛中，各类技术动作的运用是根据队员的训练水平、战术、方法的需要和比赛的具体情况而定的，通过个人或集体加以组合或配合的运用。这些动作的运用既相互联系，相互制约，又相互影响，相互促进。

在篮球比赛中，队员的智慧、技能、运动素质、心理品质、文化素养等都是通过篮球技术集中表现出来的，也体现出其运动技巧、应变能力和创造性。现代篮球比赛是高水平的全面对抗（身高、素质、机能、技术、战术、意识、心理、意志、作风等），衡量运动技巧的标准不断提高，要求运动员在激烈对抗条件下，完成各种技术动作要具有快速性、准确性、稳定性、配合性和创造性，从而反映出队员的高超技巧和应变能力。

篮球技术是篮球战术的基础。任何战术意图和战术方法的实现，主要取决于队员掌握相应数量的熟练而准确的技术，并能有意识地加以合理运用，以达到战术的要求。先进的技术必然促进战术的发展和变化。战术的不断发展和演变，又反过来对技术提出更高的要求，从而促进技术的发展和更新。因此，队员必须掌握全面的技术，并不断提高，以适应现代篮球比赛和战术发展的要求。

篮球技术的分类主要是根据动作在比赛中的作用和动作结构类似的特点。篮球技术分为进攻技术和防守技术两大类（见图 2－1）。进攻技术有传接球、投篮、运球、持球突破等，防守技术有防守对手、抢球、打球、断球等。进攻技术和防守技术中都有移动和抢篮板球技术。各类技术动作又各有许多不同的动作方法，如传球中有双手胸前传球、单手肩上传球等多种动作。有些动作是在不同状态下完成的，因此又有原地、行进间、跳起等各种动作之分。

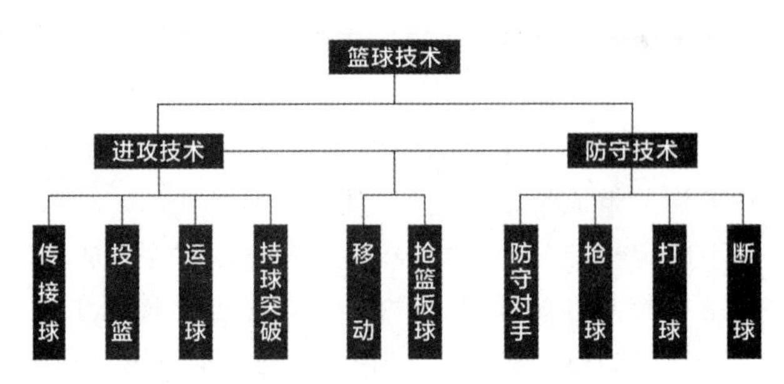

图 2－1　篮球技术分类图

对篮球技术分类，目的是系统地、科学地组织篮球技术的教学与训练，深入地研究各类技术动作的作用、结构特点及其运用，并在此基础上，探讨技术动作之间和技术与战术的关系，从而促进篮球技术的发展。根据以上篮球技术的分类，可以对各种动作方法的结构应进行详细的分析。一般采用时期分析法。时期分析法是从时间上按运动动作完成的顺序，即准备、主要工作、结束三个时期进行分析。在分析具体动作方法之前，要考虑到该动作的目的、任务、动作前处于什么状态、在什么条件下完成。然后再按三个时期进行具体分析：

准备时期是为主要时期的动作做好准备，这个时期的分析应抓住预判动作，它能为人体获得的主要时期的动作创造最有利的条件（改变有关关节的肌肉工作距离、肌肉工作方式和骨杠杆的比例)。

主要时期是完成主要(用力)动作过程,它是整个动作的关键部分,动作的效果也取决于它的工作。对主要动作的用力过程,要根据具体动作方法的目的和任务来分析人体诸力相互作用的合理性。

结束时期是保证整个动作方法的效果和使人体恢复到稳定状态的过程,还有一定的运动动作才算完成整个动作方法。

时期分析法是用来进一步详细地描述动作方法和确定各时期范围的活动变化以及它们之间相互关系的特点,并在此基础上,探讨和制定篮球技术动作教学与训练的教法手段。

在运动实践中,完成每一个动作方法时,并不会出现时期之间的中断或停顿,而是连贯、协调、快速地完成动作。由于篮球技术的运用都是根据比赛具体情况加以组合的,动作结构比较复杂,因此,在研究技术动作完成的方法中,明确动作的运动姿势与运动结构上的联系及相互作用是比较重要的。从运动学的结构去揭示动作的形式与特点,动作与人体部位(胸前、肩上、头上等)的关系以及体轴(从正面、侧面、倾斜等)的关系;从动力学结构去研究完成动作时人体的状态(原地或行进间、支撑或腾空等)以及运动中人体内力与外力的相互作用,动量、转动、制动、功能以及运动性质方面等问题,这对于运用技术的合理性与实效性,进一步确定动作的运动成分及运动结构的相互关系都是很必要的。

为了便于教学、训练和学习参考,本章将篮球技术分为移动,传、接球,投篮,运球,突破,防守对手,抢球、打球、断球,抢篮板球共八类,分别加以阐述。

第一节　移　　动

移动是篮球比赛中队员为了改变位置、方向、速度和争取高度等所采用的各种脚步动作方法的通称。

移动是篮球技术的基础。它对掌握与运用进攻或防守技术都有着密切的关系。在进攻中移动是为了选择位置、摆脱防守、切入或是接球、传球、投篮、运球、突破等。在防守中移动是为了保持或抢占有利位置、堵截对手、防止摆脱,追防、协防或是及时而果断地进行抢、打、断球及抢篮板球。

一、动作分析

移动的动作结构主要是以踝、膝、髋关节为轴的多个运动动作合理组成的。移动由以下两个主要环节组成:准备姿势、脚步及协同动作。

(一)准备姿势

队员在场上需要有一个既稳定又可机动的准备姿势,用来保持身体平衡和有较大的应变性，以利迅速地、协调地进行移动，去完成各种行动。

动作方法：准备姿势是两脚前后（或左右）开立，两脚间距离与肩同宽，脚掌着地，两膝弯曲（大、小腿之间的角度大约为135°），身体重心的投影点（以下简称重心）落在两脚之间，上体微向前倾，两臂屈肘自然下垂置于体侧（准备接球或持球），两眼注视场上情况（见图2-2）。

图2-2　准备姿势

（二）脚步及协同动作

脚步动作是通过脚前掌的蹬地、碾地或脚跟先着地的制动抵地等动作使力作用于地面和地面的反作用力来实现的。而脚给地面的作用力和来自腿部伸展的力是分不开的，即髋、膝、踝关节预先弯曲到一定的角度，然后主动伸展，使力通过脚部的动作施加于地面，与此同时，腰、胯协调用力，配合或加大对地面的作用力，并利用地面的支撑反作用力克服人体重力和惯性力来保证身体平衡和重心的控制和转移，从而使人体获得起动、起跳、旋转、制动等位移的变化。各种脚步动作虽然主要是下肢髋、膝、踝关节肌肉合理的动作过程，但也离不开其它部位动作的协调配合，特别是腰胯用力的配合，它对带动上体，使动作协调配合，调整或转移身体重心，保证人体诸力集中到力点与地面的反作用力很好地结合，都起着很重要的作用。同时，上肢应协同动作，这样就能较好地保证各种脚步动作的协调性、快速性和实效性。

二、移动动作方法

（一）起动

起动是队员在球场上由静止状态变为运动状态的一种起始的动作，是获得位移初速度的方法。可在进攻中运用起动摆脱防守，防守中看住对手，保持或抢占有利位置。

动作方法：从基本站立姿势开始，起动时，身体重心向跑动方向移动，以后脚（向前起动）或异侧脚（向侧起动）的前掌突然有力地蹬地，同时上体迅速前倾或侧转，手臂协调地摆动，充分利用蹬地的反作用力，迅速向跑动方向迈出。起动后的两三步要短促而迅速地连续蹬地，和快速摆臂相配合，在最短的距离内有效加快速度。

（二）跑

跑是队员在球场上改变位置，发挥速度的重要方法，也是比赛中运用得最多的一种移动动作。篮球场上的跑具有快速、多变的特点。常用的跑有以下几种：

（1）变速跑：变速跑是队员跑动中利用速度的变换来争取主动的一种方法。

动作方法：加速跑时，要利用两脚突然短促而有力的连续蹬地，加快跑的频率，同时上体稍向前倾，手臂相应地摆动加以配合。减速跑时，利用前脚掌用力抵地来减缓快跑的前冲力，同时上体直起，保证身体重心的后移，从而降低跑速。

（2）变向跑：变向跑是队员在跑动中突然改变方向来摆脱防守或堵截进攻的一种方法。

动作方法：变向跑时（以从右向左变方向为例），最后一步右脚着地，脚尖稍向内扣，用脚前掌内侧用力蹬地，屈膝，腰部随之左转，快速移重心，左脚向左前方跨出，这一步要快，右脚迅速随着跨出，继续加速跑动前进。

（3）侧身跑：侧身跑是队员向前跑动中为了观察球场上的情况，侧转上体，进行攻守行动的一种跑动方法。

动作方法：在跑动中只是头部与上体侧转向球的方向，而脚尖要朝着前进方向，既要保持跑速或加速，又要完成攻守的动作（见图2-3）。

（4）后退跑：后退跑是队员在球场上背对前进方向的一种跑动方法，是为了观察场上攻守情况。

图2-3　侧身跑

动作方法：后退跑时，两脚提踵，用前脚掌交替蹬地提膝向后动，上体放松直起，两臂屈肘相应摆动，保持身体平衡，两眼平视，注意场上情况。

(三)跳

跳是队员在球场上争取高度及远度的一种动作方法。篮球比赛中很多技术动作需要队员在空中去完成。队员要会单、双脚起跳，能在原地、跑动中和对抗条件下完成向不同方向跳或连续跳等，并要跳得快、跳得高，滞空时间长，更好地在空中完成各种攻守动作。

跳的两种方法：

(1)双脚起跳：起跳时，两脚开立，两膝快速下蹲，两臂相应后摆，上体前倾。然后，两脚用力蹬地、伸膝、提腰，两臂迅速向前上摆，使身体向上腾起。上体在空中要自然伸展、收腰，下肢放松。落地时，用前脚掌先着地，并屈膝缓冲身体下落的重力，保持身体平衡，以便衔接下一个动作。双脚起跳多在原地运用，也可以在上步、并步、跳步或助跑情况下应用。

(2)单脚起跳；起跳时，一条腿微屈前送，脚跟先着地，并迅速屈膝过渡到前脚掌用力蹬地，同时提腰摆臂。另一腿膝积极上抬，借以帮助重心上移。当身体上升到最高点时，摆动腿放膝向下与起跳腿自然合并，使腾空动作协调。落地时，双脚要分开注意屈膝缓冲，便于迅速完成其他动作。单脚起跳多在助跑情况下运用。

(四)急停

急停是队员在跑动中突然制动的一种动作方法。它也是各种脚步动作衔接和变化的过渡动作。比赛中急停更多的是与其它技术结合在一起运用。

急停的动作有两种：

(1)跨步急停(两步急停)：队员在快速跑动中急停时，先向前跨出一大步，用脚跟先着地，过渡到全脚抵住地面，并迅速屈膝，同时身体微向后仰，后移重心。然后，再跨出第二步，脚着地时，脚尖稍向内转，用脚前掌内侧蹬住地面，两膝弯曲，身体稍侧转(右脚跨出第一步，身体后移)，微向前倾，重心移至两脚之间，两臂屈肘时自然张开，帮助控制身体平衡(见图 2 - 4)。

图 2 - 4　跨步急停

(2)跳步急停(一步急停):队员在中慢速移动时,用单脚或双脚起跳(一般离地面不高),上体稍后仰,两脚同时平行落地,落地时全脚掌着地,用脚前掌内侧蹬住地面,两膝弯曲,两臂屈肘微张,以保持身体平衡。

(五)转身

转身是队员以一脚蹬地向前或向后跨出的同时,另一脚做中枢脚进行旋转而改变身体方向的一种动作方法。转身在比赛中运用比较广泛,经常与其他技术动作组合运用。

动作方法:转身时,重心移向中枢脚,另一只脚的前脚掌蹬地,同时中枢脚以脚前掌为轴用力碾地,上体随着移动脚转动,以肩带腰向前向后改变身体方向。在身体移动过程中,要保持身体重心平稳,不要起伏。转身后,重心应转移到两脚之间。

转身可分为前转身和后转身:

(1)前转身:移动脚蹬地在中枢脚前方(身前)进行弧形移动的叫前转身(见图 2-5)。

图 2-5　前转身

(2)后转身:移动脚蹬地在中枢脚后方(身后)进行弧形移动的叫后转身(见图 2-6)。

行进间运用后转身是队员在靠近对手时,以前脚为中枢脚旋转,后脚蹬地做后转身。由于跑动中惯性的关系,要适当减速,加大中枢脚碾地的力量,从而加快旋转的速度,要注意控制重心,保持身体平衡。

图 2-6　后转身

(六)跨步

跨步是一种起步的动作方法。跨步的动作方法是以一脚为中枢脚,另一脚向前或向侧方跨出，以便衔接其它动作。

（七）交叉步

交叉步是移动的一种方法。向右移动时，左脚前脚掌内侧用力蹬地从右脚前向右侧横跨出，同时右脚碾地，上体随之右转，左脚落地后，右脚迅速向右侧方继续跨出，抢占有利的防守位置。

（八）攻击步

攻击步是防守队员突然向前跨出的一种动作。这种步法是利用后脚蹬地，前脚迅速向前跨出，逼近对手。运用攻击步时，伸出前脚的同侧手抢球、打球或干扰对手。

（九）绕步

绕步有绕前步和绕后步两种。绕前步（以从右侧绕前防守时为例）时，右脚向右斜前方跨出半步，左脚迅速蹬地绕过对手向左跨出或跃出。腰、胯要用力，手臂根据防守的需要做出相应的动作进行阻挠、伸展、挥摆的动作。

绕后步的动作与绕前步相同，只是向后方跨步绕过。

（十）滑步

滑步是防守移动的一种主要方法。它易于保持身体平衡，可向任何方向移动。滑步可向侧、向前和向后进行滑动来阻截对方的移动。

（1）侧滑步：两脚平行站立，两膝较深弯曲，上体微向前倾，两臂侧伸。向左侧滑步时，右脚前脚掌内侧蹬地，左脚向左（移动方向）跨出，在落地的同时，右脚紧随滑动，向左脚靠近，两脚保持一定距离，左脚继续跨出。在滑步时，要保持屈膝低重心的姿势，身体不要上下起伏，重心保持在两脚之间，眼要注视对手。向右侧滑步时脚步动作相反。

（2）前滑步：两脚前后站立。向前滑步时，后脚的前脚掌内侧蹬地，前脚向前跨出一小步，着地后，后脚紧随着向前滑动。保持前后开立姿势。

（3）后滑步：后滑步动作方法与侧滑步相同，只是向后方移动。

（4）滑跳步（碎步）：多用于外线防守。

动作方法：两脚平行开立，稍比肩宽，两膝保持弯曲。移动时，不停顿地用脚前掌蹬地，用小而快的步法向左、右、前、后移动。移动时步幅小（小半步），保持平步防守姿势，上体不要起伏。

（十一）后撤步

后撤步是变前脚为后脚的一种起步方法。队员为了保持有利位置，特别是当进攻队员从自己前脚外侧持球突破或摆脱时，常用后撤步移动，并与滑步、跑等结合运用。

动作方法：撤步时，用前脚掌内侧蹬地，腰部用力向后转体，前脚后撤，同时后脚的脚前掌碾地。在前脚后撤着地后，紧接滑步，保持身体平衡与防守姿势，后撤角度不宜过大，动作要迅速，身体不要起伏。

三、移动技术的运用

在篮球比赛中，运动员及时合理运用移动技术不仅能摆脱或防住对手，而且也影响着控制支配球、投篮和争夺球等动作的完成。因此，移动技术的运用要注意以下几个问题：

(1)移动技术经常是由几个脚步动作组合或与其它技术动作组合在一起加以运用。如起动—跑、滑步—起跳—断球、运球—跳起投篮或传球、转身挡人—起跳空中争篮板球等。因此，在掌握移动单个动作的基础上，加强组合动作的练习，解决好动作之间的衔接与结合，才能不断提高移动技术运用的质量。

(2)移动技术的运用不仅要有良好的身体素质和熟练的脚步动作做基础，而且还要有良好的观察判断、反应能力和篮球意识，以及顽强拼搏的精神。因此，移动技术运用应把意识、动作、心理因素三方面综合起来，才能提高移动技术运用的及时性、主动性和灵活性。

(3)移动技术的运用要快慢结合、动静结合、真假结合，能根据比赛中的实际情况，把主变与应变很好地结合，提高移动技术运用的及时性、主动性和灵活性。

四、移动技术的教学与训练

(一)教学与训练的建议

移动技术中很多动作是日常生活基本技能的发展和篮球运动对它的特殊变化，因而要力求缩短移动动作方法的教学过程。移动技术的教学与训练，是在掌握各种移动动作的基础上，提高与其他技术动作综合运用的能力。

移动的教学，一般是在开始阶段比较集中地进行，为学习其它技术打下基础。移动的教学可以按跑、急停、转身、跳、滑步等分别组合进行，在教学这些动作的同时，结合基本站立姿势、起动、跨步、撤步、交叉步等动作的学习。移动动作的讲解要明确、形象、生动，可以联系生活实际，让学生易于联想。示范要正确，使之较快地形成正确的动作概念。

移动动作应组织专门性的练习，从单个动作到组合动作，逐渐增加动作的数量、练习的强度，并逐渐变换练习条件，提高运用能力。

移动技术的教学与训练，应把提高脚步动作的突然性、快速性、灵活性作为重点，在各种移动练习中，都要强调站立姿势的正确、重心的稳定和转移。

移动技术的教学与训练，应与提高专项身体素质紧密结合，还应与其它攻防技术、基础配合结合进行。考核篮球技术时，移动技术应列为考查考试内容之中。

（二）教学与训练的方法

1. 跑

移动的教学应从跑的动作开始，让学生了解篮球场上跑的特点。应先学会放松跑，然后转入快跑、变速跑、变向跑，并结合侧身跑、后退跑等。在练习中要强调各种不同跑的蹬地方法。重视运用视觉信号来提高学生的观察判断及反应能力，不断提高跑的速度和与其他动作的组合。

（1）跑的技术练习。①原地放松跑、高抬腿跑、小步跑、后踢腿跑等；②放松中加速跑；③原地各种跑转为放松跑、快跑。

（2）起动快跑练习。①从基本站立姿势开始，听信号或看信号向不同方向起动快跑；②自己抛球或另一人抛球（先近后远），球离手后起动快跑接球，不让球落地；③原地运球，听信号或看信号迅速起动向规定方向快速运球。

练习要求：起动迅速，动作衔接要快，起动后要求加速快跑，注意判断、反应的训练。

（3）球场上各种跑的练习。①在场内根据手势或其他信号做侧身跑、变速跑、变向跑、后退跑；②在场内做直线快跑、曲线快跑，利用三个圆圈做弧线跑，利用场上横线做折线跑；③在场内直线快跑中，利用急停转身做折回跑；④在场内连续交替做各种跑，如直线跑—弧线跑、弧线跑—直线跑、变向跑—弧线侧身跑等。

以上练习要求掌握与运用不同的蹬地方法来改变跑的方向、路线，以达到所需要的变化。练习中强调动作之间的衔接、身体重心的控制与转移。

2. 急停

急停教学应先学习跨步急停，然后再学习跳步急停。

急停的练习：①慢跑或中速跑中做跨步急停和跳步急停；②直线快速跑中做跨步急停；③快跑中听信号或看信号做跨步急停；④快跑中做急停折线跑、急停转身折回跑、急停后起跳等；⑤运球中急停急起、急停后传球、急停跳起传球；⑥运球急停跳投。

以上练习要求急停时屈膝，控制身体重心，急停后与其它动作衔接。

3. 转身

转身的教学要首先明确中枢脚、移动脚，要学会左右脚做中枢脚进行转身。

转身的练习：①原地做两脚交替转移重心、跨步、撤步、前转身、后转身的练习；②原地面对或背对防守队员做跨步、撤步、前转身、后转身的练习；③原地接球后做前转身、后转身传球或运球的练习；④起跳接球后做前转身、后转身传球或运球的练习；⑤跑动中急停后做前转身或后转身继续跑的练习；⑥跑动中接球急停后做前转身或后转身传球或运球的练习；⑦运球中做前转身或后转身练习。

以上练习要求转动要快而稳，身体重心不要上下起伏。转身后衔接下一个动作要迅速。

4. 跳

跳的教学应以原地双脚为重点，然后再学习跑动中单脚起跳和双脚起跳。

跳的练习：①原地（基本站立姿势）向上、向前上方、向侧上方、向后上方做双脚起跳；②原地（基本站立姿势）向前跨一步、向侧跨一步、向后撤一步做双脚起跳；③原地连续向上轻跳的练习；④原地向上跳起空中转体 90°～360°；⑤原地后转身双脚起跳或向侧跨步双脚起跳；⑥助跑两三步，单、双脚起跳或单脚起跳；⑦变向跑两三步，双脚起跳或单脚起跳。

以上练习要求蹬伸动作要快速、突然、有爆发力。要注意腰、臂的协调配合，空中控制平衡的能力，要重视落地动作和下一个动作的衔接。

5. 防守移动

在掌握滑步动作的基础上，学习后撤步、交叉步、攻击步、绕步等步法，再进行防守步法组合的训练。

(1)防守步法的练习。①原地（基本防守姿势），看手势或其它信号做向左向右滑步、向后滑步、向前滑步的练习；②原地（平步站立姿势），看手势或其它信号做向左、向右、向前、向后滑跳步的练习；③原地（基本防守姿势），看手势或其它信号做后撤步、交叉步、攻击步的练习；④原地（基本防守姿势），听信号围绕障碍架做绕步的练习。

(2)防守步法组合练习。①快跑—退跑—侧滑步；②快跑—侧滑步—向上跳；③侧滑步—交叉步—快跑；④攻击步—后撤步—侧滑步；⑤按规定的路线或安置标志物（如障碍架）做“之”字形滑步及后撤步、三角滑步（上步、撤步、侧滑步）、小“8”字形滑跳步、“丁”字形滑跳步等的练习。

以上练习要求防守步法之间衔接连贯，移动速度要快，并要控制好身体重心与平衡。

(3)一对一防守移动的练习。①防守不持球队员的训练：要求进攻队员利用各种移动方法摆脱防守通过全场,防守队员相应做出防守移动来阻挠进攻队员并保持正确的防守位置。练习的速度可由慢逐渐加快。②防守持球队员的训练:要求进攻队员利用各种进攻技术动作摆脱防守,通过全场直至最后投篮;防守队员相应做出防守步法和抢、打球动作积极阻挠和争夺球。

五、移动技术易犯错误与纠正方法

(一)基本站立姿势

易犯错误:

1)两腿直立,重心高。不习惯屈膝降低重心或由于腿部力量不足,不能持久保持稳定而又机动的基本站立姿势。

2)两臂不习惯屈肘下垂,置于体侧。

3)上体过于前倾,全脚掌着地。

纠正方法:

(1)讲解示范法。

1)教师在讲解示范时可采用正误对比和分解示范的方法,使学生对正确的技术动作有明确的概念。

2)在教学过程中,教师要随时提醒,从严从细要求,使学生逐步养成良好的习惯。

(2)诱导法。

1)信号诱导练习。

方法:学生成体操队形,在教师面前做基本站立姿势,教师可伸出几个手指让学生报数或用语言诱导学生抬头看教师。

目的:教师针对学生所出现的不同错误,进行重点纠正。

要求:学生要严格按照技术规格做基本站立姿势的练习。同时注意力要集中,当教师发出信号后要立即做出回答。

2)辅助练习。

方法:学生成基本站立姿势,做轻微的左右、前后跳跃移动,30 秒为一组。

目的:纠正学生在学习基本站立姿势中两腿直立、重心高的错误。

要求:在整个练习过程中要保持正确的基本站立姿势,在起跳时要控制好身体重心。

3)腿部力量练习法。

有计划地提高腿部力量,在训练中可结合基本站立姿势的特点,多采用马步、鸭步走、静蹲、半蹲、深蹲跳等练习方法。

(二)起动

易犯错误：

1)起动前身体重心过高，不便于迅速蹬地。

2)重心移动不及时。

3)起动时后脚或异侧脚前脚掌蹬地不充分。步幅大、步频慢，不能在最短的距离内提升速度。

纠正方法：

(1)讲解示范法。学生练习时，教师要随时提醒，多做正误对比示范，反复强调动作要领，使学生在起动前保持正确的基本站立姿势，以利于随时起动。

(2)诱导法。

1)碎步跑练习。

方法：学生成体操队形，原地快速碎步跑。15～20 秒为一组。

目的：纠正学生在学习基本站立姿势中上体过于前倾与全脚掌着地的错误。

要求：要以最快的频率和有力的蹬地做碎步跑练习，并注意动作放松，手脚配合协调。

2)相互诱导练习。

方法：学生 5 人一组，平行站成一排，按教师所给信号，做 3～5 步的起动跑。

目的：针对所产生的不同错误进行重点纠正。

要求：起动时上体迅速前倾，后脚或异侧脚蹬地要快速有力，步频要快，步幅不宜过大，并结合快速摆臂。

(3)变换法。

1)追逐练习。

方法：两人一组，前后相距 1.5～2 米纵向站立，当听（看）到教师发出起动信号后，两人立即起动快跑，后面的学生要力争追赶前面的学生。

目的：纠正起动前身体重心过高，不便于迅速蹬地的错误，以及起动时后脚或异侧脚前掌蹬地不好、步幅大、步频慢，不能在最短的距离内把速度发挥出来的错误。

要求：①起动前要始终保持良好的基本站立姿势；②起动时上体迅速前倾，蹬地要快而有力，步幅要小，步频要快，摆臂要快速有力；③教师可根据具体情况确定跑动距离和起动的方向。

2)分解练习。

方法：学生成体操队形，按照教师的要求原地做后蹬、侧蹬练习、快速摆臂练习及迅速向起动方向转移身体重心的练习等。

目的:纠正重心向跑动方向转移不及时,起动时后脚或异侧脚前掌蹬地不充分的错误。

要求:注意力集中,按动作要领做练习。后蹬、侧蹬、摆臂动作要快速有力。蹬地的同时,身体重心要立即向起动方向转移。

(三)跑

1. 侧身跑

易犯错误:跑动时头和上体未转向有球方向或边跑边回头,影响跑速。脚尖没有指向前进方向,变成交叉步跑、滑跳步跑。

纠正方法:

(1)讲解示范法。教师要反复强调侧身跑与其它跑的不同点及该技术的动作要领。多采用正误对比示范、分解示范,使学生理解侧身跑的方法、要领。

(2)诱导法。

1)语言诱导练习。

方法:在练习中教师针对学生的练习情况及时提示侧身看球、脚尖向前、不要跳着跑等。

目的:针对学生所产生的不同错误进行重点纠正。

要求:侧身跑时,上体转向有球方向,脚尖指向前进方向,跑动速度不要快,注意体会动作要领。

2)教师的行为诱导练习。

方法:在练习中,教师持球站在中圈诱导学生练习。学生侧身跑时,要始终看教师的动作,随时准备接教师的传球。

目的:针对学生所产生的不同错误进行重点纠正。

要求:跑动时脚尖指向前进方向,头和上体始终转向有球一侧。要自然跑动,两臂的摆动幅度不宜过大,时刻准备接球。

3)相互诱导练习。

方法:学生沿圆圈侧身跑,跑时转头侧身看同伴。

目的:纠正侧身跑时头和上体未转向有球方向或一跑一回头,影响跑速的错误。

要求:要始终转头侧身,看身后同伴的跑动动作。要自然跑动,不得由于侧身跑而影响跑速。

(3)变换法。

1)慢跑中练习。

方法:学生集体在慢跑中进行侧身跑练习。

目的:针对学生所产生的不同错误进行重点纠正。

要求:注意力要集中,面部与上体要转向有球方向,足尖指向前进方向。跑动时不要急于求快。

2)圆圈跑接力赛。

方法:将学生分为人数相等的四个组。在教师发出跑的信号后各组同时起动侧身跑,跑完一圈与下一名同学击掌后接力继续跑,最先跑完的组为胜方。

目的:纠正脚尖没有指向前进方向,形成交叉步、滑跳步跑或一跑一回头而影响跑速的错误。

要求:跑动时要侧身看教师的手势,不得跑入圈内,跑完一圈后必须与同伴击掌方可继续跑,否则违例。

2. 变速跑

易犯错误:变速的快、慢节奏不明显。脚前掌后蹬不充分,以致加速不突然。

加速跑时,重心没有迅速前倾,摆臂不够。

纠正方法:

(1)讲解示范法。

反复强调变速跑的用途、特点及方法要领,使学生建立正确的概念。分别做加速跑与减速跑的示范及正误对比示范,使学生加深理解。

(2)诱导法。

1)信号诱导模仿练习。

方法:学生成体操队形,根据教师所给的信号节奏原地做碎步跑和高抬腿跑的交替练习。

目的:纠正变速的快慢节奏不明显,脚前掌后蹬不充分以致加速不突然的错误。

要求:高抬腿跑时上体直立,频率慢。碎步跑时上体稍前倾,尽量加快速率并要快速有力地摆臂。

2)模仿诱导练习。

方法:两人一组,一人站立另一人扶同伴肩做小步跑和后蹬跑的交替练习。例如 2 次小步跑和 10 次后蹬跑。

目的:纠正脚前掌后蹬不充分以致加速不突然及加速时重心没有迅速前倾的错误。

要求:后蹬跑快速有力。小步跑时动作要放松,脚尖不离开地面。两人相互协助,注意力集中,避免出现受伤情况。

3)标记诱导练习。

方法:在加速跑的标志线前约 1 米处画一条虚线,要求学生加速时身体重心迅速前移,头部的投影要超过虚线。

目的:纠正加速时身体重心没有迅速前移的错误。

要求:慢跑到加速标志线时,身体迅速前倾,后脚快速有力地蹬地。要启发学生的积极性,克服怕因重心前倾而失控、跌倒的心理。

(3)限制法。标志线限制练习。

方法:在球场画出三条标志线,五人一组在端线成一排站立。练习时,加速跑到第一标志线时减速放松慢跑,到第二标志线时再加速。第一组到第二标志线时是第二组开始的信号。

目的:纠正变速的快、慢节奏不明显的错误。

要求:①加速跑时蹬地有力,上体前倾,减速时抬高重心,步幅要大,放松慢跑;②慢跑时要相互照顾,控制自己速度,五人并排,同步慢跑。

3. 变向跑

易犯错误:变向跑时,脚尖没有内扣,腰胯没有带动上体转向改变方向,上体没有前倾。变向后没有加速动作。

纠正方法:

(1)讲解示范法。反复强调脚步、腰部、重心的动作要领。多做正面示范、分解示范、正误对比示范,使学生建立正确的动作概念。

(2)诱导法。

1)两人相互诱导练习。

方法:两人一组,前后站立,相距2米左右。看到教师信号后,前面学生做变向跑,后面学生追拍同伴。然后交换练习。

目的:纠正变向后没有加速动作的错误。

要求:前面学生要多做变向跑,以诱导后面学生进行练习。后面学生注意力集中,变向后的加速要快,力争追拍到前面学生。每次练习的组次不可太多,以免在快速奔跑中相互冲撞。

2)语言、手势诱导练习。

方法:学生成体操队形站立,根据教师的手势连续做变向跑练习。在练习中,教师针对学生的情况,及时提醒“内扣”“上体转动”“加速”等,诱导学生按照正确的动作方法进行练习。针对学生所产生的不同错误进行重点纠正。学生集中注意力,按照教师的手势提示进行变向,变向后要有明显的加速动作。

目的:对学生所出现的不同错误进行重点纠正。

要求:注意力集中,着重体会动作方法,不要急于求快,要停住停稳。急停时脚尖内扣,脚前掌内侧用力蹬地并随之调整身体重心。

（3）限制法。

1）障碍限制练习。

方法：在球场内设许多标志杆（每个标志杆之间的距离不少于3～4米），练习时，学生在场内跑动，每当遇到标志杆时，立即做变向跑，不得碰上标志杆。

目的：纠正变向跑时，脚尖没有内扣，腰胯没有带动上体转向所变方向，上体没有前倾的错误。

要求：要主动跑向标志杆做变向跑。跑动和变向速度不要太快，主要体会动作方法，要“想”“练”结合。

2）减慢跑速练习。

方法：在场上设5个标志物，学生在走动或慢跑中进行变向跑练习。

目的：针对学生所产生的不同错误进行重点纠正。

要求：变向时异侧脚前掌内侧蹬地跑要有力，转体要迅速，腰胯带动上体迅速转向所变方向。每到标志物前变向后可加速3～5步，然后再慢跑。

4. 后退跑

易犯错误：缺乏背向移动感觉，造成上体过于前倾、低头和前脚掌跑。有恐惧心理，怕摔跤，两腿不敢抬起，形成拖、擦地面跑或步幅过大，跳着跑。

纠正方法：

（1）讲解示范法。反复强调动作方法、技术要点和用途。多采用正误对比的方法进行示范，使学生建立正确的技术动作概念。

（2）诱导法。

1）相互诱导练习。

方法：两人一组，相距2米左右面对站立，一人向前慢跑，一人后退跑，当跑到一定的距离时，后退跑的人急停变为向前跑，向前跑的人则急停后退跑……以此循环。

目的：纠正缺乏背向移动感觉造成上体过于前倾、低头和全脚掌跑的错误。

要求：两人的跑动速度不要太快，步幅不要过大，重心稍高一些。注意观察同伴的动作，相互学习，并随时注意同伴的交换跑动方式的信号。

2）手势诱导练习。

方法：学生成体操队形站立，教师随时做出向前或向后的手势，学生根据教师的手势，集体做向前和后退练习。

目的：纠正缺乏背向移动感觉，造成上体过于前倾、低头和全脚掌跑的错误。

要求：后退跑时上体放松直立，注意提踵，保持身体平衡。跑动速度不要太快，抬头注意看教师手势。

(3)变换法。

1)降低难度练习。

方法:学生根据教师手势做后退走及后退慢跑练习。

目的:纠正缺乏背向移动感觉,造成上体过于前倾、低头和全脚掌跑的错误。

要求:要注意认真体会背向移动的感觉。上体放松直立,保持身体平衡,两眼平视,观察教师所做手势。

2)结合其它技术练习。

方法:两人一组一球,前后相距 3 米左右,一人向前跑动,一人后退跑,在跑动中两人做传接球练习,到中线附近,两人交换跑动的方式。

目的:培养背向跑动的感觉,提高后退跑的技术运用能力。

要求:传球力量不要大,两人要相互照顾跑动的速度。练习时可由走动、慢跑到快跑,逐步增加练习难度。

(四)跳

1. 双脚起跳

易犯错误:起跳时的蹬地与摆臂在时间、方向上不一致,配合不协调。起跳后身体没有向上伸展。

纠正方法:

(1)讲解示范法。重点强调起跳与蹬地摆臂时间、摆臂方向的关系,使学生建立正确的技术动作概念。通过分解示范、正误对比示范使学生加深理解起跳各个局部环节的动作方法与要领。

(2)诱导法。语言诱导练习。

方法:在练习中,教师根据学生的练习情况,及时提示"用力蹬地""快速摆臂""身体伸展"等,诱导学生按照正确的方法去完成技术。

目的:针对学生所产生的不同错误进行重点纠正。

要求:起跳前下肢各关节弯曲下蹲。两臂迅速上摆,下肢用力蹬地起跳,上体在空中要自然伸展。

(3)变换法。

1)分解练习。

方法:学生成体操队形,根据教师的口令进行集体练习。

口令:屈膝下蹲,摆臂蹬地起跳。

目的:针对学生所产生的错误进行重点纠正。

要求:蹬地、摆臂要快速有力,其时间、方向要一致。起跳后,身体在空中要自然向上方伸展。

2)降低难度练习。

方法:学生成体操队形,根据教师口令,原地做双脚起跳练习。

目的:纠正起跳的蹬地与摆臂时间、方向不一致,配合不协调的错误。

要求:摆臂、蹬地动作要放松,配合协调。摆臂与蹬地起跳的时间要一致,方向要相同。

3)降低前一动作条件练习。

方法:在走动或慢跑中做急停双脚起跳练习。

目的:针对学生所产生的不同错误进行重点纠正。

要求:在做此衔接动作练习时,注意力要集中到起跳动作上来。不要用全力蹬地起跳,着重体会蹬地、摆臂、伸展、落地等环节的动作方法。

2. 单脚起跳

易犯错误:起跳前一步的步幅过大,重心太低,以致跳不起来。蹬地不充分,另一腿没有屈膝上提帮助起跳。摆臂、蹬地、提腰等环节配合衔接不好。向上起跳不够,前冲过大。

纠正方法:

(1)讲解示范法。反复强调单脚起跳与双脚起跳的不同点与共同点。通过分解示范、正误对比示范,使学生建立起正确的技术动作概念。

(2)诱导法。

1)模仿诱导练习。

方法:根据教师口令,学生集体在走动中做摆臂—蹬地—提膝—提腰的单脚起跳模仿练习。

目的:针对学生所产生的不同错误进行重点纠正。

要求:学生在练习中注意听教师所给的口令信号,只做模仿起跳动作练习,不进行起跳。

(3)限制法。

1)标记限制练习。

方法:在球场内画上明显的标记线,学生按标记要求进行单脚起跳练习。

目的:纠正起跳前一步的步幅过大,身体重心太低以致跳不起来的错误。

要求:按照所画的标记,按第一步大第二步起跳步小进行练习。屈膝蹬地,摆臂提腰,另一腿要积极向上提,帮助起跳。

2)标记、障碍限制练习。

方法:在起跳的标记线前 1.5 米处画出起跳后落地的标志线(或教师站在此处),学生以此进行练习。

目的:纠正起跳向上不够,身体前冲过大的错误。

要求:起跳、摆臂方向要垂直向上。提腰,腰腹肌紧张,控制身体重心避免前冲。

(4)变换法。

1)降低前一动作条件练习。

方法:在走动或慢跑中进行单脚起跳练习。

目的:纠正起跳前一步的步幅过大、身体重心太低,以致跳不起来,摆臂、蹬地、提腰等环节配合、衔接不好的错误。

要求:注意力要集中在最后的起跳上来。要严格按该技术的方法要领完成起跳动作。

2)提高难度练习。

方法:结合运球上篮或助跑起跳摸篮圈(篮板)进行练习。

目的:纠正起跳前一步的步幅过大、身体重心太低,以致跳不起来、向上起跳不够,前冲过大的错误。

要求:踏跳脚要用力蹬地,同时摆臂、提腰,另一腿积极上提。起跳步幅不宜过大,重心不宜太低。要向上起跳并控制好身体重心不要前冲。

(五)跨步

易犯错误:跨步时蹬、跨不积极。跨步的步幅过大,身体过分前倾,后腿伸的过直形成弓箭步。跨步后,面向发生改变,形成了转身动作。

纠正方法:

(1)讲解示范法。反复强调跨步与转身的根本区别及跨步的方法,采用分解示范及正误对比示范使学生加深印象。

信号诱导练习。

方法:学生成体操队形,根据教师的手势或口令信号反复做向同侧、异侧跨步的练习。

目的:针对学生所产生的不同错误进行重点纠正。

要求:蹬地跨步要积极、有力,身体重心要水平移动,不得上下起伏。重心不得过于前倾,以免失去重心。跨步后上体、面部不发生方向的变化。

(2)限制法。标记限制练习。

方法:学生在自己体前约60厘米处画上标记线,在练习时,跨步不得越线。

目的:纠正跨步的步幅过大,身体过分前倾,后腿伸的过直形成弓箭步的错误。

要求:蹬地、跨步要积极有力,身体重心不要过于前倾、步幅不得过大。

(3)变换法。分解练习。

方法:学生成体操队形,按照教师的口令进行练习。口令“一”时跨步,口令“二”时蹬地还原(或让学生手扶墙做向前、侧的跨步分解练习)。

目的:纠正跨步时蹬、跨不积极,跨步后面向发生改变,形成转身动作的错误。

要求:蹬地有力,跨步要快。跨步时面部始终朝着教师(或墙),身体不得改变方向。

(六)急停

1. 跨步急停

易犯错误:身体重心过高,上体过于前倾,急停后身体重心没保持在两腿之间。第一步跨步过小,第二步落地时脚尖未稍向内转并用脚前掌内侧蹬地。急停没有屈膝降低身体重心,身体重心没有后移。急停后身体侧转过大,改变了面向。

纠正方法:

(1)讲解示范法。针对动作的关键与难点,反复强调方法要领。通过不同示范面分解及正误对比示范,使学生看清动作结构,建立正确的技术动作概念。

(2)诱导法。语言诱导练习。

方法:在练习中,教师针对学生的练习情况及时提醒“第一步要大”“降低重心”“脚尖内扣”等,语言诱导学生按正确的方法去练习。

目的:对学生所出现的不同错误进行重点纠正。

要求:注意力集中,着重体会动作方法,不要急于求成。急停时脚尖内扣,脚前掌内侧用力蹬地并随之降低身体重心。

(3)变换法。

1)降低前一动作条件练习。

方法:学生成体操队形站立,在走动或慢跑中根据老师口令做跨步急停练习。

目的:针对学生所产生的不同错误进行重点纠正。

要求:练习不要急于求成,注意力要集中在完成急停动作上。注意体会动作方法,每次完成急停后,自己检查一下动作是否正确,错在哪,怎样做。

2)分解、组合练习。

方法:在练习中将跨步急停动作分为一步大,二步小,三降低重心,四脚内扣等几个部分,在走动中或慢跑中进行分解练习。待基本掌握各局部动作后再进行完整动作练习。

目的:纠正第一步跨步过小,第二步落地时脚尖未稍向内转,未用脚前掌内侧蹬地,急停没有屈膝降低身体重心的错误。

要求:每一个分解动作的局部练习都要严格要求,注意体会动作方法。在学生基本掌握分解动作的基础上再由慢到快地进行完整练习。

2. 跳步急停

易犯错误:没有平跳急停,身体过于前倾。踢脚落地时,两脚开立过大或过小。急停时身体重心没后移,腰部的用力和脚的扒地用力不够。

纠正方法:

(1)讲解示范法。反复强调平跳,上体稍后仰,重心后移形成后坐姿势,用前脚掌内侧蹬地,两腿弯曲,腰腹用力控制身体重心平衡。通过不同的示范面正误对比示范使学生加深对该技术各个环节的理解。

(2)变换法。降低难度练习。

方法:学生成体操队形站立,根据教师口令在慢速中反复(连续)做一跨(向前跨一步)、一跳(双脚平跳)的练习。

目的:针对学生所产生的不同错误进行重点纠正。

要求:跨步的步子稍大些,平跳不得跳得太远。每次完成一跨一跳的急停动作练习后,检查一下自己的完成情况再接着练习,不要求快,要注意体会动作方法。

(3)限制法。标记限制练习。

方法:根据学生本人的身高情况,画出跨出脚和跳步及后两脚落地的标记线,学生以此进行练习。

目的:纠正落地时两脚开立过大或过小的错误。

要求:急停时要平跳,两脚落地要踏在所画的标记上(两脚的左右开立不可过大或过小),身体重心控制在两脚之间。

(七)转身

1. 前转身

易犯错误:转身时身体后仰、低头,身体重心上下起伏。转身时中枢脚用全脚掌或脚后跟碾地,移动脚落地后弧线移动。中枢脚碾地及腰胯带动上体转动的动作配合不协调。

纠正方法:

(1)讲解示范法。反复强调前转身时,在转身过程中,身体重心要平稳,不要上下起伏,要以头肩领先,腰胯带动身体旋转,中枢脚要用前脚掌碾地转动。多做正、侧面示范及分解、正误对比示范,使学生建立正确的技术动作概念。

(2)变换法。降低难度练习。

方法:学生成体操队形站立,根据老师口令原地做前转身45°、90°、180°的练习。

目的:针对学生所产生不同错误进行重点纠正。

要求:转身时,要以头、肩领先,腰胯带动身体旋转,移动脚的蹬地和中枢脚的碾地配合要协调。上体保持正直,不能低头,身体重心不得上下起伏。

(3)限制法。标记限制练习。

方法:学生在中枢脚下画出自己的半个脚印,练习时中枢脚前脚掌踩在脚印上进行转身动作练习。

目的:纠正转身时中枢脚用全脚掌或脚后跟碾地、移动脚蹬地成弧线移动的错误。

要求:在练习中,脚后跟始终不能触地,转身时身体重心要平稳,不得上下起伏。移动脚蹬地跨出时不得成弧线摆腿。

2. 后转身

易犯错误:转身时没有用腰胯带动躯干旋转,而是移动脚后撤摆动带动身体旋转。转身时上体后仰,身体重心上下起伏。

纠正方法:

(1)讲解示范法。讲解分析、强调后转身与前转身的类同与差异及后转身的动作方法要领。采用不同的示范面及分解示范、正误对比示范使学生加深对技术动作的理解。

(2)变换法。降低难度练习。

方法:学生成体操队形站立,根据教师口令,原地做后转身45°、90°、180°的练习。

目的:针对学生所产生的不同错误进行重点纠正。

要求:转身时腰胯带动身体旋转。身体保持正直,不得后仰,身体重心不得上、下起伏。

(3)限制法。障碍限制练习。

方法:两人一组,前后相距50～60厘米。练习时要求学生做后转身动作不得碰到同伴。

目的:纠正转身时上体后仰的错误。

要求:转身时降低身体重心,用中枢脚前脚掌用力碾地。要保持身体重心平稳,上体不得后仰,不得上下起伏。

(八)滑步

1. 侧滑步

易犯错误:滑步时身体重心太高、身体重心上下起伏,上体过于前倾。滑步移动时，异侧脚向移动方向蹬地跨出（如向左侧滑步时，右脚先蹬地跨步），两脚形成并步或滑跳动作。

纠正方法：

（1）讲解示范法。反复强调侧滑步的动作方法，分析其技术的难点和关键。采用正面示范及分解示范、正误对比示范，使学生加深对技术动作细节的理解。

（2）诱导法。

1）语言诱导法练习。

方法：练习中，教师针对学生练习情况及时提示"降低重心""不要并步"等，诱导学生按正确的方法完成动作。

目的：针对学生所产生的不同错误进行重点纠正。

要求：注意随时保持屈膝降低身体重心的姿势。异侧脚前脚掌内侧蹬地，同侧脚向侧跨出带动异侧脚紧随滑动。

2）模仿诱导练习。

方法：学生成体操队形站立，做好基本站立姿势，按教师口令做向左滑一步然后向右滑一步的反复练习。

目的：纠正滑步移动时，异侧脚向移动方向蹬地跨步，两脚形成异步或滑跳动作的错误。

要求：滑步时，同侧脚先跨出，异侧脚紧随滑动。要始终保持屈膝降低身体重心，两手臂随滑步而上下挥动。

3）标记诱导练习。

方法：学生两人一组，面对站立，相距1米左右，在两人之间画两条平行线，一人随时交替做向左、右侧的滑步，另一人则随着对方的滑步方向模仿练习。完成规定练习时间后，两人相互交换。

目的：针对学生所产生的不同错误进行重点纠正。

要求：滑步时保持屈膝降低身体重心，两眼平视对方胸部高度。开始练习时，动作速度可慢一些，要注意观察同伴的动作，相互学习、模仿、纠正。

（3）变换法。降低难度练习。

方法：学生采用直立姿势进行滑步练习，或按正确的站立姿势在慢速中进行滑步练习。

目的：纠正滑步移动时，异侧脚向移动方向蹬地跨出，两脚形成并步或滑跳动作的错误。

要求：直立站立时两脚左右开立，与肩同宽。滑步时，身体重心要保持在两脚之间。练习速度不要求快，着重体会正确的滑步动作方法。

2. 前滑步

易犯错误:身体重心过于前倾及身体重心上下起伏。移动时后脚先跨步,形成并步滑跳的动作。

纠正方法:

(1)讲解示范法。反复强调后脚前脚掌内侧蹬地,前脚向前跨出一小步,后脚紧随向前滑动并要屈膝降低身体重心。多采用分解示范、正误对比示范及正、侧面示范,使学生加深理解动作细节。

(2)诱导法。

方法:学生两人一组,一人后退走或慢跑,另一人做前滑步紧随练习。练习中,后退跑者要针对同伴的前滑步情况,及时提醒"降低重心""重心要平稳""不要并步""滞跳"等。帮助、引导同伴完成动作练习。

目的:针对学生所产生的不同错误进行重点纠正。

要求:练习速度不要求快,注意体会正确的前滑步技术动作。后退跑的学生要随时观察同伴的动作完成情况,及时给予提醒帮助。

3. 后滑步

易犯错误:移动时前脚先蹬地后撤形成并步滑跳动作,身体重心上下起伏。移动时两脚呈垂直滑动。滑步时面向改变,成侧滑步。

纠正方法:

(1)讲解示范法。反复讲解示范前、后滑步的共同点,强调动作的关键,指出易错所在,使学生建立正确的技术动作概念。

(2)限制法。标记限制练习。

方法:在学生站立的两脚之后画出两条垂直的标记线,教师站在学生面前,学生面对教师,看教师手势进行练习。

目的:纠正移动时两脚呈垂直滑动及滑步时面向改变成侧滑步的错误。

要求:上体、面部始终向着前方。移动时注意保持两脚的左右距离。移动的速度不要太快,注意体会动作方法。

(3)变换法。分解练习。

方法:学生成体操队形站立,根据教师口令,做以下分解练习。口令一:后脚抬起向后跨出一步。口令二:前脚用力蹬地并迅速紧随滑步成原基本站立姿势。

目的:纠正移动时前脚先蹬地后撤形成并步滑跳动作、身体重心上下起伏的错误。

要求:始终保持屈膝降低身体重心,滑步时身体重心平稳,不得上下起伏。后脚跨出的同时,前脚掌内侧用力蹬地,紧随滑动。

（九）后撤步

易犯错误：撤步时，前脚掌内侧的蹬地无力。撤步方向不是侧后方向而是正后方，使身体面向改变，形成后转身动作。腰胯没有用力控制身体平衡，撤步时身体重心上下起伏。

纠正方法：

(1)讲解示范法。反复强调后撤步的用途、动作方法及关键和重点。多采用正面示范、正误对比示范，使学生加深对技术动作概念的理解。

(2)诱导法。模仿诱导练习。

方法：学生两脚分前、后站立，根据教师口令，连续做前脚蹬地后撤——还原的模仿练习。

目的：纠正撤步时前脚掌内侧蹬地无力，撤步方向不是斜后方，而是正后方，使身体面向改变，形成后转身动作即错误。

要求：用前脚掌内侧快速而有力地蹬地。向侧后方向撤步，身体始终朝前，不得转身。

(3)变换法。降低难度练习。

方法：学生成基本站立姿势，根据教师的口令或手势，用较慢的速度依次进行左、右脚的后撤步练习。

目的：针对学生所产生的不同错误进行重点纠正。

要求：前脚的蹬地要快速有力。腰胯带动身体向侧后方向扭转，上体重心不得上下起伏。每完成一次后撤步，必须保持良好的基本站立姿势。

(4)限制法。标记限制练习。

方法：在学生两脚后面画出两条垂直标记线，后撤步时，按照所画标记，向侧后方撤步。

目的：纠正撤步方向不是侧后方，而是正后方，使身体面向改变，形成后转身动作的错误。

要求：后撤步时，前脚用力蹬地向侧后方跨步。身体始终朝前，不能有转身动作。

（十）交叉步

易犯错误：做交叉步时有明显的腾空现象，腰胯带动身体转动不够。交叉步后，身体重心未落在两腿之间而影响衔接下一动作。

纠正方法：

(1)讲解示范法。反复强调动作方法，指出动作的关键所在。通过正面示范、分解示范及正误对比示范使学生加深理解动作方法。

(2)诱导法。模仿诱导练习。

方法:学生成体操队形,根据教师口令依次向左、右侧反复做交叉步动作练习。

目的:纠正学生所产生的不同错误。

要求:交叉步的步幅要大,动作速度要快。腰胯带动身体转动、交叉步时不得有明显的腾空。

(3)变换法。

方法:(以向右交叉步为例)根据教师口令做以下分解练习。口令一:左腿抬起,右脚为轴碾地,身体稍向右转。口令二:左腿从右腿前交叉跨出一大步,身体转向右侧方向。口令三:右腿向右迈出一小步,同时以左脚为轴,转动身体面向正前方。

目的:针对学生的不同错误进行重点纠正。

要求:按照教师口令,逐个完成分解动作练习,不要求快。想、练结合,注意体会动作方法,观察自己完成动作的情况。在熟练的基础上再进行完整的动作练习。

(十一)攻击步

易犯错误:攻击步幅过大,突然性不强。上体过于前顿,失去身体重心。脚的蹬地动作与手的攻击动作配合不协调。

纠正方法:

(1)讲解示范法。

1)反复强调攻击步的用途、特点和动作方法及攻击步时脚步动作与手部动作的配合,使学生建立正确的技术动作概念。

2)多采用分解示范、慢动作示范及正误对比示范,使学生明确其技术动作的结构和完成该技术的关键所在。

(2)诱导法。

1)语言诱导练习。

方法:在练习过程中,教师根据学生的练习情况及时提醒学生“动作要快”“上体不要前倾”“注意手部动作”等,引导学生按正确的方法进行练习。

目的:针对学生所产生的不同错误进行重点纠正。

要求:练习中,要注意按教师的提示完成动作练习。后脚蹬地要有力并立即跟进,前脚跨步要迅速,控制好身体重心。注意脚步动作与手部动作的协调配合。

2)模仿诱导练习。

方法:学生站成两排横队,教师在前面领做,学生按教师所做的攻击步动作进行模仿练习。

目的:针对学生所产生的不同错误进行重点纠正。

要求:学生要随时观察教师的示范动作进行模仿。后脚蹬地要有力并立即跟进,前脚跨步要迅速,要控制好身体重心。注意脚步动作与手部动作的协调配合。

(3)变换法。

1)减慢动作速度练习。

方法:学生按照教师的口令,在慢速中做攻击步的动作练习。

目的:针对学生所产生的不同错误进行重点纠正。

要求:步幅要小而快,突然性要强。注意脚步动作与手部动作的协调配合。

2)攻击步—还原的重复练习。

方法:学生成体操队形,按照教师“攻击步—还原”的口令,连续进行重复练习。

目的:纠正上体过于前倾,失去身体重心,脚的蹬、跨与手部的攻击动作配合不好的错误。

要求:完成攻击步后,身体重心控制在偏后方,并能立即蹬地,返回原来的位置。注意手部攻击动作与脚步动作的协调配合。

(十二)碎步

易犯错误:两腿站立太直,大腿抬得太高、速率慢,形成高抬腿跑。手、脚配合不协调。两脚没保持平行开立,身体重心上下起伏。

纠正方法:

(1)讲解示范法。强调碎步的技术特点与动作方法,使学生建立完整的技术动作概念。采用慢动作示范及正误对比示范,使学生明确其技术动作的结构和完成该技术的关键所在。

(2)诱导法。

1)语言诱导练习。

方法:在练习过程中,教师根据学生的练习情况及时提醒学生“降低重心”“注意手脚配合”“两脚平行开立”等,引导学生按正确的方法进行练习。

2)两人相互诱导练习。

方法:学生两人一组(将技术掌握好的与差的分为一组为宜),面对站立,同时做碎步移动练习,两人相互进行模仿和纠正。

目的：针对学生所产生的不同错误进行重点纠正。

要求：碎步移动时，两脚平行开立，两膝保持弯曲，身体重心不要起伏。脚前掌不停顿地蹬地，用小而快的步法进行碎步移动。碎步移动时、两手要上举并不停地挥动。

(3)限制法。标记障碍限制练习。

方法：在学生面前画两条垂直的线，做碎步练习时，两脚始终踏在标记线上前后移动。教师手持横杆，限制学生做碎步练习时身体重心的上下起伏。

目的：纠正两脚没保持平行开立、身体重心上下起伏的错误。

要求：碎步移动时两脚平行开立。两腿保持弯曲，身体重心不得上下起伏碰上横杆。

(4)变换法。

1)减慢动作速度练习。

方法：学生按照教师的口令，在慢速中进行碎步移动练习。

目的：针对学生所产生的不同错误进行重点纠正。

要求：两脚平行开立，两膝保持弯曲。脚前掌不停顿地蹬地，身体重心不得上下起伏。

2)提高难度练习。

方法：学生两人一组，一人持球做跨步、转身、瞄篮、运球、急停等动作，速度由慢到快，另一人进行碎步防守，阻挠对手的行动。

目的：纠正两脚没保持平行开立，手、脚配合不协调的错误。

要求：两腿保持弯曲和平行开立。不停顿地用脚前掌蹬地，用小而快的步法根据对方的动作情况，向左、右、前、后碎步移动。碎步移动时，两手要根据对方持球的位置不停顿地挥动干扰、阻挠。

第二节　传、接球

一、传球

传球是篮球比赛中进攻队员之间有目的地转移球的方法，是进攻队员在场上相互联系和组织进攻的纽带，是实现战术配合的具体手段。传球技术的好坏，直接影响战术质量的高低和比赛的胜负。通过巧妙的传球，能够打乱对方的防御部署，创造更多、更好的投篮机会。

扫码观看同步视频

(一)技术动作分析

传球动作方法很多,但都是由持球手法和传球动作组成。

(1)持球手法:持球手法分单手持球方法和双手持球方法两种。①双手持球方法:两手手指自然分开,拇指相对成“八”字形,用指根以上部位握球的两侧后下方,手心空出,两臂屈肘,肘关节下垂,置球于胸前。②单手持球方法:手指自然分开,用手掌外沿和指根以上部位托球,手心空出。

(2)传球动作方法:传球动作是下肢蹬地,全身协调用力,最后通过伸臂、屈腕和手指拨球的力量将球传出。

在传球动作方法中,前臂的动作有伸、摆、绕等不同的用力方法。运用这些方法可以增加出球点,扩大出球面。由于传球目标的距离和方向不同,所以传球用力的大小和用力方向也有所不同。传球目标距离远,用力大;目标近,用力小。传平直方向的球是向正前方用力,传高球是向前上方用力,传低球是向前下方用力。由于传球用力的方向不同,球在空中呈直线、弧线或折线飞行。传球时,应根据接球队员的位置和移动速度,决定传球的用力大小和用力方向。一般将球传给接球队员的胸部位置。如将球传给移动中的队员,则应判断队员的移动速度,要做到人到球到,人球相遇。

(二)传球动作方法

传球动作方法很多,常用的传球动作方法如下。

(1)双手胸前传球:这是一种最基本、最常用的传球方法,用这种方法传出的球迅速有力,可在不同方向、不同距离中使用,而且便于和投篮、突破等动作结合运用。

动作方法:两手手指自然分开,拇指相对成“八”字形,用指根以上部位持球(见图2-7),手心空出。两肘自然弯曲于体侧,将球置于胸腹之间的部位。身体成基本站立姿势, 眼睛注视传球目标。传球时,后脚蹬地、身体重心前移的同时前臂迅速向传球方向伸出,拇指用力下压,手腕前屈,食指、中指用力拨球将球传出。出球后身体迅速调整成基本站立姿势。传球距离越近,前臂前伸的幅度越小。远距离的传球,则需加大蹬地、伸臂和腰腹的全身协调用力,而且传球距离越远,蹬地、伸臂的动作幅度就越大。

图2-7　双手胸前传球

双手胸前传球可在原地和跑动中进行。跑动中双手胸前传球和接球是一个连贯动作。接传球时，手、脚动作必须协调配合。一般是左(右)脚上步接球后，右(左)脚上步，左(右)脚抬起在落地前出球。手的动作过程是：双手接球后迅速收臂后引，接着迅速伸前臂，手腕前屈、手指拨球，将球传出。

(2)双手低手传球：这是一种近距离的递交式的传球，多用于内线队员进行策应或外围队员交叉跑动时。

动作方法：双手持球于腹前或腹侧。两脚左右或前后开立，屈膝。传球时，前臂外旋，手腕前屈，小指、无名指和中指用力拨球，将球传出。

跑动中双手低手传球时，如果左脚上步出球，则将球持于腰部右侧，上步的同时，伸前臂，手腕前屈，手指拨球将球传出。

(3)双手头上传球：这种传球持球点高，便于与头上投篮相结合，但与突破、运球及其它传球结合时，却增大了动作幅度。这种传球多用于中、近距离，如抢篮板球后的传球、外围队员的转移球，以及向内线队员传高吊球。

动作方法：双手举球于头上，两肘弯曲，持球手法与双手胸前传球相同(见图2－8)。近距离传球时，前臂内旋，手腕前屈，拇指、食指和中指用力拨球，将球传出。

图2－8　双手头上传球

传球距离较远时，脚蹬地，腰腹用力，前臂迅速前摆，手腕前屈，手指用力拨球将球传出。

跳起双手头上传球时，双手举球于头上，跳到最高点时，利用腰腹的力量，两臂迅速前摆，手腕前屈，手指用力拨球，将球传出。

(4)单手肩上传球：是单手传球中一种最基本的方法。这种传球的力量大，球飞行速度快，常用于中、远距离传球。

动作方法：以右手传球为例。双手持球于胸前，两脚平行开立(见图2－9)。传球时，左脚向传球方向迈出半步，同时将球引到右肩上方，肘部外展，上臂与地面近似平行，手腕后仰。右手托球，左肩对着传球方向，重心落在右脚上，右脚蹬地转体，前臂迅速向前挥摆，手腕前屈，通过食指、中指拨球将球传出。球出手后，随着身体重心前移，右脚向前迈出半步保持基本站立姿势。

图 2-9　单手肩上传球

(5)单、双手传反弹球：单手反弹传球的技术动作要领与单手肩上相似，只需注意反弹点的位置，在距离同伴的三分之一处即可。

双手反弹传球技术动作与单手反弹传球相似，只需注意结合前转身跨步，避开防守人的封堵即可(见图 2-10)。

(6)单手背后传球：这种传球法在快攻结束时或突破分球时使用较多，具有一定的隐蔽性。

动作方法：以右手传球为例。双手持球于胸前，侧对接球队员。传球时，左脚向前迈出一步，双手持球右摆，当球摆至身体右侧，左手离开球，右手引球继续沿髋关节向后绕环，当前臂摆到背后时，右手腕向传球方向急促前屈，食指、中指用力拨球将球传出。

图 2-10　双手反弹传球

(7)单手体侧传球：这种传球方法在外围队员传球给内线队员时经常运用。

动作方法：以右手传球为例。两脚开立，两腿弯曲，双手持球于胸前(见图 2-11)。传球时，右手持球后引，经体侧向前做弧线摆动，手腕前屈，用食指、中指的力量拨球，将球传出。

图 2-11　单手体侧传球

(8)勾手传球:这种方法传球的出手点高,常在后场获得篮板球后转入进攻时或在前场进攻区域内做回传球时使用。

动作方法:以右手传球为例。双手持球,左肩对着传球方向(见图 2-12)。传球时,左脚向前跨步并转体,右手持球,手臂沿体侧由下而上做弧线摆动,同时右膝抬起。当球摆至头的右侧上方时,手腕前屈,食指、中指用力拨球,将球传出。行进间勾手传球和跳起勾手传球的手法与原地相同。其与原地勾手传球的区别是在右脚向前跨步时接球,左脚起跳,右腿屈膝向上抬起,跳到最高点时出手。

图 2-12　勾手传球

(三)传球技术的运用

在比赛中,传球经常是在严密防守的情况下进行的,而有利的接球机会又往往是短暂的。持球队员为了不失时机,把球传给处于有利进攻位置的同伴,达到进攻的目的,传球时应该注意以下情况。

传球时,应根据防守队员与接球队员的位置、移动速度决定传球用力的大小、方向和传球方式。一般是将球传到远离防守人一侧的位置上,使接球队员接球后,便于顺利完成下一个进攻动作。

进攻队员要熟悉本队的进攻战术,了解战术中每个进攻机会,便于掌握传球时机;要了解同伴的进攻特点,便于观察、判断他的进攻行动,做出具有针对性的传球;同时也要了解对方的防守战术和防守对手的优、缺点,以便提高传球的准确性。

传球队员要扩大视野,全面观察场上情况。一般来说:在后场由防守转入进攻时,应先看前场,再看后场,首先争取长传快攻的机会;阵地进攻时,应先看内线,再看外围队员,首先是争取内线的有利进攻机会。

持球队员要准确地判断,及时捕捉传球时机。在同伴摆脱对手抢占有利的进攻位置的瞬间,持球队员要及时地把球传给同伴,要做到人到球到。

持球队员要根据同伴和防守队员的情况,选择合理的传球位置。一般是把球传给同伴远离防守一侧的位置上,使之既可以避免对手的抢断,又便于同伴接球后顺利地完成下一个进攻动作。

持球队员要善于运用假动作迷惑对手,巧妙地利用时间差和位置差,还要及时地、准确地把球传给同伴。

当持球队员错过良好的传球时机时,不要着急,更不要停球时间过长,应该在运球移动中继续组织进攻,耐心地寻找有利的传球时机。

二、接球

接球是篮球运动中的主要技术之一,是获得球的动作,是抢篮板球和断球的基础。在激烈对抗的比赛中,采用正确的动作牢稳地接球,对减少传球失误、弥补传球不足,以及截获对方的球等都是非常重要的。

接球有双手接球和单手接球两种,不论是哪种,接球时眼睛要注视球,肩、臂都要放松,手臂要迎球伸出,手指自然分开。当手指触球时,屈肘,臂后引,缓冲来球的力量,两手紧握球,将球引收至胸腹部位置,以便做下一个动作。

(一)接球的动作方法

常用的接球方法有双手接胸部高度的球、双手接头部高度的球、双手接低于腰部的球、双手接反弹球、双手接地滚球、单手接球六种。

(1)双手接球。双手接球是最基本的接球方法,也是在比赛中运用最多的动作之一。其优点是握球牢稳,易于转换其他动作。

1)双手接胸部高度的球:接球时,两眼注视来球,两臂伸出迎球,手指自然分开,两拇指成“八”字形,手指向前上方,两手成半圆形。手指触球后,两臂随球后引缓冲来球的力量,两手握球于胸腹之间。保持身体的平衡,做好传球、投篮或突破的准备。

2)双手接头部高度的球:动作方法和双手接胸部高度的球相同,只是迎球时臂要向前上方伸出。

3)双手接低于腰部的球:接球时屈膝降低重心,一条腿向来球方向迈出一步,上体前倾,眼睛注视来球,双手伸出迎球。手指触球后,两臂随来球后引,握球于胸腹之间,成基本站立姿势,以便转换或衔接其他进攻动作。

4)双手接反弹球:接球时迎球跨步,上体前倾,眼睛注视来球反弹的高度,两臂迎球向前下方伸出,五指自然张开。手指触球后,两手握球顺势将球移至胸腹间,保持身体平衡(见图 2-13)。

5)双手接地滚球:接球时一般要向来球方向迈出一步,身体下蹲,眼睛注视来球,两手向来球方向伸出,手心向前,手指朝下。触球后顺势将球握住,随即保持基本持球姿势。

图 2-13　双接反弹球

(2)单手接球:单手接球控制的范围大,能接不同方向的来球。但是单手接球不如双手接球牢稳,因此在一般情况下应尽量用双手接球。

动作方法:如用右手接球,右脚向来球方向迈出,两眼注视着来球。接球时,手掌成勺形,手指自然分开,右臂向来球的方向伸去。当手指触球时,手指应主动发力阻挡球,手臂顺势将球向后下引,左手立即握球,双手将球握于胸腹之间,保持基本持球姿势(见图 2-14)。

图 2-14　单手接球

(二)接球技术的运用

(1)接球时要观察,了解场上情况,不要原地站着等球,要积极移动迎前接球。

(2)移动接球,既要符合战术要求,又要掌握好传、接球的时机。

(3)摆脱接球时,要利用身体、上肢和脚步移动抢占空间位置,挡住对手可能断球的路线保证接球的安全。

(4)接球的同时,要为下一个动作做好准备,要和下一个进攻动作衔接好。

(5)接球后要及时、快速地转入投篮、突破和传球等下个动作，以便在人和球的移动中创造更多的进攻机会。

(三)传接球教学与训练

(1)传接球的教学应从持球动作开始，先教接球，再教传球，把传球和接球的教学与训练结合起来。

(2)传接球教学与训练应从原地传接球开始，掌握动作规范。在掌握动作规范的基础上进行移动传接球的教学与训练，再进行与其他技术相结合训练，最后进行有防守情况下的训练，提高在实战中运用的能力。

(3)在教学过程中先教传平直球，再教传折线球，最后教传高吊球，并以三种传球路线交替进行练习，促使传接球正确手法的形成。

(4)在传接球的教学中，要重视接球的教学与训练，形成正确的接球手法，养成接球结束就是传球或其他进攻动作的开始的习惯。

(5)传接球的训练过程中，要在全面掌握各种传球技术的基础上，结合队员个人的身体、技术和位置的实际，逐步形成个人传球的特点。

(6)在教学与训练中，对学生完成的技术动作应及时做出评定，肯定优点，指出错误及其产生原因，并及时采取纠正错误动作的辅助练习和训练手段。

(四)练习方法

1. 原地传接球练习

原地两人对面传接球练习，两人一组，对面站立，相距 3～7 米，做各种传接球练习。

要求：传递球速度要由慢到快，距离要由近到远，球飞行路线要有直线、弧线和折线的变化。单手传接球时，左、右手要交替练习。

2. 移动传接球练习

一人原地传球，另一人向左、右、前、后移动做接球的练习。两人相距 4～6 米，传接 10 次后，互相交换位置。

要求：传球要有提前量，接球、传球动作要连贯，不能带球走。

3. 三角传接球练习

三组队伍站成三角形，每组 4～5 人。一组持球并传球给二组后跑到二组排尾，二组传球给三组后跑到三组排尾。依此类推，按逆时针方向传球和换位。

要求：接球时要上步迎球，接、传的动作要连贯，不得走步。

4. 三人传球、二人防守练习

三名传球队员站位成等腰三角形，相隔 5 米。三人主要传球，二人积极移动轮转进行抢断。抢到球的队员和传失球的球员交换位置。

要求：传球人要用眼睛的余光观察防守人的情况，传球要准确、及时、到位。传球人不得移动接球。

三、易犯错误与纠正方法

(一)传球

1. 双手胸前传球

易犯错误：五指没有自然分开，全手掌触球，两拇指距离过大或过小，肘关节外展。传球时两臂用力不一致，成推、挤球动作，出球后两手交叉。传球时身体重心过于前倾或中枢脚过早提起，易造成带球走。两臂与肩部过于紧张，脚站得过死，膝关节过直，传球动作不协调缺乏连贯性。

纠正方法：

(1)讲解示范法。反复强调正确的持球动作，传球时两手臂用力要一致。注意两个翻转和抖腕动作，即传球时由下向上，由内向外翻转并结合急促抖腕。多做持球与不持球的正面和侧面示范并根据学生产生错误的情况，进行正误对比示范。

(2)诱导法。

1)徒手模仿练习。

方法：学生成体操队形，面向教师站立，根据教师口令集体做双手胸前传球的模仿练习。

目的：体会双手胸前传球的方法要领。

要求：做好持球的模仿动作，注意两个翻转和抖腕动作，两手皆同时用力前伸，不得相互交叉。

2)持球模仿练习。

方法：学生每人一球，持球按照教师口令集体做手腕的上翻还原练习。

目的：纠正手腕动作僵硬的错误。

要求：持球时五指自然分开，拇指相对成“八”字，掌心空出，两肘自然下垂于体侧，手腕放松，练习时可根据情况，不断变换练习速度。

(3)限制法。限制肘关节外展练习。

方法：在持球者左右两侧设立两个标志杆，学生站立在中间进行传球练习。

目的：纠正持球、传球时肘关节外展的错误。

要求：接球、传球时，两肘不得碰上标志杆。传球时中枢脚不得过早抬起。

持球时两臂、肩、腕要放松。根据学生的具体情况，确定两个标志杆间的宽窄距离。

2. 双手低手传球

易犯错误：摆臂动作过大、手腕向上抛球。肩部紧张或肘关节弯曲、外展传球。

纠正方法：

(1)讲解示范法。反复强调和示范肘关节自然下垂、不要外展。传球时摆臂动作不可过大，主要靠手腕上挑和手指的拨球将球传出。

(2)换变法。直臂双手低手传球练习。

方法：学生每人一球，或两人一组一球，传球时手臂伸直进行自传自接或对传、接球练习。

目的：纠正两肘关节外展和摆臂动作过大，手腕上抛球动作的错误。

要求：持球的后下部，传球时手腕上挑，无名指和中指指端用力拨球。传球的力量不要过大，要柔和。

(3)诱导法。自传、自接球模仿练习。

方法：学生每人一球，按技术要求成一排持球站立，根据教师口令向前传球，然后用跨步急停将球接住，连续进行。

目的：体会正确的动作要领。

要求：传球时摆臂动作不得过大，传球时用力要柔和，接球停稳后再做下一次练习。

3. 双手头上传球

易犯错误：前臂摆动幅度过大，球离手过晚，向下屈腕动作不够短促有力，两肘外展过大。

纠正方法：

(1)讲解示范法。反复强调传球时肘关节指向前方，前臂前摆，屈臂动作要短促有力。多做正面、侧面的示范和正误对比示范。

(2)诱导法。

1)直臂对传练习。

方法：学生两人一组一球，面对站立，相距 3 米左右进行对传练习。

目的：纠正传球时屈腕动作不够短促有力的错误。

要求：持球时，手臂、身体尽量伸展。手腕要快速前扣、外翻，拇指、食指与中指用力向前拨球。腰腹、前臂等都不要用力。

2)两人传一人防练习。

方法:三人一组,一人防守两人传球,传球人相距 5 米,传球必须从防守人头上传出,并传至接球人胸腹位置。

目的:纠正前臂摆动幅度过大、球离手过晚的错误。

要求:持球时肘关节不得过于外展,肘关节向前正对同伴。传球时,前臂摆动幅度不要太大,屈腕动作要短促有力。

4. 单手肩上传球

易犯错误:肘外展过大,手指指向颈部形成推铅球式的传球。出球时手腕内旋与传球方向不一致。前臂前摆,手腕、手指的前扣动作不迅速。中、远距离传球时,蹬转动作与手臂动作配合不协调。

纠正方法:

(1)讲解示范法。强调传球时侧对传球方向,出球时,蹬地、转体、肘领先,前臂迅速前摆,手腕迅速前扣。要有"鞭打"动作。多做分解—完整的示范和正误对比示范。

(2)诱导法。

1)徒手模仿练习。

方法:学生成体操队形,根据教师口令,做单手肩上传球的模仿练习。

目的:纠正错误动作,体会正确的技术动作。

要求:侧对传球方向,蹬地、转体、肘领先,前臂迅速摆动,手腕前扣。传球动作要连贯、快速、有力。

2)小球辅助练习。

方法:学生两人一组一球,用垒球或手球做对传练习。

目的:纠正前臂、手腕前摆动作不连贯、不迅速的情况。

要求:注意按动作要领进行练习。强调传球时,手臂要有"鞭打"动作。

3)传球的准备动作练习。

方法:学生原地持球或运球时,根据教师口令做单手肩上传球的准备动作。

目的:纠正肘外展过大的错误。

要求:听到口令后迅速向前迈出半步。肩部要侧对传球方向,同时将球引到肩上,上臂与地面接近平行,准备动作要快速。

(3)变换法。

1)变换练习速度和传球力量练习。

方法:学生两人一组,相距 3～4 米,按技术结构,缓慢地进行传球练习。

目的:纠正蹬地、转体与手臂动作配合不协调的错误,体会各动作之间的相互衔接。

要求:做动作要慢,注意动作结构,减小传球力量。练习距离开始可近些。

2)分解练习。

方法:将单手肩上传球分为跨步侧对前方,引球到肩上,蹬地、转体、出球等三个部分,进行分解和组合练习。

目的:体会动作的内部结构,纠正错误动作。

要求:分解练习时,每个分解部分必须按方法要领完成。练习的速度根据学生掌握情况不断变化。

5. 单手低手传球

易犯错误:传球时,有撩前臂和上挑手腕的动作。两腿站得过死或跨步过大,上体前倾。

纠正方法:

(1)讲解示范法。使学生明确先跨步再传球。传球时,当持球手向下、掌心对着出球方向时,迅速摆前臂,手腕前屈,用食指、中指、无名指用力拨球将球传出。反复做跨步动作和传球手法的分解,完整示范。

(2)诱导法。

1)跨步摆球练习。

方法:学生根据教师口令,向前跨步的同时持球下摆,模仿传球动作。

目的:纠正两脚站得过死,跨步过大的错误。

要求:跨步不要太大,要能及时蹬回还原。跨步摆球时,上体与头要抬起,目视前方。跨步的同时持球下摆,动作要快。

2)直立低手传球练习。

方法:学生两人一组一球,直立进行单手低手传球练习。

目的:纠正撩前臂和上挑手腕的错误。

要求:传球时手心要正对传球方向。前臂、手腕前屈,手指拨球要快速用力。要注意控制传球的方向与力量。

(3)限制法。横杆限制练习。

方法:学生成两排,相距3～4米。在学生前约1.5米处,设置一个高60～70厘米的横杆,学生练习时要通过这一横杆进行传球。

目的:纠正跨步过大、撩前臂的错误。

要求:跨步不要过大。传球时,前臂、手腕、手指快速用力,手心正对传球方向。不要撩前臂和上挑手腕，传球后，手臂不得碰上横杆。

6. 单手背后传球

易犯错误：传球时挺腹。屈腕、手指拨球的时间掌握不好，或手腕上挑。手指、手腕控制球的能力不强，使传出的球多偏下或偏后。手臂的摆动与出球动作衔接不好，有停顿，甚至分解为两个动作。

纠正方法：

(1)讲解示范法。强调侧对传球目标，传球手引球、划弧后摆，当前臂摆到臀部的一刹那，向传球的方向急促扣腕，手指用力拨球将球传出。采用正面与背面示范，在示范中可将单手背后传球分解为持球摆动和手腕手指动作进行示范，还可结合正误对比进行。

(2)诱导法。持球绕环练习。

方法：学生每人一球，根据教师口令，持球由左(右)向右(左)在腰腹进行绕环练习。

目的：纠正传球时挺腹和手臂摆动与出球动作衔接不好的错误。纠正手指手腕控制球不好和手腕上挑的错误。

要求：左右的摆动不要太大。用手腕、手指的力量传球，但力量不宜过大。

(3)变换法。分解与完整练习。

方法：学生两人一组一球，相距3～4米，相对站立，将单手背后传球分为跨步侧对—持球摆动—屈腕拨球三个部分逐个进行练习。根据练习情况，再进行组合与完整练习。

目的：体会动作的内部结构。针对所出现的不同错误进行纠正。

要求：每个分解动作都要严格按方法要领去完成。传球的力量不要大，手腕不要上挑。注意控制好传球方向。

7. 单手体侧传球

易犯错误：球摆动到体侧时有停顿动作，甚至会出现先向侧后摆再向前传球的动作。传球时，手腕、手指没有急促地扣腕、拨球，成直臂前挥传球。

纠正方法：

(1)讲解示范法。讲解时持球手臂弧线摆动，当球摆到身体的右侧前方时，迅速收前臂，用手腕、手指的力量将球传出，多做正面示范。将单手体侧传球分解成弧线摆球，出球手法两个部分进行示范。

(2)诱导法。

1)徒手模仿练习。

方法:学生成体操队形,根据教师口令徒手做模仿单手体侧传球的练习。

目的:体会正确动作,纠正传球动作有停顿及直臂前挥的传球错误。

要求:做好徒手持球的模仿动作。持球手臂弧线摆动,摆动幅度要大。当手臂摆到体侧前方时,要急促抖腕,上体要保持正直。

2)持球弧线摆动练习。

方法:学生成持球动作,持球手向后、侧前做弧线摆动。当到身体的前方时,急促屈手腕、手指、收前臂,将球勾回并还原。

目的:纠正直臂前挥和传球动作有停顿的错误。

要求:持球弧线摆动时,肩、臂要放松。摆球和收臂勾回还原的动作要连贯,手腕、手指要用力。

(3)限制法。标志杆限制练习。

方法:学生两人一组相对 3 米站立,在各自身体侧方约 50 厘米处设置一个立柱,以标志杆为标志,进行单手体侧传球练习。

目的:纠正直臂前挥传球和传球时手腕、手指没有急促扣、拨球的错误。

要求:持球手臂弧线摆动到体侧前的标志杆时,急促收前臂扣腕将球传出。传球时,不得直臂前挥,以免碰上标志杆。整个动作要连贯,摆球与出球不得有停顿。

8. 勾手传球

易犯错误:躯干和手臂伸展不够,同侧腿协助高抬不够。传球时,手臂前摆过大,没有在手臂伸展到最高点时急促地扣腕、拨球。另一手臂的提架保护动作不好,手臂下垂。

纠正方法:

(1)讲解示范法。强调侧对传球方向,持球手臂沿体侧自下而上绕环摆动,当球摆到头上方时,急促扣腕、拨球,将球传出。多做正面与侧面示范。

(2)诱导法。

1)徒手模仿练习。

方法:学生成体操队形,根据教师口令集体做模仿勾手传球的练习。

目的:体会正确动作,纠正躯干和手臂伸展不够,另一手臂没有提架保护动作及同侧腿协助高抬不够的错误。

要求:传球的异侧脚向前侧跨步并蹬地,同时同侧腿抬起。持球手臂模仿传球动作,自下而上绕环摆动。躯干、手臂尽量向上伸展。

2)跨步起跳摸高练习。

方法:学生两人一组,相对站立,同时向一侧跨步起跳,用手指尖摸对方手,另一手则提架保护。

目的:纠正躯干和手臂伸展不够,另一手臂下垂的错误。

要求:异侧腿向侧前交叉跨步起跳,起跳要快速,蹬地有力。躯干、手臂尽量伸展,另一手臂要提架保护。

3)两人之间的距离不可太近和太远。

(3)变换法。分解练习。

方法:将勾手传球动作分解成为跨步起跳、伸臂提架、扣腕、拨球等几个环节,进行逐个练习。

目的:体会动作细节,纠正不同的错误动作。

要求:分解的每一环节,必须按动作规格要求练习。根据所出现的不同错误,可练习其中的某一环节。可将几个环节的某几个部分组合起来练习。

(4)限制法。运用障碍进行限制性练习。

方法:学生两人一组,一人举起手臂进行封阻,另一人进行勾手对墙传球练习。

目的:纠正手臂前摆过大的错误。

要求:起跳后,躯干、手臂尽量伸展。当手臂伸展到最高点时,急促扣腕拨球。传球手臂不要前摆过大,不得碰上同伴举起的手臂。

9. 运球中推拨和拍拨传球

易犯错误:肘关节紧张外展。推、拍拨球的时间掌握不好。传球时有明显的停顿或打球动作。

纠正方法:

(1)诱导法。徒手模仿练习。

方法:学生成体操队形站立,面对教师,根据教师口令:喊“一”时,学生手腕内(外)翻,掌心对准指定传球方向准备传球;喊“二”时,手腕前扣(或前屈)。做好运球中推拨,拍拨传球的模仿练习。

目的:体会完整动作的结构与用力顺序。

要求:手、腕、肘部要灵活、放松。收传球动作时,手腕、手指要急促用力。

(2)变换法。

1)分解练习法。

方法:学生每人一球成体操队形,面对教师站立,根据教师口令,集体做手腕内、外翻的控制球练习。

目的：体会出球前的持球部分，提高手指、手腕的灵活性。

要求：手腕的内、外翻，持球的左、右下方的动作要快。手不能离开球，要借助球向上的反弹，手腕内、外翻并控制球。

2)推、拍拨球的辅助练习。

方法：学生两人一组一球，相对站立，相距 3 米。做推、拍拨球练时，右手运球，手腕内、(外)翻时，左手协助控制球，然后将球传出。

目的：体会正确推、拍拨球部位和用力的感觉。

要求：整个动作的完成要连贯，最后出球时手腕、手指要急促用力，注意出球的时间与位置，以提高传球的准确性。根据练习情况逐步过渡到不要左手辅助。

10. 单、双手反弹传球

易犯错误：传球时，由上向前下方甩小臂，而不是将手臂向击地点伸直，用手腕手指的动作将球传向地面。持球太高，手臂紧张，两肘外展。出球的反弹点掌握不好。

纠正方法：

(1)讲解示范法。重点强调反弹传球与传平直球的方法相同，主要是改变了传球时出手的用力方向和要选择正确的击地点。出手的用力方向(前下方)，击地点应在距接球人三分之二处，球的反弹高度在同伴的胸腹之间。

(2)诱导法。

1)徒手或持球模仿练习。

方法：学生成体操队形，面对教师站立，根据教师口令，集体做单、双手反弹传球。

目的：体会反弹传球的方法要领。

要求：传球的一瞬间不得持球抬起，注意正确的持球方法，手臂放松，并向前下方伸出，最后手腕翻、抖出球。

2)击地点的诱导练习。

方法：学生两人一组一球，相距 3～4 米，在距对方的三分之二处画一明显的标志，进行练习时应有明确的击地点。

目的：体会选择传球的击地点、传球的用力大小及球的反弹高度等动作要领。

要求：注意用力的方向和反弹高度。

11. 行进间传球

易犯错误：手与脚配合不好，传球时出现交叉步、跳步、跨大步等错误动作。

没有掌握行进间用三拍完成接球与传球的动作，易造成带球跑违例。侧身跑时不是自然跑动，脚尖没有指向跑动方向，传球提前量掌握不好。

纠正方法：

(1)诱导法。

1)徒手模仿练习。

方法：学生成体操队形，根据教师口令(1－2－传)进行，集体在走动或跑动中做行进间传球的模仿。

目的：体会行进间传球时手脚协调配合的方法。

要求：走动或跑动要自然，手要有接传球的模仿动作。要按三节拍完成接传球动作。

2)持球模仿练习。

方法：学生成体操队形，每人一球，根据教师口令，做上步接球—跨步—传球的模仿练习。

目的：体会行进间传球的手脚配合。

要求：必须用三拍完成行进间接传球的模仿动作，即：第一拍跨出左(右)脚接自抛球。第二拍跨出右(左)脚并引球到胸前。第三拍左(右)脚提起，做传球的模仿动作。先走动练习，然后慢跑练习，最后做侧身跑练习。自然走动或跑动中要注意手脚的协调配合。

(2)变换法。

1)改变跑动速度练习。

方法：学生两人一组一球，相距 3 米，做侧身向前走动或跑动的行进间接传球练习。

目的：体会完整的行进间接传球技术。

要求：自然走或跑动，不得用交叉步、跨大步或滑跳步。侧身跑时，脚尖始终指向跑动方向，上体侧转向同伴。注意手脚配合，用行进间三拍完成接传球动作。在慢走、快走或慢跑中体会完整的技术动作。

2)改变难度的练习。

方法：学生每人一球进行左(右)侧身跑接传球练习。

目的：改进手脚配合与侧身跑中的传接球技术。

要求：脚尖始终指向跑动方向，上体迅速转向传或接球的方向。要自然跑动，不得做交叉步、跨大步、滑跳步。

3)弧线跑动接传球练习。

方法：学生每人一球站在端线一侧，弧线跑动接传球。

目的：提高弧线跑技术和行进间手脚配合的能力。

要求：弧线跑时脚尖指向跑动方向，上体侧转向传球方向。自然跑动，体会行进间三拍完成传球动作的方法。注意手脚的协调配合。

(二)接球

1. 单手接球

易犯错误：迎球手手指触球时，手臂顺势后引的时间掌握不好，不能很好地改变来球方向和缓冲来球力量。肩、肘、手腕、手指动作紧张。没有及早地将单手接球过渡到双手持球。

纠正方法：

(1)讲解示范法。反复强调接球时手掌成勺形，手指自然分开，向来球方向迎球伸出，手指触球后，手臂顺势后引，上体微向右移动，然后迅速用另一只手协助将球持于胸前。多做正面与侧面示范，使学生注意观察分解的两个动作环节。迎球伸臂，触球后引。手臂迅速回收，双手持球成准备姿势。

(2)诱导法。

1)徒手模仿练习。

方法：学生成体操队形，面对教师站立，根据教师的“伸臂—后引—回收持球”口令，集体做单手接球的徒手模仿练习。

目的：体会单手接球的正确方法，纠正肩、肘、手腕、手指动作紧张的错误。

要求：整个动作要连贯放松。练习时，每个学生都要假设对方向自己传球，并根据来球方向做接球的模仿练习。迎球和引球动作要做得明显。

2)自抛自接练习。

方法：学生每人一球，练习时，用左(右)手将球向右(左)侧前方约 1 米远，上举到头部高度抛出，同时右(左)手进行单手接球的练习。

目的：纠正肩、肘、手腕、手指动作紧张及“迎球”与“引球”不正确的错误。

要求：抛球的高度要适宜，不要太高或太远。接球手触球后，手臂顺势后引，肩、肘、腕、指要放松。要尽快地过渡到用双手持球。

(3)变换法。

1)变换练习速度与传球力量练习。

方法：学生两人一组一球，相距 3 米进行传接球练习，传球人将球传向接球人头部的两侧，球速要慢，力量要小，接球人进行单手接球练习。

目的：纠正肩、肘、腕、指动作紧张和“迎球”“引球”时间掌握不好的错误。

要求：传球力量要小，高度和两侧的距离要适宜。接球人注意体会整个动作，手臂要主动迎球，手指触球后，手臂要顺势后引。

2)变换难度练习。

方法：学生每人一球，进行接球、运球、投篮的结合技术练习。学生先将球传给教师，教师接球后向学生的右(左)侧传球，学生用右(左)手接球后迅速过渡到双手持球运球投篮。

目的：纠正没有及早地将单手接球过渡到双手持球的错误。

要求：接球时，动作要放松。后引球的同时，另一手准备帮助接球，后引回收双手持球的动作要快，手指、手腕要快速用力。接球后重心要稳，迅速完成运球投篮动作。

2. 双手接球

易犯错误：双手没有成半圆形，两手掌心相对，五指分不开。手掌先触球，动作僵硬，成抢、抓球手型。接到球后，手臂没有顺势后引、缓冲，没有做好传、投、突的准备动作。

纠正方法：

(1)讲解示范法。反复强调接球的手型。手指自然分开，迎球伸臂，触球后引是缓冲来球力量的根本保证。持球于胸前是保持身体平衡，衔接下一技术动作的关键。多做正面与侧面的示范和正误对比示范，进行示范时，可让学生逐个观察各个技术环节的方法要领。

(2)诱导法。

1)自抛自接球的模仿练习。

方法：学生成体操队形，每人一球，将球向前方约三米处抛出，随即进行上步双手接球的模仿练习(此方法也可徒手根据教师口令练习)。

目的：体会正确方法要领，纠正动作僵硬，没有“迎球”和“后引”缓冲动作的错误。

要求：抛球的距离与高度要合适。上步伸臂，注意正确的接球手型，后引动作要明显，同时降低重心，持球于胸前。

2)接球后手腕转动练习。

方法：学生每人一球，根据教师口令做向上、两侧、下面等各个方向的抛球，同时做双手接球的练习，接球后做持球手腕上下、左右转动的练习。

目的：纠正手掌触球和抓球等错误。

要求：接球时掌心不得触球，五指自然分开，上肢要放松。手腕转动时，要注意动作是否放松,持球部位与手法是否正确。

(3)变换法。变换难度练习。

方法:学生两人一组一球,相距三米面对站立,按教师口令分别做接球后的传球及突破、投篮的模仿练习。

目的:纠正动作僵硬和不能立即与其它技术衔接的错误。

要求:接与传、突、投的模仿动作要紧密、连贯,不得有任何附加动作。接球时降低身体重心,保持身体平衡。

第三节 投 篮

扫码观看同步视频

投篮是进攻队员为了将球从篮圈上投入篮筐而采用的各种专门动作方法的总称。

投篮是篮球运动的主要进攻技术,是得分的唯一手段。一切技术、战术运用的目的都是创造更多更好的投篮机会,力争投中得分。投篮得分的多少是决定比赛胜负的关键,为此,掌握和运用好投篮技术,不断地提高投篮命中率,具有十分重要的意义。

随着篮球运动攻守对抗的日趋激烈,运动员身高、机能素质的提高,促进了投篮技术的不断发展。投篮的持球部位和出手部位由低到高,投篮的速度由慢到快,投篮的方法多、变化大,结合其它进攻技术动作,可利用时间差和位置差摆脱 防守完成投篮,力求投中得分。

一、投篮技术的分类

投篮的动作方法很多,按照持球方法的不同,可分为双手投篮和单手投篮两大类。在这两类投篮中,依据投篮前持球置于身体的不同部位,可分为胸前、肩上、头上等各种动作方法;按运动员投篮时移动的形式,可分为原地、行进间和跳起投篮;按投篮的距离可分为近、中、远距离投篮;按投球入篮的形式,又可分为打板投篮和投空心篮等。

投篮具体分类如下:双手胸前投篮、单手肩上投篮、单手头上投篮、反手投篮、勾手投篮、接球急停跳起投篮、运球急停跳起投篮、转身跳起投篮、双手补篮、单手补篮、扣篮。

随着现代篮球比赛防守强度的增加,技术的不断发展和篮球规则的修订,投篮技术又衍生出后撤步跳起投篮、横撤步跳起投篮、欧洲步投篮等现代主流投篮技术。

二、投篮技术动作分析

(一)持球方法

持球是投篮时牢固地控制球和完成投篮动作的前提。持球方法正确便于更好地发挥手指指端对球的感应能力,以利于控制球出手的力量和方向。持球有两种方法。

(1)单手持球法:以原地单手肩上投篮为例,投篮手五指自然分开,用手掌外沿和指根以上部位托住球的后下方,手心空出,手腕后仰,球的重心落在食指和中指之间,肘关节自然下垂,置球于同侧肩的前上方(见图 2－15)。

图 2－15　单手持球

(2)双手持球法:以原地双手胸前投篮为例(见图 2－16),两手手指自然分开,拇指相对成“八”字形,用指根以上部位握球的两侧后下方,手心空出,两臂自然屈肘,肘关节下垂,置球于胸与腹部之间。

图 2－16　双手持球

(二)投篮动作方法

(1)投篮动作:投篮是从准备姿势开始,用下肢蹬地发力,腰腹用力向上伸展,手臂向前上方伸直,手腕发力,手掌中前部及手指拨球,全身协调力量将球投出。其中,伸臂举球和手腕发力与手掌手指拨球的力量,是控制与调节身体各部位用力的关键,也是取得合理的投篮出手角度与速度的保障。通常投篮距离越近,身体综合用力的程度越小,以手臂、手腕、手掌与手指动作用力为主。远距离投篮时,身体综合用力的要求则更高,特别是手臂、手腕与手指调节力量的能力也要求更强。因此,投篮时身体各部位的肌肉用力要互相配合、连贯协调,这样才能合理地完成投篮动作。

(2)瞄准点:瞄准点是投篮时眼睛注视篮圈前沿或篮板的某一点。它是为了精确地目测投篮的方向、距离,从而决定投篮出手的用力大小、速度的快慢、球飞行弧线的高低,它是提高投篮命中率的重要环节。由于投篮有直接命中和打板命中两种,所以瞄准的方法也不同。

1)直接投篮的瞄准点:是篮圈离投篮队员最近的一点,通常是指篮圈前沿的正中点。这种瞄准点有实体目标。在球场的任何地方投空心球都适用。

2)打板投篮的瞄准点:是以篮板的某一点作为瞄准点,就是投篮时将球投向篮板入篮的一点。打板投篮适用于与篮板成15°~45°角的位置,以接近30°角的地方最适宜,打板投篮时,应根据投篮的位置、距离、角度、出手的力量、球飞行的弧线不同而各有差异。在通常的情况下,投篮的打板角度等于球的反射角。若打板角度小,距离远,则瞄准点离篮圈的距离高而远,投篮所需要用的力量相对较大;如果打板角度大,距离近,则打板点离篮圈就较低且近,投篮所需要的力量相对较小。例如,中远距离投篮的打板点,往往是从球飞行弧线的最高点下落时与瞄准点的打板点相碰。而近距离(特别是在篮下)打板投篮时,打板点往往是在球未达到飞行弧线最高点之前,即与瞄准点相触而打板入篮。

(3)球的旋转:球的旋转亦是影响投篮准确性的因素之一。投篮时,球的旋转是依靠手腕发力,手掌手指拨球动作所产生的力作用于球体,使球产生一种有规律性的旋转。由于投篮的动作方法与用力的方向不同,因此球的旋转也就不同。一般中、远距离高手投篮时,大都是使球围绕额状轴向后上旋转。向后上旋转的球不但有助于保持飞行的稳定性,而且有助于提高飞行弧度。另外,向后上旋转的球碰到篮圈时,球的反弹方向是向下的,比不带旋转的球容易落入篮圈内。在篮下侧面打板投篮时,应使球向侧面旋转,行进间低手投篮时应使球向前上旋转。

(4)抛物线:投篮时,由于球出手后在空间飞行过程中受重力的影响而形成的一条弧线轨道称为投篮的抛物线。抛物线的高与低,对命中率有重要影响。而抛物线的高与低取决于投篮出手角度和出手力量。因此,投篮时必须根据不同的投篮距离，运用不同的抛物线。投篮的抛物线归纳起来有低、中、高三种(见图 2-17)。

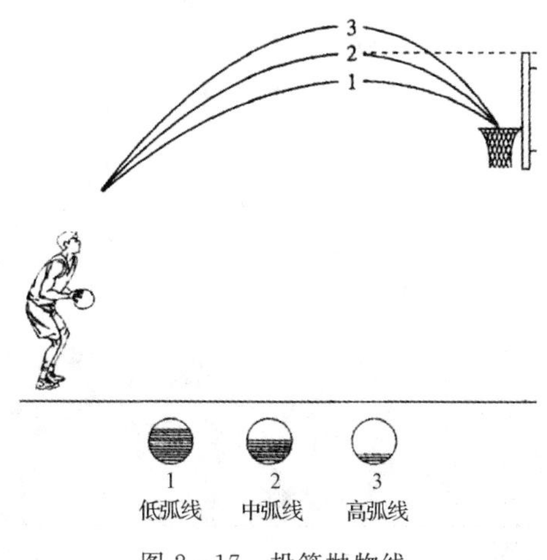

图 2-17　投篮抛物线

1)低弧线：球的飞行距离短，力量容易控制，但由于球飞行弧度低，近于篮板上沿，篮圈在球下的面积较小，而大部分被球篮的前沿所遮盖，因而不易投中。

2)中弧线：球飞行弧线的最高点大致与篮板的上沿在一条水平线上，球篮的大部分暴露在球的下面，容易投篮命中，是一种比较适宜的抛物线。

3)高弧线：球飞行入篮的弧线过高，近于垂直，篮圈暴露在球下面的面积最大，球容易入篮。但球飞行的路线太长，不易掌握飞行方向，从而影响命中率。

以上投篮的抛物线仅是在原地投篮的一般情况。但是由于投篮的距离、人的高度、投篮方式、防守的干扰和跳起高度的不同，投篮的弧线就有所不同。最好的弧线是既能控制球飞行的路线，又适合球进篮的角度。

总之，投篮技术动作是个多环节的组合动作，各环节之间互相影响，相互促进和制约，形成一个完整的投篮技术动作。

三、投篮技术动作方法

(一)原地投篮

原地投篮是最基本的投篮方法：它是行进间和跳起投篮的基础。这种投篮方法身体比较平稳，便于身体协调用力，是一种比较容易掌握的投篮技术。原地投篮一般在中、远距离投篮和罚球时运用较多。比赛规则对远距离投篮命中增加分值之后，中、远距离投篮不仅可以增强个人和全体的攻击力，而且具有应变战术的重要意义。准确的中、远距离投篮能够拉大对方防区，为突破到篮下攻击和灵活地运用战术创造有利条件。但是由于原地投篮突然性差，出手点低，因而容易受防守队员的干扰。

(1)双手胸前投篮：是双手投篮中最基本的动作方法。它的优点是投篮的力量大，距离远，而且便于和传球、运球突破相结合。它的缺点是投篮时持球和出手点较低，容易受防守干扰。比赛中女运动员运用较多。

动作方法：双手持球于胸前，肘关节自然下垂，两脚前后或左右开立，两膝微屈，重心落在两脚上，眼睛注视瞄准点。投篮时，下肢蹬地发力，两臂向前上方伸直，前臂内旋，拇指下压，手腕前屈，食指、中指用力拨球，通过指端将球投出。球出手时身体随投篮出手方向自然伸展，脚跟微提起(见图 2-18)。

图 2-18 双手胸前投篮

(2)单手肩上投篮：是比赛中运用比较广泛的一种投篮方法。是行进间单手投篮、跳起单手肩上投篮的基础。它具有出手点高，便于结合其它技术动作，能在不同距离和位置上运用的特点。

动作方法：以右手投篮为例。右手持球于肩上，左手扶球的左侧，右臂屈肘，前臂与地面接近垂直。两脚左右开立或前后开立，右脚适度向前两膝微屈，重心落在两脚上。投篮时，下肢蹬地发力，右臂向前上方伸直，手腕发力，手掌前部和食、中指一体连贯用力拨球，通过指端将球投出。球出手时，身体随投篮方向向上伸展，脚跟微提起(见图 2-19)。

图 2-19 单手肩上投篮

(3)单手头上投篮:这种方法由于持球部位高,对方不易防守。一般在距离篮下较近时运用较多(见图2-20)。

动作方法:基本上与单手肩上投篮相同,只是持球部位在头上,球出手时,用手指和手腕的力量较多。

扫码观看同步视频

图2-20 单手头上投篮

(二)行进间投篮

行进间投篮是比赛中广泛应用的一种投篮方法。一般多在快攻或切入篮下时运用,也可以在中、近距离运用,俗称跑动中投篮。

根据比赛规则,行进间投篮脚步动作的共同特点是跨第一步的同时接球,跨第二步跳起在空中完成投篮动作。

以右手投篮为例,当球在空中运行时,右脚向来球方向或投篮方向跨出一大步,同时接球,左脚向前跨出一小步,脚跟先着地,上体稍后仰,然后迅速过渡到前脚掌着地并用力蹬地起跳,同时双手向前上方举球。右腿屈膝上提,左脚蹬离地面,腾空后,根据与球篮的距离和角度,决定采用合适的投篮方法。投篮出手后,两脚同时落地,两腿弯曲,以缓冲落地的力量。

为了应对球场上的变化,第一步和第二步可以有快慢和方向的变化。当前,为了加快投篮的速度和突然性已经出现行进间双脚起跳的投篮动作。

(1)行进间单手肩上投篮:这种投篮可在篮下和中距离运用。

动作方法:以右手投篮为例。右脚跨出一大步的同时接球,接着左脚跨出一小步并用力蹬地起跳,举球于肩上,当身体接近最高点时右臂向前上方伸直,手腕前屈,食、中指用力拨球,通过指端投出。

(2)行进间单手低手投篮:这是在快速移动中超越对手后在篮下的一种投篮方法。有单脚起跳和双脚起跳两种。它具有速度快、伸展距离远的优点,所以防守队员正面干扰比较困难。

(3)行进间单手低手投篮(俗称三步上篮):以右手投篮为例。右脚跨出一大步的同时合球或接球，左脚接着跨出一小步并用力蹬地起跳，右腿屈膝上提，双手向前上方举球。当身体接近最高点时，左手离球，右手外旋，掌心向上托球，并充分向球篮的上方伸直，接着手腕发力，前手掌、食指、中指用力拨球，通过指端将球投出(见图 2－21)。

图 2－21　行进间单手低手投篮(三步上篮)

(4)行进间双脚起跳单手低手投篮：以右手投篮为例。左脚跨一大步的同时合球或接球，右脚迅速跨一小步，两脚同时蹬地向投篮方向跃起。投篮出手动作与单脚起跳单手低手投篮相同。

(5)行进间反手投篮：这种投篮多在沿球场端线运球超越篮下时使用。

动作方法：以从球篮的右侧沿端线超越篮下右手投篮为例。右脚跨出一大步的同时合球或接球，左脚跨一小步并制动蹬地向上起跳，身体成反弓形，控制向前的冲力。起跳后，抬头目视球篮，两手向上举球，当球举过头部时，左手离球，右手托球向球篮方向伸直，右前臂外旋，手腕发力，前手掌、食指、中指、无名指拨球，通过指端将球投出，打板入篮。

(6)勾手投篮：是背向球篮或斜插到篮下接球后经常采用的一种投篮方法，特别是中锋队员在篮下运用较多。它具有远离对手和出手点高的优点。

动作方法：以从球场左侧斜插到球篮右侧右手投篮为例。右脚跨一大步的同时接球，同时合球或接球，右脚用力侧蹬，左脚向球篮方向跨一小步，并以左脚为轴向球篮方向转身，左脚蹬地起跳，右腿屈膝上提，右手持球由胸前经体侧向右肩上方划弧举球，当球举至头的侧上方接近最高点时，手腕发力，前手掌、食指、中指拨球，通过指端将球投出。

(三)跳起投篮

跳起投篮简称跳投。它具有突然性强、出手点高和不易防守的优点，可以与传接球、运球突破和其它技术动作结合运用，可原地和行进间急停完成跳起投篮。

跳起投篮的动作方法和原地投篮相同，只是跳起在空中完成投篮动作。跳起投篮要求起跳突然性强，出手要快，出手点要高。目前跳起投篮技术已有很大的发展，例如持球部位由肩上移到头上。步法上有向前、向侧跨步和向后撤步起跳的变化。跳起后在空中又发展出身体后仰、侧身、转身等投篮动作，提高了投篮难度和实用价值。

1. 原地跳起投篮

（1）原地跳起单手肩上投篮（适用于女子或小篮球）：以右手投篮为例。两手持球于胸前，两脚前后（或左右）开立，两腿微屈，重心在两脚上。起跳时两腿迅速屈膝，脚掌用力蹬地向上起跳，双手举球至肩上，右手托球，左手扶球的左侧方。当身体接近最高点时，左手离球，右臂向前上方伸直，手腕发力，手掌前部和食指、中指一体连贯拨球，通过指端将球投出，使球沿额状轴向后上旋转。落地时，屈膝缓冲，准备下一个动作。

（2）原地跳起单手头上投篮：这种投篮的动作方法是双手举球置于头上，其余动作与跳起单手肩上投篮基本相同（见图 2－22）。

图 2－22　原地跳起头上投篮

（3）急停跳起投篮：这是进攻队员在行进间运用突然急停摆脱防守转而进行跳起投篮。它有接球急停和运球急停跳起投篮两种基本方法。

1）接球急停跳起投篮：在快速移动中接球，用跨步或跳步急停，急停的同时，突然向上起跳，两手持球迅速上举，当身体接近最高点时，前臂向前上方伸直，手腕前屈，食指、中指拨球，通过指端将球投出。

2）运球急停跳起投篮：在快速运球中，运用跳步或跨步急停，突然向上起跳，同时，两手持球上举。当身体接近最高点时，前臂向前上方伸直，手腕前屈，食指、中指用力拨球，通过指端将球投出（见图 2－23）。

2. 转身跳起投篮

转身跳起投篮:以右手投篮为例。背向或侧向球篮投球时,用左(右)脚为轴做前(后)转身面对球篮,两脚迅速蹬地向上起跳,同时两手持球上举。当身体接近最高点时,右前臂向前上方伸直,手腕发力带动手掌前部,食指、中指拨球,通过指端将球投出。

图 2-23　运球急停跳起投篮

(四)补篮

补篮是在球未投中从篮圈或篮板弹出时,迅速判断球的反弹方向,及时起跳在空中直接托球或点拨球入篮的投球方法。补篮可以用双手或单手进行。原地跳起一般是双脚起跳,行进中最好用单脚起跳。托球入篮比较稳,但出手点低;点拨球出手快而高,但准确性较差。

(1)双手补篮:当球从篮圈或篮板反弹时,要准确地判断出球的反弹方向,迅速起跳,两手臂向球的方向伸出,当跳至最高点时,用双手托球入篮,或用双手点拨球入篮(见图 2-24)。

(2)单手补篮:基本动作要求与双手补篮相同,区别于在空中用单手托球入篮或用单手点拨球入篮,相对双手补篮难度较大。

图 2-24　双手补篮

(五)扣篮

扣篮是在运动员身高不断增长，身体素质不断提高，空间争夺日趋激烈的发展趋势下，产生的一种难度较大的投篮方法，是篮球比赛中最具观赏性的得分手段。可以在原地起跳和行进间起跳后，用双手或单手将球扣入篮圈，也可以跳起在空中抢到篮板球或接球后直接将球扣入篮，还可以跳起在空中改变身体位置后反身扣篮。

扣篮的关键是运动员要有良好的身体素质。爆发力强、跳得高，指、腕控制球能力强，身体在空中能充分伸展，尽量将球高举超过篮圈，用屈腕动作把球自上而下扣入篮圈。

四、投篮技术运用分析

在比赛中，合理地运用投篮技术，并能保持较高的投篮命中率，除了掌握正确的投篮动作方法外，还要善于运用各种技术和战术配合，诱惑对手，与对手形成时间差、位置差，从而创造投篮机会。篮球场上情况瞬息多变，良好的投篮机会仅仅出现在一瞬间，投篮时机掌握得好，防守干扰少，投篮信心足，就容易投中，通常在下列情况下应果断投篮：

①在自己投篮比较有把握的位置上得球后果断投篮；

②经过战术配合出现了预期的空位投篮机会时应及时投篮；

③当同伴占有抢篮板球的有利位置时，可以大胆投篮；

④防守者距自己比较远或没有防投篮的准备时可以投篮；

⑤当自己投篮特别有信心和把握时，可以大胆地投篮；

⑥在特定的战略、战术要求下强行投篮。

在比赛中，决定投篮命中率的因素是多方面的。例如：必须掌握正确的投篮动作方法，要善于及时捕捉和制造投篮时机。此外，良好的身体素质和心理素质对提高投篮命中率并保持它的稳定性也起着重要的作用。

五、投篮技术的教学与训练

(一)教学建议

(1)教学与训练的顺序是：初期学习原地投篮，接着学习行进间单手肩上投篮，单手低手投篮，再学习原地跳起、急停跳起、转身跳起投篮动作方法。

(2)教学与训练的方法步骤：通过讲解、示范，建立正确的技术概念。练习中对技术动作要严格要求，掌握正确的投篮手法以形成规范的技术动作定型。在掌握基本动作的基础上应逐渐增加练习的难度，要有强度、密度、次数、距离、命中率、攻守对抗条件的具体要求。

(3)在投篮技术训练中要把投篮与传球、接球、运球、突破、脚步动作、假动作、抢篮板球等技术结合起来，培养队员应变能力。

(4)重视投篮的心理训练，使队员能在一定的心理压力下和有干扰的情况下提高投篮命中率。

(5)在战术背景下进行配合投篮训练，培养队员配合意识，提高队员运用投篮技术的能力。

(6)在教学训练中随时注意观察，发现错误动作，找出其产生的原因，及时采取针对性的措施加以纠正。

(二)练习方法

1. 原地投篮练习

目的：掌握投篮手法、瞄准点、球的飞行弧线，提高动作的连贯性与协调性。

(1)正面投篮：队员每人一球在罚球线上排成单行，自投自抢，投篮距离视情况调整，依次反复进行。

(2)各种距离、角度的投篮。队员面对球篮，每人一球，离篮 5～7 米站成弧形。开始时，篮下有一人传球，投中者继续投，直到投不中为止。队员轮流投进后，按顺时针方向移动位置。

(3)两人一组一球，一人传球，一人投篮。规定连投 10～20 次，达到规定的投中次数，两人交换练习。可根据队员主要进攻位置确定投篮点。如前锋重点练 45°和 0°两点接球投篮，后卫重点练习弧顶和 45°位置。

2. 行进间投篮练习

目的：结合其它技术在快速奔跑中练习投篮，提高完成动作的速率和准确性，掌握不同投篮技术动作方法及其运用。

(1)五点连续切入投篮。两个 0°角，两个 45°和 90°角。三分线位置放置 5 个标志物，任一 0°角运球出发上篮，篮下一人捡球。上篮后迅速跑至对侧同样角度，绕标志物后回篮下接回传球投篮。5 个标志物均要跑到，弧顶 90°角为最后一次投篮位置，需命中 5 球，依次循环进行。

(2)半场往返传球、接球投篮。两人一组一球，投篮者跑向中线，脚踩中线后返回接同伴传球急停投篮。投篮 10 次后两人交换依次练习。

3. 跳起投篮练习

目的：巩固投篮手法，结合其它技术在不同位置上提高命中率，掌握动作方法。

原地跳起投篮。队员在罚球线两侧站成两路纵队，每人一球，依次投篮，投篮后自抢篮板球到另一队的排尾。

六、投篮技术易犯错误与纠正方法

易犯错误：

1)投篮瞄准点确定不好。

2)投出的球在空中飞行时不是向后旋转，而是侧旋。

3)伸臂不充分，投篮的抛物线过高或过低。

4)向前手腕发力带动手指拨球的核心技术环节做不到位。

纠正方法：

(1)讲解示范法。

1)通过基本原理分析，给学生讲解正确的瞄准方法、适宜的抛物线及投篮出手后使球合理地旋转飞行。

2)通过不同的示范面和正误对比示范，使学生加深理解。

(2)表象纠正法。

1)让学生将正确的瞄准点、抛物线和球的旋转原理在脑海里呈现出来并默读一遍。

2)想象和自我暗示正确的瞄准点的位置。

3)通过正误对比表象法，想象和自我暗示对比正确的方法与错误的方法所形成的不同投篮效果。

(3)诱导法。

1)投点练习。

方法：在墙上或篮板上画一明显的投点，学生投球练习时必须将球投中此点。

目的：纠正瞄准点的确定与投篮用力的判断掌握不好的错误。

要求：两眼注视投点，做好投篮的准备工作，投出的球要柔和并向后旋转。

2)标记诱导练习。

方法：在球的圆周用鲜明的涂料或用胶布绕帖一个圆环，学生持球时使圆环垂直于地面，投篮出手后，球沿横轴向后进行旋转。

目的：纠正投出的球不是向后旋转的错误。

要求：持球时五指自然分开，掌心空出。投篮出手时使球最后从食指、中指指端飞出。

(4)限制法。障碍限制练习。

方法：在投篮者面前设立物(立木柱等)或人(举手)作障碍，投篮时向上伸臂,使球越过障碍后形成适宜的抛物线运行,最后使球入篮。障碍物的高度和与投篮者的距离可根据学生的身高不同适当加以调整。

目的:纠正投出的球抛物线过平的错误。

要求:投篮时身体不要前扑,投球手臂向前上方伸出。投篮时不要过早压腕。

(二)双手胸前投篮

易犯错误:

1)持球手法不正确,肘外张,手臂僵硬,手腕动作紧张。

2)投篮时两手用力不一致,伸臂不够充分,出球时手指没有自然分开。

3)投篮时用力不集中,由于用不上力量而形成推球动作。

纠正方法:

(1)讲解示范法。

1)根据所产生不同的错误反复强调。正确的持球手法:拇指相对成"八"字,小臂手腕、手指成直线。投篮时两腿蹬地,腰腹伸展,两臂同时向前上方伸出。两手腕同时外翻,拇指稍用力压球,使球过拇指、食指、中指的指端飞出。

2)在练习中经常对学生进行提示,如"伸臂""拨球",反复进行语言刺激。

3)多做正面、侧面和正误对比的示范及分解示范。

(2)诱导法。

1)徒手模仿练习。

方法:学生成体操队形,面对教师站立,根据教师口令做向前上方伸臂及翻抖手腕的动作。

目的:纠正伸臂不充分,两手臂用力不一致,动作僵硬的错误。

要求:练习时上肢动作要自然放松。投篮时两手臂向前上方伸出,左、右手用力要一致。在手臂伸出的同时,手腕外翻,拇指、食指做拨球动作。

2)持球模仿练习。

方法:学生两人一组一球,相互进行对投练习。

目的:根据学生产生的不同错误,进行重点纠正。

要求:投球前做好持球动作,手臂、手腕放松,肘关节不得外展。投球时两臂用力要一致,最后出球时手腕、手指的用力要快速、柔和。

(3)变换法。

1)分解、组合练习。

方法:学生成体操队形,持球面对教师站立,根据教师口令做持球与伸臂练习。两手持球手臂伸直,做最后出球时手腕、手指外翻,拨球的动作练习和完整动作练习(将球拨出)。

目的:根据不同的分解练习,分别纠正持球手法不正确,投篮时两手臂用力不一致、没伸展及手腕动作不柔和等错误动作。

要求:练习时注意持球动作,投篮时向前上方伸出。伸臂同时手腕翻动,拇指压球,使球通过拇指、食指、中指指端飞出。

2)矫正练习。

方法:学生在距离球篮八米左右位置做远投练习。

目的:体会全身协调用力的方法。纠正投篮时用力不集中,用不上力量而形成推球或高吊球动作的错误。

要求:投篮时两腿蹬地,腰腹伸展。腿、腰、臂随出球方向自然伸直。最后出球时,伸臂动作、手腕外翻动作及手指的下压与拨球动作要快而有力。

(三)单手肩上投篮

易犯错误:

1)持球手法不正确,肘外展、手掌托球,五指没自然分开。

2)投篮时靠上臂力量推球,形成"推铅球"式的投篮。

3)上下肢动作配合不协调,肩臂肌肉紧张,手腕下压动作僵硬。

4)投篮出手时手腕内旋,无名指过分用力,伸前臂不充分。

5)投球时护球手发力。

6)投球的弧线太高或太低。

纠正方法:

(1)讲解示范法。

1)重点讲解:持球手法和投篮时的蹬(脚蹬地)、伸(腰腹伸履、伸臂)、顶(肘向上顶)、压(手腕下压)、拨(手指拨球)。

2)多做正面与侧面的示范和针对学生出现的不同错误进行正误对比示范。亦可采用分解动作示范持球手法、蹬伸及全身协调用力动作、最后出手动作等。

(2)诱导法。

1)徒手或持球模仿练习。

方法:学生成体操队形,每人一球或两人一组一球,根据教师口令做模仿投篮练习。

目的:纠正持球方法不正确,投篮时上下肢配合不协调的错误。

要求:做好持球动作,投篮时注意蹬地到球出手的用力顺序,投篮出手时要压腕拨球。

2)对照镜子进行观察,对比练习。

方法:在镜子前与技术动作较好的同学一起做持球模仿投篮练习,借此观察、分析、对比错误动作所在,相互取长补短。

目的:纠正持球手法不正确及全身用力不协调的错误动作。

要求:原地站立,持球作好投篮的准备动作,两人相互检查、对比、分析、纠正。针对本人所存在的明显错误,对照镜子进行纠正。

(3)矫正练习。

方法:学生每人一球,坐在地板或椅子上,单手托球进行投篮模仿练习,投出的球直线上升和下落,反复进行练习(见图 2-25)。

目的:纠正推铅球式投篮错误和伸臂不充分、出手弧线过低的错误。

要求:将球按正确的持球方法单手托稳。投球时手臂充分伸直并体会最后球离手时的肌肉用力感受,要使投出的球直线上升和下落。

图 2-25　坐姿投篮练习

(4)变换法。

1)缩短投篮距离练习。

方法:学生在距离球篮 2 米左右地点进行投篮练习,投篮时,腿、腰腹不发力,主要靠手臂、手腕、手指的力量投球入篮。

目的:纠正推铅球式的投篮和投篮出手时手腕内旋的错误。

要求:肩臂要放松,注意持球手法。投篮时手臂上伸,手腕不得内旋,要向下压腕,手指拨球后使球离手。

2)增加防守练习。

方法:学生两人一组,一人防守一人投篮,两人相距 1 米,两人最好身高相等或防守者略高于投篮者。练习时防守人两手上举,封投篮的出手角度(见图 2-26)。

目的:纠正伸臂不充分,出手角度太小的错误。

要求:注意从蹬地到球出手的用力顺序。手臂上伸,增大出手角度,提高球的运行弧线避开对方封堵。

图 2-26　增加防守练习

(四)原地跳起投篮

易犯错误:

1)起跳后身体重心控制不稳,失去平衡。

2)起跳后髋关节弯曲,形成“后坐”和“挺腹”动作。

3)起跳时的蹬地时间与摆球、举球时间不一致,配合不协调。

4)投球出手过晚,身体在空中下降时球出手。

纠正方法:

(1)讲解示范法。

1)重点强调:垂直向上起跳,重心上。起跳后腰腹要用力控制身体平衡。起跳后,当身体上升到最高点时投球出手。练习时教师可配合运用语言提示“举球”“出手” 等,及时提示学生按正确的方法完成投篮动作。

2)示范方法:正面和侧面的反复示范。分解示范起跳、引球上举、空中保持身体平衡、投篮出手动作。

(2)诱导法。起跳和空中平衡练习。

方法:学生成体操队形,根据教师口令,连续做原地起跳、空中维持身体重心平衡的练习。此练习亦可持球进行。

目的:纠正起跳与摆球上举的配合不协调,跳起时身体重心不稳的错误。

要求:①起跳前的蹬地要有力,起跳与摆球上举的时间要一致。②起跳在空中时腰腹用力控制身体平衡,使身体在空中有短时间的滞动。③起跳后要落在原处。

(3)变换法。投篮练习。

方法:学生在距离球篮约 3 米处,做轻跳投篮,着重体会在跳起的最高点投球出手。

目的：纠正投篮出手过晚，下降时球出手或形成“后坐”“挺腹”的错误动作。

要求：起跳动作要放松，注意力集中到球出手时间上。起跳时身体要向上伸展，要借助摆臂举球动作起跳。起跳后在身体上升时就准备伸臂，在身体上升到最高点时立即投球离手。

（五）急停跳起投篮

易犯错误：

1）急停动作与起跳动作衔接不好。

2）在运球或移动中接球急停起跳时，身体不能垂直向上起跳。

3）起跳时间、起跳方向与举球的时间、方向不一致。

纠正方法：

（1）诱导法。

1）运球或徒手移动急停起跳练习。

方法：学生运球或徒手移动中根据教师信号做急停、起跳、投篮的模仿练习。

目的：纠正急停时身体重心不稳，不能垂直向上起跳的错误动作。

要求：急停时身体重心下降，蹬地起跳要迅速。起跳后腰腹用力，控制身体重心的平衡。垂直向上起跳，落在原起跳地点。

2）向左（右）运一次球急停跳投模仿练习。

方法：学生每人一球，原地持球向左或右做交叉步运球一次急停跳投的模仿练习。

目的：纠正急停与投篮动作衔接不好，摆臂举球的方向、时间与蹬地起跳的方向、时间不一致的错误。

要求：急停起跳时上体急速抬起，与此同时摆臂举球。起跳、摆臂举球的方向均垂直向上。

（2）变换法。

1）降低前一动作条件的练习。

方法：学生每人一球，在较慢速度下运球或徒手跑动，根据教师信号进行急停跳投模仿练习。

目的：通过改变前一动作的难度，使学生集中精力纠正错误动作。

要求：运球急停或移动中接球急停时要控制好身体的平衡，注意急停与起跳、举球与投球的动作衔接，不可有明显停顿或任何附加动作出现。垂直起跳，落在原处。

2）提高前一动作条件的练习。

方法：教师持球，用手势指挥学生向各个不同方向快速地做若干次起动、急停、起跳等专门性脚部动作练习，然后将球传给学生，学生接球后立即面对球篮急停跳投。

目的：提高调整、控制身体平衡的能力，纠正急停与起跳动作衔接不好的错误。

要求：在向不同方向的移动中要随时准备接球急停起跳投篮。急停、起跳、投篮等几个技术环节的衔接要紧密、连贯。

(六)行进间单手肩上(高手)投篮

易犯错误：

1)起跳前冲过大，身体在空中失去平衡。

2)投篮仓促出手，用力过猛(腕、指动作僵硬)。

3)投篮时屈肘，身体、手臂没有向上伸展，跳不起来。

4)第二步过大。

纠正方法。

(1)讲解示范法。

1)反复强调：摆动腿提膝带动跳。第二步要小，由脚跟过渡到前脚掌，起跳后膝、腿、手臂向上伸展，重心尽量上提。

2)语言刺激提示："第二步小""身体伸展""手臂上伸""柔和出手"等。

3)多采用侧面示范和正误对比示范。

(2)诱导法。

1)徒手模仿练习。

方法：学生成体操队形站立，集体随教师口令做行进间单手肩上投篮的模仿练习。

目的：纠正第二步过大，空中屈伸，身体、手臂没伸展的错误。

要求：第二步小，提膝尽量向上起跳，避免前冲过大。起跳后身体、手臂尽量伸展，重心上提并做投篮出手的模仿动作。

2)助跑摸高练习。

方法：学生成一队，在距离篮约6米，与篮约成45°处站立。练习时，一个接一个在中速跑动中采用行进间投篮的步法摸篮板或篮圈。

目的：纠正空中屈髋，身体、手臂没有伸展，起跳前冲力过大的错误动作。

要求：①起跳前一步的步幅不要过大，起跳时踏跳有力，手臂和摆动腿屈膝向上摆动，帮助起跳。②起跳后腰腹用力，控制身体重心的平衡，身体充分向上伸展。

(3)限制法。

1)设标志线限制练习。

方法:根据学生的身高、步长进行分组,在预定的练习路线上,在与球篮适当的距离上画上第一步、第二步的明显标记线,学生根据所画的步幅距离进行控制练习。

目的:纠正由于第二步过大而跳不起来的错误。

要求:运球自然跑动,速度不宜过慢。第一条线要跨步接球,第二条线要踏跳举球,整个动作要连贯、协调。

2)限制起跳前冲的练习。

方法:教师站立在垂直篮圈的地面上,学生从正面或两侧运球行进间投篮,落地时不得碰到教师。

目的:纠正由于起跳前冲过大而在空中失去身体平衡的错误动作。

要求:起跳步幅要小,由脚跟过渡到前脚掌起跳。起跳时上体上抬,空中要用腰腹的力量控制身体平衡。

(4)变换法。分解练习。

方法:学生在距离篮圈2～2.5米处,右腿在前,左腿在后,双手持球于胸前(以右手投篮为例)。左脚向前跨出一小步,同时蹬地起跳,举球于肩上。当身体上升到最高点时,用柔和向上伸臂、压腕、手指拨球的动作将球送到打板点或直接投球入篮。

目的:纠正投篮仓促出手、用力过猛、出手不柔和的错误动作。

要求:踏跳有力,同时摆臂举球,右腿屈膝上摆。投篮时的伸臂、压腕和手指拨球动作要柔和。

(七)行进间单手低手投篮

易犯错误:

1)起跳距离掌握不好,过早或过晚。

2)起跳后身体向前上方伸展不够,屈臂、屈腿。

3)投篮时手臂动作僵硬,伸展不充分,出手点过低,手腕手指动作不柔和。

纠正方法:

(1)讲解示范法。

1)反复强调第二步略比行进间单手肩上投篮的大,距篮稍远,向前上方起跳,手臂向球篮方向伸出。用手腕、手指上挑的力量使球前旋入篮。

2)多做侧面和正误对比的示范及分解示范,举球、前伸、挺肘,手腕、手指上挑拨球出手。

(2)诱导法。

1)徒手模仿练习。

方法:学生四人一组,从端线开始,连续做运球或跑动中接球行进间单手低手投篮的模仿练习。

目的:纠正由于起跳后手臂向前上方伸展不够而形成屈臂、屈腿的错误。

要求:跑动的速度不要太快。踏跳要有力,起跳后身体稍侧对前方,重心上提、手臂向前上方伸展。

2)起跳距离判断练习。

方法:学生每人一球,在距离球篮45°三分线处依次做行进间运球单手低手投篮的模防练习。必须在距离限制区线1米时开始合球,右脚第一步踏至限制区线上,第二步踏至无撞人半圆线上起跳投篮。

目的:纠正起跳距离判断、掌握不好的错误。

要求:起跳距离不能太远或太近。起跳后腿、腰、手臂要向前上方伸展。

(3)限制法。设标志线限制练习。

方法:根据学生的身高、步长及身体素质水平情况,在预定的练习路线上,在距离球适当的位置上画上跨步接球和起跳上篮的明显标志线,学生按标志线的控制距离进行练习。

目的:纠正起跳距离掌握不好的错误。

要求:①自然跑动,速度稍快;②起跳要有力,身体、手臂向前上方的篮圈方向伸展。

(4)变换法。投球出手手法练习。

方法:学生每人一球,在距球篮2～2.5米处做上步踏跳—引球上举—挺肘挑腕—拨球出手的练习。

目的:纠正手腕动作不柔和、手臂动作僵硬、出手点低的错误动作。

要求:引球向前上方举球,手臂伸展,用挺肘和手腕、食指、中指、无名指柔和上挑拨球的动作使球前旋入篮。

(八)行进间反手投篮

易犯错误:

1)起跳距离掌握不好。

2)起跳前冲过大,没有控制好身体平衡。

3)投篮时,小臂、手腕没有外旋与篮板形成一个合适的投篮角度。

4)最后出球时由下向上抛球。

纠正方法:

(1)讲述示范法。

1)重点强调:要向上起跳,控制前冲力;起跳后要向篮板方向转头并注视投篮的打板点;投篮时肘关节、腕关节外旋,无名指、小拇指拨球出手。

2)采用正面、侧面示范,使学生看清起跳距离和空中动作。通过正误对比示范,使学生建立正确的技术动作概念,明确错误动作的原因。

(2)诱导法。

1)徒手或持球模仿练习。

方法:学生每人一球,成体操队形站立,根据教师口令做向前方一步处抛球—跨步接球—引球上举并侧转体 90°起跳—投球出手的模仿练习。

目的:体会行进间反手投篮的动作方法。

要求:球不要抛得过远、过高,跨步接球的同时脚尖稍外展。投球时肘关节、腕关节外旋。

2)原地投篮出手练习。

方法:学生每人一球,原地站立,练习时根据教师口令做提右膝体转 90°—引球上举—肘、腕外旋,手指拨球出手练习。

目的:纠正最后出球时由下向上抛球的错误动作。

要求:身体重心上提,手臂尽量伸直,运用肘、腕外旋,手指拨球的力量将球投出。

(3)限制法。设标志线限制练习。

方法:根据学生的身高及身体素质水平情况分组,在练习的路线上及距球篮适当的距离上画上跨步接球与起跳的明显标记,进行控制练习。

目的:纠正起跳距离掌握不好的错误。

要求:要放松、自然地运球跑动,不要被所设的标志线干扰而影响速度。可以先慢跑体会起跳点,逐渐加快跑动速度。

(九)勾手投篮

易犯错误:

1)没有引球经体侧划弧举起,身体没有侧对球篮。

2)投篮时手掌没有向右旋转,投球出手时球没有形成侧旋碰板。

3)投篮出手时不是运用手腕、手指的力量柔和地将球投出,而是由下向上抛球。

纠正方法:

(1)讲解示范法。

1)重点讲解:身体侧对球篮,引球要经体侧划弧摆动向肩的前上方举起,手掌托球朝向球篮方向,手腕下压将球投出。通过正面示范,使学生主要看引球经体侧划弧摆动向肩的前上方举球的动作。

2)分解示范:主要示范跨步、身体侧对球篮、引球划弧摆球上举、投篮出手的动作。

(2)诱导法。

1)徒手模仿练习。

方法:学生成体操队形站正,根据教师口令向侧前方交叉步跨出步,转体侧对投篮方向,另一腿提膝上摆,手臂划弧摆动向肩侧上方举起。

目的:纠正身体没有侧对球篮,没有持球划弧摆球上举的错误。

要求:交叉跨步不要过大,跨步同时侧对投篮方向。手臂做划弧摆动上举的动作要放松、连贯。待练习熟悉后可以结合起跳进行模仿投篮。

2)两人一组对投练习。

方法:学生两人一组一球,相距 3 米。接球后背对同伴站立,向侧后方撤跨一步,转体侧对同伴做勾手投篮的模仿练习。

目的:纠正身体没有侧对球篮,手掌没有正对投球方向而形成侧旋出手的错误。

要求:跨步后要转体侧对投球方向。投球时弧度稍高,使球旋转碰向篮板反弹或空心入网。

(3)分解练习。

1)原地持球向左、右侧划弧摆动举球。学生成体操队形站立,根据教师口令,持球向左、右侧划弧摆动、引球向肩前上方举起。

要求:双手持球于胸前,经体侧向肩前上方划弧摆动上举,整个动作要柔和连贯。球上举后手掌要正对投球。

2)投篮手法练习。

方法:练习者于球篮下站立,原地做勾手投篮的手法练习。

目的:纠正投篮时手掌没有正对球篮,使出手的球侧旋飞行的错误。

要求:投篮的手臂要侧上举并伸直,手腕后仰,正对投球方向,手腕发力,用手指拨球的力量将球柔和投出。

(十)补篮

易犯错误:

1)起跳时机判断不好,起跳不及时。

2)起跳后身体、手臂没有充分伸展,在空中没有控制好身体平衡。

3)补篮时手腕、手指对球的飞行方向、力量控制不好。

纠正方法:

(1)讲解示范法。

1)反复强调:判断起跳时机;补篮时身体、手臂要充分伸直;手腕、手指控制好球。

2)通过示范使学生明确单、双手,点拨,托补的类同与差异。

(2)诱导法。

1)模仿练习。

方法:学生两人一组一球。练习时同伴将球向上垂直抛出,根据球抛的高低,及时起跳做不同的补篮手法练习。

目的:纠正起跳时机判断不好,身体、手臂伸展不充分的错误。

要求:要根据同伴所抛出球下落的时间,及时起跳并在跳起的最高点做补篮练习,起跳后身体、手臂要充分伸直。

2)球抛篮板补篮练习。

方法:教师持一个篮球,站在球篮的一侧,将球抛向篮板反弹至对侧。学生位于篮下侧依次进行助跑或原地单、双脚起跳补篮练习。

目的:纠正补篮时身体没有充分伸展,手腕、手指不能控制球的方向和力量等错误。

要求:起跳后身体、手臂要充分伸直。补篮时核心收紧,增加滞空时间,判断好球的落点,手腕、手指用力,注意控制补篮的力量和球的飞行方向。

第四节　运　　球

运球是持球队员在原地或移动中,用手连续拍按由地面反弹起来的球的动作。运球是篮球比赛中个人进攻的重要技术,它不仅是个人摆脱防守进行攻击的有力手段,而且还是组织全队进攻战术配合的重要桥梁。

扫码观看同步视频

扫码观看同步视频

扫码观看同步视频

在训练中,运球练习可以提高手对球的感应能力,熟悉球性,从而提高控制球、支配球的能力。经常做各种运球练习,不仅可以提高运球技术,而且对传接球、投篮等技术都有很大的促进作用。

一、运球技术动作分析

运球动作包括身体姿势、手臂动作、球的落点和手脚协调配合四个要素。

(1)身体姿势:两脚前后开立,两膝微屈,上体稍前倾,头抬起,目平视,非运球手、臂屈肘平抬,用以保护球。运球时,脚步动作的幅度和下肢各关节的曲度随运球的速度和高度的不同有所变化。慢速高运球时,则脚步动作幅度小,而各关节的角度则大;快速高运球时,则脚步动作幅度大、各关节的角度小。低运球时,脚步动作幅度和各关节角度均小。

(2)手臂动作:手臂动作包括球接触手的部位、运球时的动作、拍按球的部位和力量的运用。运球时,五指分开,扩大触球面积,用手指和手指根部以及手掌的外缘接触球、手心空出。

由于比赛情况千变万化,运球的方法也不同。低运球时,主要以腕关节为轴,用手腕、手指的力量运球。身前高运球和变向高运球时主要以肘关节为轴,用前臂和手指力量运球,这种运球动作幅度较小,灵活性大,速度快。体侧或侧后的提拉式高运球主要是以肩关节为轴,用上臂、前臂、手腕和手指力量运球,这种运球方式控制球时间长,活动范围大,便于保护球。拍按球时,应随球上下迎送,尽量延长控制球的时间,这样有利于保护球、改变动作和观察场上情况。

拍按球的部位是由运球的方向和速度来决定的,因为拍按球的部位不同,运球的入射角和球反弹起来的反射角也不同。由于按拍球的力量不同,球从地面反弹的高度和速度也不同。原地运球时,拍按球的上方。向前运球时,拍按球的后上方。

(3)球的落点:运球时,运球的速度、方向和攻守情况不同,球的落点也不同。在无人防守或消极防守情况下的直线高运球,球的落点在运球手同侧脚前外侧约 20 厘米处,速度越快,落点越靠前,离自己越远,反之越近。在积极防守情况下,运球的落点应在体侧或侧后方,以便护球。变向运球(包括身前变向、背后变向、转身变向等)其落点基本上位于异侧体侧或侧前方。胯下运球的落点位于胯下中间的地面上。

(4)手脚协调配合:运球时既要移动速度和球运速度协调一致,又要保持合理的动作节奏。在移动速度不变的情况下,能否保持脚步动作和手部动作协调一致,在速度上同步进行,关键在于拍按球的部位、落点的选择和力量大小的运用。脚步移动越快,拍按球的部位越是靠后下方,落点越远,反弹起来的力量越大。反之,部位越靠上,落点越近力量越小。

二、运球技术动作方法

运球技术动作方法较多，分类方法也不尽相同，现将常用运球技术动作归纳如下。

(1)基本运球技术：高运球、低运球、运球急停急起、体前变向运球、胯下运球、背后运球、后转身运球等。

1)高运球：运球时，两腿微屈，目平视，手用力向前下方推按球，球的落点在身体侧前方，使球反弹的高度在胸腹之间，手脚协调配合，使球有节奏地向前运行。这种运球，身体重心高，速度快，便于观察场上情况。

2)低运球：当受到对方紧逼时，常用这种运球摆脱防守。运球遇到防守时，两腿应迅速弯曲，重心下降，上体前倾，用上体和腿保护球。同时，用手短促地拍按球，使球从地面向上反弹的高度在膝部以下，以便更好地控制球和摆脱防守。

3)运球急停急起：在对手防守较紧的情况下，运球向前推进时，可利用急停急起的变化来摆脱对手。在快速运球中，突然急停时，手拍按球的前上方。运球急起时，要迅速起动，拍按球的后上方，要注意用身体和手臂保护球。在运球急停急起时，要停得稳、起动快。人和球的速度要一致，手、脚和身体重心前后协调配合，这样才能有效地达到摆脱防守的目的。

4)体前变向运球：这是当对手堵截运球前进的路线时，突然向左或向右改变运球方向，借以摆脱防守的一种运球方法。运球队员从对手右侧突破时，先向对手左侧变向运球，然后向右侧变向。变向时，右手拍按球的右后上方，把球从自己的右侧拍按到左侧前方，同时，右脚向左前方跨出，上体左转，用肩保护球，然后换手运球，加速前进(见图 2 - 27)。

图 2 - 27　体前变向运球

5)胯下运球：当防守队员迎面堵截时，用这种方法摆脱对手。以右手运球为例，变向时，左脚在前，右手拍按球的右侧上方，将球从两腿之间运至身体左侧，反弹点为左脚后跟后方，然后上右脚，换手运球，加速前进(见图 2－28)。

图 2－28　胯下运球

6)背后运球：当对手紧逼，无法用体前变向运球时，可用背后运球过人。以右手运球向左侧变向为例，变向时，右脚在前，右手将球拉到右侧身后，迅速转腕拍按球的右后方，将球从身后拍按至身体的左侧前方，然后换左手运球，左脚向前，加速前进(见图 2－29)。

图 2－29　背后运球

7)后转身运球：当对方逼近，不能用直线运球体前变向运球突破时，可用此法过人。以右手运球为例，变向时，左脚在前为轴，后转身约 150°，转身同时右手将球拉至身体的左侧前方，然后换手运球，加速前进。运球转身时，要降低重心，不要上下起伏，手腕内扣勾住球，不能掌心向上托球，以免带球违例(见图 2－30)。

(2)主流运球技术：口袋运球、坠步运球、震荡运球、双体前变向运球、双胯下变向运球、In&out(单手内外侧)运球、变向误导运球、拖曳步运球等。

图 2-30　后转身运球

(3)组合运球技术：In&out 运球接体前变向运球、胯下运球接体前运球、胯下运球接背后运球、胯下运球接后转身运球、体前变向拖曳接胯下运球、胯下拖曳接体前变向运球等。

三、运球技术的运用

在比赛中，合理的运球可以创造有利的进攻机会，如滥用运球，则会贻误战机。运球时应该注意下列几点：

1)进攻队员要熟悉本队的战术，了解战术中的每一个进攻机会，便于掌握运球时机。

2)运球队员要扩大视野，全面观察场上的情况。当同伴被对方严密防守不能传球时，可以运球投篮或通过运球寻找传球时机。

3)运球时，要善于运用假动作迷惑对手，灵活地运用各种运球动作，借以摆脱防守的阻挠，并把运球与传球、投篮动作结合起来。

4)运球队员要准确判断，及时地捕捉传球或投篮时机。当同伴摆脱防守，抢占有利的进攻位置时，运球队员要及时地把球传给同伴。在防守队员失去有利的防守位置时，运球队员要及时地运球投篮。

5)在组织和发动快攻过程中，抢到防守篮板球时，防守队员积极封第一传、堵截接应队员，这时持球队员可用运球突破摆脱防守，然后迅速地把球传给接应队员或快下队员。在快速推进和结束过程中，快下队员被对方严密防守时，可用运球快速推进或运球投篮。

6)在组织阵地进攻中，当对方扩大防区时，可用运球压缩防守；当进攻位置不合适时，可用运球调整位置；当对方用紧逼防守时，可用运球突破，打乱对方的防守部署；当采用控制球战术时，可以运用运球拖延时间。

四、运球技术的教学与训练

(一)建议

1)运球的教学顺序是:原地运球,行进间直线高、低运球,运球急停急起,体前变向运球,胯下运球,背后运球,后转身运球,组合运球。

2)运球的关键是控制能力和手脚的协调配合,因此,球性需要勤练,提高控制球、支配球的能力。同时要提高脚步动作的速度、灵活性。

3)训练中要注意加强弱手的练习,使左右手的运球能力均衡发展。

4)训练中要强调运球时抬头、眼平视,注意养成观察场上情况的习惯。

5)训练中要注意战术意识的培养,掌握好运球的时机,并及时变换和衔接下一个动作。

6)训练中一旦掌握了运球的正确动作,就要逐步加大训练的难度,如用看不到球(带运球眼镜)的练习、攻守对抗 (由消极到积极)的练习、以多防少等练习磨炼学生运球技巧和在各种不同的防守情况下,合理地运用各种运球技术的能力。

7)在教学训练中,对学生完成的技术动作,应及时地作出评定,肯定优点,指出错误,分析产生错误的原因,并采取纠正错误的辅助练习和训练措施。

(二)练习方法

1. 原地运球

(1)原地高运球和低运球,体会基本动作;

(2)左、右手交替做横运球,体会换手时拍按球的部位和拉球、推球的动作;

(3)做体侧前拉后推运球,体会向前、向后运球的触球部位;

(4)原地双手运两个球,提高控制球能力;

(5)原地“8”字胯下运球,即在两腿的外侧和中间交错运球, 提高控制球能力。

2. 行进间运球

(1)直线运球。

方法:每组一个球,各组第一人右手运球至对侧端线,返回时左手运球,然后交给下一个队员,轮流进行练习。

要求:运球时的手部动作和脚步动作要协调配合,球的落点和用力大小要适当。

(2)变向换手运球。

方法：队员围绕三个圆圈练习变向运球。

要求：运至两圆圈之间时换手，在圆圈的外侧运球时必须用外侧手。

(3)运球急停急起(变速运球)。

方法：两侧边线各一组队员，左右间隔 1 米站位，一组持球。根据教师的信号练习运球急停急起或变速运球。一组练完后交对面的一组队员，轮流进行练习。

要求：运球急停急起时，要停得稳、起动快。变速运球时，要掌握好高、低运球的节奏，速度变化要明显。由慢变快时要突然加速。

(4)后转身或背后运球。

方法：运球行进线路上连续设置"W"形标志桶 6～8 个，标志桶之间间隔 3 米。

要求：向左运球用左手，向右运球用右手。

3. 对抗练习

(1)全场一攻一守练习。

方法：篮架两侧端线外站位，两组同时进行全场一攻一守的练习，至对侧端线后返回，攻守交换，依次轮流练习。

要求：初期练习时防守人只允许堵位，不准抢、打球。逐渐由消极到积极防守，最后过渡到强对抗，模拟实战情况。

(2)全场二防一的练习。

方法：一人运球，两人防守，进行全场攻守练习。

要求：开始时只准堵位，然后逐渐由消极到积极防守，进行围堵、拼抢，以提高其运球能力。此练习对运球熟练程度和运球加速能力要求较高。

五、运球技术易犯错误与纠正方法

(一)高运球

易犯错误：

(1)低头看着球运球，不能及时观察场上的情况。

(2)送球时身体不放松，尤其是臂、手腕。手指僵硬，拳心触球。

(3)起动速度与运球速度配合不协调。

(4)运球时球的落点不是在身体的侧前方，而是在身体对准前方，或球离身体太远或太近。

(5)运球过高，手触球的时间长，易造成带球违例。

纠正方法。

1. 讲解示范法

(1)强调高运球技术的特点,按拍球力量要大、球反弹距离远,队员跑动时身体重心高,速度快,便于观察场上的情况,并在练习中随时提醒其动作方法。

(2)多采用原地分解示范和正误对比示范,使学生明确运球时手控制球的部位、球的落点、运球速度与跑动速度的协调配合,上体及头部抬起观看场上情况。

2. 诱导法

(1)运球呼号练习。

方法:学生原地或行进间高运球,教师做不同号码的手势,学生要根据教师所打的号码手势大声呼喊出,并且纠正低头看球运球的错误。

要求:①运球时上体、头部要始终抬起观看教师手势或用余光观看;②当教师做出手势后,要立即呼喊出来。

(2)徒手运球模仿练习。

方法:学生成体操队形,跟随教师徒手做运球练习。

目的:纠正运球时身体不够放松,尤其是臂、腕、指僵硬和掌心触球的错误。

要求:手指自然张开,肘部弯曲,以肘为轴(或以肩为轴),上下摆动,手腕上扬和下压动作。身体、臂、腕、指要放松。

3. 限制法

(1)戴运球眼镜练习。

方法:用纸板自制运球眼镜进行练习。

目的:纠正低头看球运球的错误。

要求:运球时眼睛要注意观察场上情况,运球时体会手对球体的控制感觉。

(2)数数运球练习。

方法:学生每人一球,练习时,跑一步运一次球,并数一个数字,以此进行练习。

目的:纠正运球时跑速与运球速度配合不协调,球离身体过远或过近,手触球时间过长而产生带球跑等错误。

要求:跑动速度不要太快,运球不要太高。跑一步的同时运一次球,并数数,保持有条不紊的练习节奏。

(3)标记线限制练习。

方法:学生在球场边线成4～6路纵队,每人一球,每队的一侧划上一条直线作为标记,学生在距线一脚远处站立,练习时,将球运在线上。

目的:纠正运球落点不是在身体侧前方的错误。

要求:练习时不要低头,可用余光观看标记线的位置。注意拍按球的部位和球的落点，球不要离身体过远或太近。

(4)变换速度练习。

方法：学生每人一球成体操队形站立，根据教师口令在走动或慢跑中进行高运球练习。

目的：纠正跑动速度与运球速度配合不好，球的落点不是在身体侧前方等错误。

要求：在慢速运球中注意体会正确的运球方法。运球动作要放松，运球时掌心不要触球。

(二)低运球

易犯错误：

(1)运球时用手打球，不是用手腕、手指的按拍动作运球。

(2)运球时没有屈膝降低重心，而是低头弯腰运球。

纠正方法。

1. 讲解示范法

(1)重点注意：

1)两腿弯曲，降低身体重心，上体前倾；

2)用手腕、手指短促地击球，地面反弹在膝关节以下的高度。

(2)采用正、侧面位置的正误对比示范，使学生明确正确的方法要领。

2. 诱导法

(1)原地快速低运球练习。

方法：学生每人一球，蹲在原地，听到教师口令后，用手腕、手指的力量做快速低运球练习。

目的：纠正用手拍击球，不是用手腕、手指拍按球的错误。

方法：学生做各种运球时始终盯住教师高举的手，并注意教师的手势信号，教师随机打出数字手势，学生立即喊出数字。

要求：①用手腕上扬、下压动作控制球的反弹高度和运球速度；②手臂要放松，动作不得僵硬。

(2)两人互看运球练习。两人一组，相距 2 米站立，运球时腿弯曲，降低重心，上体前倾，头抬起，互看对方胸部高度进行运球练习。

目的：纠正运球时没有曲膝降低身体重心，出现低头、弯腰运球的错误。

要求：练习时始终保持正确的低运球的姿势。要注意根据同伴的运球速度而变换自己的运球速度。

3. 限制法

手势限制练习。

方法:学生运球时始终盯住教师高举的手,并注意教师的手势信号,教师随机打出数字手势,学生立即喊出数字。

目的:纠正没有屈膝降低身体重心,低头弯腰运球的错误。

要求:练习时要始终保持两腿弯曲,降低身体重心。运球时抬头观察,观察教师随时可能出现的手势动作。

(三)运球急停急起

易犯错误:

(1)运球急起、急停时,学生的脚步动作与球的速度配合不协调一致。

(2)运球急起、急停时,由于按拍球的部位不正确而影响急起急停的突然性。

纠正方法:

1. 讲解示范法

(1)语言强调:急停时最后一次运球按拍在球的正上方。运球急起时要拍球的后上方。

(2)通过不同的示范方法:使学生了解拍按球的部位与急起急停的关系。

2. 诱导法

(1)徒手模仿练习。

方法:根据教师口令,集体徒手做急起急停的模仿练习。

目的:纠正急起急停时,学生的脚步动作与球速配合不协调一致的错误。

要求:运球急起急停时动作要有突然性。练习中要注意手部动作与脚步动作的配合一致。

(2)原地运球的各种手法练习。

方法:根据教师口令,学生原地做推球的后上方—拉球的前上方—按拍球的正上方的综合手法练习。

目的:纠正因按拍球的部位不正确而影响急起急停动作突然性的错误。

要求:练习时,应体会正确的按拍球的部位,身体重心随球的前后移动而移动。

3. 变换法

变换速度练习。

方法:学生根据教师口令,做走动、慢跑的低运球练习。

目的:纠正运球急起急停时,人与球的速度不协调的错误。

要求:运球时要降低身体重心,抬头观察场上情况。运球的速度与走、跑的速度要保持协调一致。

(四)体前变向换手运球

易犯错误：

(1)运球时手按拍球的部位不对，翻腕动作过大，停球时间过长，造成两次运球或带球违例。

(2)变向时身体重心高，蹬跨动作无力、缓慢。

(3)换手运球慢，没有加速超越的动作。

纠正方法：

1. 讲解示范法

语言强调：运球变向时拍球的右或左上方。变方向运球是横向体前，不要离身体太远。变方向时左、右脚向左前方跨出，上体侧转保护球。

2. 诱导法

(1)原地或行进间徒手练习。

方法：学生集体跟教师做徒手模仿运球动作，根据教师口令做体前变方向运球。

目的：纠正翻腕动作过大，换手动作慢的错误。

要求：运球变方向时身体重心不要过高，手腕不要有明显的翻腕动作。换手动作模仿要快，同时上步。

(2)原地连续体前换手运球。

方法：学生成体操队形，每人一球，两脚平行站立，原地运球在脚尖的侧前方，根据教师的口令，教师喊“一”时原地运一次球，喊“二”时体前变方向。

目的：纠正换手运球动作慢，手拍按球的部位不对，翻腕动作过大的错误。

要求：运球的力量要稍大一些，换手运球动作要快，手要按拍球的左(右)侧上方。运球变方向时不要有明显的翻腕动作，应是推送到身体的另一侧。上体要随换手变向的同时稍侧转。

3. 限制法

(1)障碍、信号限制练习。

方法：学生3～5人，二人用一球，成纵队，前后相距2～3米。练习时，最后一人运球到同伴跟前时，同伴侧平举起手以便对方从臂下变方向运球通过，同时立即将臂放下。运球者不得碰上同伴手臂，依次轮流运球练习。

目的：纠正变向时身体重心高，蹬抹动作无力及慢等错误。

要求：运球变方向降低身体重心，换手动作要快。②蹬跨超越动作要有力、突然。

(2)利用各种障碍物练习。

方法:根据不同的情况在球场内不同位置设立标志桶、椅、凳等障碍物,学生在场内进行运球变向练习。

目的:纠正换手动作慢,手按拍球的部位不对的错误。

要求:变方向时换手动作要快,降低身体重心,不得有翻腕动作,并注意按拍球的部位要正确。

(3)变换速度练习。

方法:在较慢的运球跑动速度中进行体前换手变方向运球练习。

目的:纠正运球中手按拍球的部位不对,翻腕动作过大的错误。

要求:练习中注意运球变方向时按拍球的部位,球在手停留时间不得过长,不得有明显的翻腕动作。

(五)背后运球

易犯错误:

(1)背后运球变方向前,运球的位置离身体太远,球的反弹高度太高。

(2)背后运球变方向运球时出现挺腹动作。

(3)背后运球时手部动作与脚步动作配合不协调。

(4)手按拍、球的部位不对。

纠正方法:

1. 讲解示范法

(1)语言强调:背后运球的手法为将球拉到体侧后方,手掌立即转向前方,拍球的右(左)侧后方。背后运球的同时左(右)脚迅速向左(右)前方跨出。

(2)示范多采用手法与步法的分解示范,示范动作不要太快。

2. 诱导法

(1)原地手法模仿练习。

方法:学生成体操队形,根据教师口令做“拉—转—拍”的背后运球手法的模仿练习。

目的:纠正背后运球时手按拍球的部位不对的错误。

要求:拉、转、拍的动作要连贯,拍球要有经背后的划弧动作。

(2)原地前拉,后拍运球练习。

方法:学生每人一球,成体操队形站立。运球在体侧前方,根据教师口令做“向后拉球—勾腕掌心朝前—向前拍放”,反复练习。

目的:纠正背后运球时手按拍球的部位不对和变方向前运球位置不适当的错误。

要求：练习时身体重心降低，动作要连贯柔和，运球时手要控制球的运行，不能离身体太远。

3. 变换法

变换难度练习。

方法：学生每人一球，并在自己面前假设一条线。练习前左（右）脚踏在线上，练习时做一次前拉后推运球紧接着做背后运球，同时左（右）脚后撤。右（左）脚跨步踏线。

目的：纠正背后运球变方向时挺腹，手、脚动作配合不协调的错误。

要求：身体重心始终稍向前，不得有直立和挺腹动作。背后运球时的撤步与跨步要快，手脚配合要协调。

（六）后转身运球

易犯错误：

（1）运球转身前没有将球控制在身体侧面，球仍在身体侧前方。

（2）运球转身过程中不能拍一次球完成，而是拍两次球。运球转身时身体重心上下起伏，或上体后仰。运球转身时，球离身体太远，甚至形成划弧拉转。

纠正方法：

1. 讲解示范法

语言强调：运球转身时拍按球的前上方，并将球拉向身体的侧方并靠近身体。运球转身时身体重心要平稳，不得上下起伏，不得后仰上体。多做侧面、背面位置示范，正误对比示范，以及分解动作示范，让学生看清每个技术动作的细节。

2. 诱导法

（1）原地做徒手的模仿练习。

方法：学生成体操队形，两脚前后开立，原地做高运球的模仿动作。根据教师口令做如下练习：口令一，加大运球动作的幅度，即提拉球的幅度，身体重心随之落在支撑腿上。口令二，转身约 30°，并做换手运球动作。

（2）行进间做徒手模仿练习。

方法：学生做慢跑的运球模仿动作，听到教师的口令后做跨步急停并立即做运球转身的模仿动作。

目的：纠正运球转身时身体重心上下起伏，上体后仰及运球转身不是一次拍球完成的错误动作。

要求：运球转身时身体重心不得上下起伏，不得后仰上体。运球转身时的拉球动作和转身动作要一拍完成。

(3)背向前进方向的后撤步运球练习。

方法:背向前进方向,两脚平行开立做原地运球。根据教师指令,运球手的同侧脚向同侧后侧方撤一步,并模仿转身运球的动作转体45°,随动作交换手运球。动作熟练后,左右手可连续做背向前进方向的后撤步运球练习。

目的:纠正运球转身前,没有将球控制在体侧,拉球转身时离身体太远的错误。

要求:运球转身前的最后一次运球要将球控制在体侧。运球转身时手臂要靠近身体,手控制球不可出现翻腕动作。

(七)胯下运球

易犯错误:

(1)胯下运球的击地点偏前或偏后。

(2)胯下运球时两手配合不好,非运球手没有主动迎球,接球时间过晚。

(3)胯下运球时手与脚的配合不协调。

纠正方法:

1. 讲解示范法

(1)语言强调:胯下运球变方向与向前跨步的同时,拍按球的侧上方,运球时"送球"时间要长,两手同时在胯下交接球。

(2)多做正面位置及正误对比示范。

2. 诱导法

(1)原地或行进间模仿练习。

方法:学生成一列横队,根据教师口令原地或行进间做胯下运球的模仿练习。

目的:纠正胯下运球非运球手,接球晚及手脚配合不协调的错误。

要求:运球手要送球至胯下,非运球手主动迎球,做由跨下将球引上的动作。行进间练习时,向前跨步的同时做胯下运球的动作。

(2)原地运一次球做一次胯下运球练习。

方法:学生成体操队形,两脚前后开立,原地体侧运球一次,接着做胯下运球。连续进行练习。

目的:纠正胯下运球时击地点不正确及两手配合不好的错误。

要求:胯下运球的击地点要在垂直于胯下的地面上。运球手的"送球"及接球手的"迎球"与"引球"动作要连贯,配合要紧密。

(3)连续跨跳步胯下运球练习。

方法:学生成体操队形,两脚前后开立,做胯下运球的同时,原地做前后脚交换的跨跳步,同时再做胯下运球。连续进行。

目的:纠正胯下运球时手脚配合不协调的错误。

要求:做胯下运球练习,球击地的同时,脚跨跳步前后交换并注意手与脚的配合时间。运球要拍按球的侧面,使球横向运行。

3. 变换法

(1)连续胯下运球练习。

方法:学生大步向前慢走的同时左右手连续做胯下运球。

目的:纠正胯下运球的击地点不正确及手与脚配合不好的错误。

要求:胯下运球的击地点要在两腿之间,垂直于胯下。后腿向前跨步的同时进行跨步运球。

(2)改变前一个条件练习。

方法:学生成排横队运球慢跑,当听或看到教师的信号时,立即急停做胯下运球练习。

目的:纠正运球时手与脚的配合不协调的错误。

要求:急停时身体重心下降,两腿前后开立稍大些。急停的同时做胯下运球。

第五节　突　　破

扫码观看同步视频

突破是持球者突然启动或以假动作诱惑防守人身体失衡,运用特殊的运球组合技术摆脱对手的防守,以达到个人进攻的目的。它是具有攻击性的进攻手段,是助攻和投篮得分的起始阶段。突破分为原地持球突破和运球突破。原地持球突破又可分为原地交叉步突破和原地同侧步突破两种形式。

一、技术教学与训练方法

持球突破是持球队员运用脚步动作和运球技术快速超越对手的一项攻击性很强的技术。

掌握良好的突破技术和突破时机,既能直接切入篮下得分,又能打乱对方的防守部署,创造更多的进攻机会,增加对手的犯规,从而获得更多的罚球次数,给对方造成很大的威胁。突破与跳投、分球结合运用,进攻就更加机动灵活。

(一)持球突破动作分析

持球突破技术动作主要由蹬跨、侧身探肩、推放球和加速几个环节所组成。

(1)蹬跨:原地持球队员必须迅速、积极有力地蹬地才能迅速起动突破对手。突破时,屈膝降低重心并上体前倾,使重心前移,从而提高移动的水平速度。重心前移与积极有力蹬地相互配合,便能达到迅速起动的效果。

突破时跨出的第一步要稍大些,抢占有利的突破位置,但以不影响前进速度为宜。跨出的脚要落在紧靠对手的侧面,脚尖向着突破方向,以便第二步蹬地加速突破防守。

(2)侧身探肩:上体前移与侧身探肩同时进行。重心向里靠,内侧手臂前摆,迅速占据空间有利位置,便于突破对手和保护球。

(3)推放球:突破前,双手持球于腰胯部位。侧身探肩的同时将球稍向侧前移,同侧手扶球的后上部位,另侧手托球的下部。突破时立即向前下方推放球,要做到球领人,以利于衔接下个动作和发挥速度。

(4)加速:在完成上述动作之后,中枢脚迅速蹬地,加速前进。

蹬跨、侧身探肩、推放球和中枢脚蹬地等环节之间互相衔接,互相促进,才能快速连贯地完成突破。加速是前三个环节的继续,只有熟练地掌握这几个环节,才能较好地掌握持球突破技术动作。

(二)持球突破动作方法

持球突破可分为交叉步突破、顺步(同侧步)突破和后转身突破。

(1)交叉步突破(以右脚做中枢脚为例)。两脚左右开立,两膝微屈,身体重心降低,持球于胸腹之间。突破时,左脚前脚掌内侧迅速蹬地,上体稍向右转,左肩向前下压,重心向右前方移动,左脚向右侧前方跨出,将球引于右侧,接着运球,中枢脚蹬地向前跨出迅速摆脱防守(见图 2 - 31)。

图 2 - 31　持球交叉步突破

(2)顺步(同侧步)突破(以左脚做中枢脚为例)。准备姿势和突破前的动作要求与交叉步相同。突破时,右脚向右前方跨出一步,向右转体探肩,重心前移,右手运球,左脚前脚掌迅速蹬地,向右前方跨出,突破防守(见图 2-32)。

图 2-32　持球同侧步突破

(3)后转身突破(以左脚做中枢脚为例)。背向篮站立,两脚平行(或前后)开立,两腿弯曲,重心降低,两手持球于腹前。突破时,以左脚为轴转身,右脚向右侧后方跨步,上体右转,脚尖指向侧后方,右手向右脚前方放球,左脚内侧迅速蹬地,向球篮方向跨出,运球突破防守。

(三)持球突破技术运用

(1)突破前的假动作要逼真,运用要合理。运用时要考虑到自己所处的位置、与防守队员之间的距离,以及对手的特点等。如持球队员已进入有效攻击区,而防守队员距离较远时,可用投篮做假动作,吸引防守者重心前移或上提,利用对手重心前移或上提的刹那间突破对手。防守队员距离较近时,进攻者可向一侧做传球假动作,吸引防守者向相应一侧移动重心,接着迅速变向从另一侧突破对手。运用持球突破技术时,要与传球和投篮相结合。

(2)正确选择突破路线与合理运用突破方法:突破路线的选择,首先要观察防守的步法,对手采用平步防守时,则选择防守的弱脚的一侧突破。当对手采用前后步或斜步防守时,一般是从防守的前脚的外侧突破。但比赛中还要考虑对方全队的防守部署,当对方已组织好协防阵式时,突破路线就必须考虑对方补防能力。突破方法的使用也要恰当,如防守采用前后步或斜步防守时,持球从防守前脚的外侧突破则用交叉步为宜,若从防守前脚内侧的斜后方突破,采用顺步突破较好。

(3)在攻守对抗中,突破队员既要发挥突破速度,又要善于合理用力,主动对抗,但尽量避免犯规。

(4)持球突破的运用时机:当防守队员重心上提、前移,或防守队员移动能力差时，进攻队员有能力突破对手，可果断突破。利用突破进攻吸引防守，为同伴创造进攻机会。对方队员犯规较多，进攻队可运用突破进攻，以达到杀伤对方有生力量或获得罚球机会的目的。为了扭转当时进攻的被动局面，可利用持球突破打乱对方防守部署，创造良好的进攻机会。

(四)持球突破技术训练方法

在无防守的情况下持球突破动作练习。

(1)原地持球突破练习，掌握交叉步突破和顺步突破的动作方法。

(2)原地持球，用前转身和后转身突破动作练习。

(3)原地持球转身后与交叉步和顺步突破结合运用练习。一般情况下，前转身多与交叉步结合，后转身多与顺步结合。

(4)向前、侧方抛球，然后跳步接球急停突破练习。

(5)熟练掌握突破技术后，结合突破前运用假动作的练习，提高运用动作的变化能力和动作的转换速度。

(五)运球突破动作分析

运球突破技术动作主要由悬浮球观察、诱骗防守人重心、加速突破几个环节所组成。

(1)悬浮球观察：运球突破时首先应观察判断防守人的位置和距离，寻找适宜的突破时机。球应尽可能在手中较长时间悬浮，便于观察和做好突破准备。

(2)诱骗防守重心：应通过各种连续的运球组合结合大幅度的拖曳步，诱骗防守人重心左右或前后偏移，从而制造出运球突破的机会。

(3)加速突破：在完成上述动作之后，后侧脚迅速蹬地，加速前进，快速有力变向运球，降低身体重心，侧身探肩保护球。

(六)运球突破技术运用

(1)突破前的悬浮球时间要长，结合拖曳步运球或急起急停运球调动防守队员重心左右或前后移动，拉开与防守人之间的距离，形成攻守双方位置差，便于做各种变向突破。运球时身体应随球的移动方向一同做俯身突破假动作，诱骗防守人重心，视线随时观察防守人的身体和脚的位置，若出现位置差，应立即加速或变向突破对手防守。

(2)正确选择突破路线与合理运用突破方法：突破路线的选择，首先要观察防守的步法，对手采用平步防守时，则选择防守的弱脚的一侧突破。当对手采用前后步或斜步防守时，一般选择从防守的前脚的外侧突破。

(3)突破防守人后，防守人形成侧位防守时，应持续加速运球，并用护球手和身体主动对防守人进行挤靠，抢占最佳突破上篮路线。

(七)运球突破技术训练方法

(1)传统突破方法:急起急停突破、犹豫步突破、体前变向突破、胯下运球突破、背后运球突破、后转身运球突破等。

(2)现代主流突破方法:坠步突破,体前、胯下拖曳步突破,双体前变向突破,变向误导突破,剪刀步突破、shamgod(山姆高德)突破,挖步突破,“拜佛”突破,等。

二、易犯错误与纠正方法

(一)易犯错误(以左脚为中枢脚为例)

(1)始终原地运球,无拖曳运球,无法有效调动防守人重心偏移。

(2)交叉步突破时球没有在前脚的侧前方,中枢脚脚尖向左偏移。

(3)突破时侧身,压肩不够,身体重心高,后蹬无力。

(4)放球晚,中枢脚离地过早形成带球走违例。

(5)突破后有恐惧心理,形成绕切的动作,不抢占最佳进攻路线。

(二)纠正方法

1. 讲解示范法

(1)反复分析转胯、侧身探肩、推放球、加速四个环节的方法要领,使学生建立正确的动作概念。

(2)多侧面位置示范及正误对比示范。

2. 诱导法

(1)对照镜子的模仿诱导练习。

方法:学生在大镜子前与技术动作较好的同学一起做持球突破的模仿练习,以此观察、分析、对比错误动作所在,达到相互学习目的。纠正持球突破,交叉步跨步落地时右脚尖向左转体,球没有放在前脚侧前方及侧身压肩不够的错误。

要求:蹬跨积极、有力,落地后脚尖指向前进方向。持球突破必须侧身、压肩,降低身体重心,为后蹬加速创造有利条件。持球突破跨步落地的同时将球放在前脚的侧前方,并注意保护球。

(2)帮助性练习。

方法:学生两人一组相对站立,相距约一米,一人持球进行模仿练习,一人做障碍进行帮助练习。

目的:纠正持球突破时有恐惧心理,形成绕切及球没放在前脚的侧前方的错误。

要求：持球突破时跨步积极，侧身紧靠对方（要用身体轻微的接触对方），跨步脚落在对方脚的侧方，球放在跨步脚的侧前方。

(3)信号诱导练习。

方法：学生成一排横队，根据教师口令做如下动作。口令“一”，跨步落地的同时放球。口令“二”，蹬地还原。

目的：纠正放球晚，中枢脚离地早而形成带球跑的错误。

要求：持球突破时蹬地、跨步积极、有力。跨步落地的同时放球于脚侧前方。

3. 限制法

(1)借助障碍架限制练习。

方法：学生在三分线外的45°处成一路纵队，距排头学生一米远放一个T字形障碍架（或由人用两手侧平举站立代替）进行持球突破练习。

目的：纠正侧身压肩不够，身体重心过高的错误。

要求：①持球突破时要尽量靠近障碍架，不得绕切；②降低身体重心，不要碰上障碍架的顶端。

4. 变换法

增加练习难度。

方法：学生两人一组，一人持球突破，一人消极防守（贴身侧位防守）。持球突破速度不要很快，但身体要用力。防守者根据进攻者的突破路线移动。

目的：纠正持球突破时有恐惧心理，形成绕切的错误。

要求：持球突破跨步放球时要紧靠对方身体并设法干扰对手，当防守人紧跟移动时，要用身体紧靠对手，不给对方以弥补防守位置错误的余地。

第六节 防守对手

一、技术教学与训练方法

扫码观看同步视频

防守对手是防守队员合理地运用防守动作，积极抢占有利位置，破坏和阻挠对手的进攻意图和行动，以争夺控制球权为目的。要达到上述目的，必须树立勇猛顽强的作风和积极防御的指导思想。防守时应该把防守位置、防守姿势和防守动作（脚步移动、身体和手臂动作等）结合起来，防守对手是个人防守技术，也是集体防守的基础。因此，在教学与训练中应重视提高个人技术，促进集体防守战术与进攻技、战术的全面发展和提高。

防守对手的两种形式:防守无球队员和防守有球队员。

(一)防守无球队员

在比赛中,防守队员绝大部分时间(约占全部防守时间的70%~80%)是防守无球队员,这充分说明了它的重要性。它的主要任务是尽可能不让对手在有效攻击区内接球,或使对手勉强接球后处于被动地位。防守队员及时判断对手的位置及其与球和篮的位置关系,并随对手的切入方向、球的转移和是否有掩护等,合理运用防守动作,阻截对手进入有利攻击区和习惯位置,隔断对方重要的配合位置和区域间的联系,并尽可能抢断传向自己对手或传越自己防区的球,力争主动,以达到破坏进攻,争得控制球权的目的。

(1)防守无球队员的基本要求。

1)坚持防守的攻击性和破坏性。防守中要精神高度集中,士气高昂,在规则允许的情况下尽可能地使防守动作凶猛、有力。

2)防守队员必须随时抢占人球兼顾的有利位置,要做到内紧外松,近球紧、远球松,松紧结合。

3)防止对手的摆脱空切,不让对手在有效攻击区和切向篮下接球,阻截对手的移动接球路线。尽可能破坏对手接球后的身体平衡,迫使对手即使接到球,也难于衔接下一个进攻动作。

4)要及时果断地进行协防配合,帮助同伴防守对方威胁最大或持球进攻队员,要有随时补防、夹击和换防的集体防守意识和能力。

(2)防守无球队员的基本方法。

1)防守位置:防守时,位置选择非常重要。正确合理地占据有利位置,是使防守主动的重要条件。防守队员要根据对手、球篮和球的位置与距离,以及对手的身高、速度、进攻特点、战术需要和防守队员自身防守能力来选择防守位置和距离。就一般情况来说,防守队员为了做到人球兼顾,应与球和对手保持一定的角度和距离。站位于对手与球篮之间偏向球一侧的位置上。与对手的距离要看对手与持球人距离而定,一般离球近则近,离球远则远些。如对手速度快,要离对手稍远些。对手离球近又在篮下,要贴近对手防守,还可采用绕前防守。总之,防守队员选择防守位置距离和角度,要以能控制对手的行动和随时能协助同伴防守为原则。

2)防守姿势:正确的防守姿势能保证扩大控制面积和及时向不同方向移动。选择防守姿势与对手和球距离远近有关。

3)强侧防守:防守距离球较近的对手时,经常采用面向对手侧向球的斜前站立姿势。靠近球侧的脚在前,屈膝,重心在两脚之间,便于随时起动,堵截对手摆脱移动的接球路线。伸右侧手臂，拇指朝下，掌心向球，封锁传球路线，干扰对手接球。特殊情况下，为了不让对手接球，在弱侧防守时也可采用这种防守姿势。

4)弱侧防守：防守距离球较远的对手时，为了便于人球兼顾和协防，经常采用面向球、侧向对手的站立姿势，两脚开立，两腿稍屈，两臂伸于体侧，掌心朝上。密切观察球、人的动向。

5)防守动作：防守时，防守队员要根据球和人的移动，合理地运用上步、撤步、滑步、交叉步、碎步和快跑等脚步动作，并配合身体动作抢占有利防守位置，堵截其摆脱移动路线。与对手发生对抗时，重心下降，双腿用力、两腿屈肘外展，扩大站位面积，上体保持适宜紧张度，在发生身体接触瞬间发力，主动对抗。合理使用手臂动作不仅能扩大防守空间，干扰对手视线，还能辅佐保持身体平衡，快速移动，抢占有利位置。

防守位置、姿势与动作三者间有其密切的内在联系。不同位置、不同姿势、不同动作的有机结合、运用与变化，构成了完整的防守。

(3)防守无球队员的技术运用。

1)防纵切：应及时偏向球侧错位防守，抢前移动，合理运用身体堵截纵切路线，同时伸出左臂封锁接球，迫使对手向远离球方向移动。当进攻队员向上摆脱做要球假动作后纵切(亦称反跑)时，应迅速下滑步、面向贴近对手，同时转头伸左臂封锁接球。此时，也可以撤前脚后转身，面向持球队员，伸右臂封锁接球，利用左手或身体接触对手。

2)防横切：进攻队员从场地两侧向中路横切时，应合理运用身体堵截，同时伸左臂封锁接球，不让其从自己身前横切要球。如果对手变向沿底线横切时，应面向贴近对手迅速撤步、滑步，同时转头，伸右臂封锁接球，不让其在限制区内接球，迫使其向场角移动。亦可撤左脚后转身面向持球队员移动，然后再上右脚前转身，伸右臂封锁接球。

3)防溜底：当进攻队员直接从底线横切(亦称溜底线)时，开始面向球滑步移动卡堵对手，以身体某部位接触对手，跟随其移动，同时伸左臂封锁接球。待对手移过纵轴线进入强侧时，迅速上右脚前转身贴近对手，伸右臂封锁接球，将对手逼向场角。

防空切的主要目的是卡堵对手离球近的一侧，切断其向球空切接球路线，迫使其远离攻击区。

(二)防守有球队员

防守有球队员的主要任务是尽力干扰和破坏其投篮，堵截其运球突破，封锁其助攻传球，并积极拼抢，打、断球以达到控制球权的目的。

（1）防守有球队员的基本要求：

1）要及时抢占对手与篮之间的有利防守位置。

2）要观察判断对手的进攻意图，合理地运用防投、运、突和传等技术，不要轻易被对方假动作所迷惑。

3）要及时发现对手的进攻技术特点，采取有针对性的防守策略和行动。

4）要在对手运球停止时立即上前封堵。

（2）防守持球队员的基本方法见图 2－33。

图 2－33　防守有球队员

1）防守位置：当对手有球时，应站位于对手与篮之间的位置上。一般对手离篮近则应靠对手近些，离篮远则靠对手远些。特别要根据对手的技术特点（善投、善传或善突）以及防守战术的需要调整防守位置。

2）防守动作：防守动作是指防守中所采用的基本步法和身体及手臂动作。由于持球队员的进攻特点、意图及与篮的距离不同，防守有球队员的技术动作也有所不同。一般可分为接近对手（从防无球到防持球的转换）、站立姿势和防守移动三部分。

3）接近对手：根据对手接球时所处的情况，一般可选择两种步法。在对手接球的一瞬间尚未进入攻击状态时，运用碎步或跳步急停突然逼近对手，平步站位，不给其实施攻击动作的机会，并限制其行动。要求做到行动果断，球到人到，动作有力，保持身体平衡。

当对手接球处在即刻攻击状态时，采用滑步接近对手。要求动作短而快地接近对手，用前脚同侧手臂干扰球。重心应偏向后脚，随时准备用撤步、滑步堵截对手突破。

4）站立姿势。

平步防守：两脚平行站立，两手臂侧伸不停挥摆。这种方法防守面积大，攻击性强，便于向左右移动，适合于贴身防守运球、突破。对手运球停止时，封堵传球，以及进行夹击防守配合均可运用平步防守。

斜步防守：两脚前后站立，前脚同侧手臂向前上方伸开，另一手臂侧伸。这种防守姿势便于前后移动，对防投篮比较有利。

5)防守移动：防守有球队员的脚步动作与站立姿势有直接关系。其中最常用的移动步法有平步站立—横滑步，斜前站立—撤步、后滑步，还有撤步、滑步—交叉步追堵。

平步站立—横滑步：平步站位接横滑步是控制对手运 球突破、跨步转身时采用的主要移动步法。

斜前站立—撤步、后滑步：当接球队员从防守者前脚一侧运球突破，防守者向斜后方撤前脚接滑步控制对手。

撤步、滑步—交叉步接滑步：是在上述防守中几乎或已经落后对手的情况下进行快速移动，追堵对手重新获得合理防守位置的移动步法(在全场紧逼防守中运用较多)。

(3)防守有球队员的技术运用。防守时，防守队员要根据进攻队员的技术特点及与球篮的距离，合理运用各种移动步法，随时抢占有利的防守位置，积极挥动手臂干扰和封盖对手的投篮、传球和运球，合理运用身体动作堵截对手的突破路线。

1)防守投篮较准的对手时：首先应采用贴近防守的方法，让其难以投篮出手。其次是根据其投篮技术运用的特点采取针对性防守。如果对手习惯向右脚侧起跳投篮，防守队员可以上左脚，伸左臂进行阻挠和破坏，迫使其改变习惯的投篮动作。

2)防守对手运球突破时：积极移动，两臂侧下伸出扩大防守面积，堵截其运球突破路线。防守中应遵循两条原则：一是堵中路迫使其向边、角运球；二是堵强手迫使其用弱手运球。防守持球突破能力较强的对手时，要根据对手习惯、技术特点(中枢脚、突破方向、假动作等)来采取相应对策。如对手习惯以右脚为中枢脚，又经常从防守队员的左侧交叉步突破时，防守队员应采用侧重堵左放右的策略，用稍偏向左侧的平步防守或用左脚在前的斜前步防守堵其右脚侧，迫使其无法做习惯性突破，以削弱其攻击力。

3)防善于助攻传球的对手时：防守队员要积极阻挠其传球。防守时要根据其位置和视线，判断其传球意图。防守队员有时应上前贴近对手，挥动手臂封锁其传球，迫使其向无攻击威胁的位置传球；有时可向后撤步，协助同伴防守，使对手不能顺利传球给处在有利位置的进攻队员，同时要伺机抢断球。

4)在防守有球队员过程中，始终要有伺机抢、打、断球的意识。抢、打、断球时要判断准确，动作突然、快速、准确。注意保持好身体平衡，避免被对手摆脱或犯规。

(三)防守对手的教学建议与训练方法

(1)教学建议。在防守训练中,首先要树立“积极防御”的指导思想,培养积极主动的防守意识和不怕苦、不怕累,勇猛顽强、勇于拼搏的防守作风。

教学训练顺序:先教单个技术,再教组合技术;先在消极对抗情况下练习,后在积极对抗的情况下练习。防守技术要结合防守战术配合进行训练。要特别重视加强从防无球到防有球,从防有球到防无球,从防强侧到防弱侧,从防弱侧到防强侧的转化训练。

(2)训练方法。

1)选择防守位置练习:进攻队员在外围传球,可做摆脱接球动作,但不能穿插、掩护。防守队员根据球的位置做相应选位,积极防守摆脱接球,反复练习数次后,攻守交换。

要求:根据球的情况随时调整防守位置,始终做到人球兼顾,保持正确防守姿势。

2)一对一脚步移动练习方法:将队员分成二人一组,一攻一防,相距 2～3 米,进攻队员抛接球,防守队员迅速逼近对手,进攻者向左右运球突破,防守者做横滑步堵截。防守队员可以练习逐步接近对手,进攻队员开始做投篮动作,然后突然突破,防守者做撤步、滑步堵截。

要求:防守队员要做到判断准确,反应敏捷,移动快速。

3)半场一对一攻防练习:一人接球进攻,一人防守。进攻队员可做投篮、运球和突破动作,防守队员练习防投、运、突的上步、撤步、滑步及伸臂干扰封盖等动作。攻、防逐步增加对抗强度。

4)全场一对一攻防练习:进攻队员运球突破,防守队员运用各种步法积极移动,保持有利防守位置并伺机抢、打球。一旦防守者被突破超越时,迅速运用撤步、交叉步追防,力争尽快重新占据合理防守位置。

要求:防守队员应始终与进攻队员保持一臂内距离,遵循堵中路、堵强手的原则。

5)半场三对三综合防守练习:进攻队员可以进行传、切、投、突等动作,防守队员根据对手从有球转入无球、无球到有球、强侧到弱侧、弱侧转入强侧的不同情况进行积极防守练习。

要求:及时调整防守位置,始终保持正确的防守姿势,合理运用防守动作。

二、易犯错误与纠正方法

(一)防守无球队员易犯错误

1)防守位置的选择不正确,没有随时抢占人球兼顾的有利位置。

2)防守时“松”与“紧”的结合不好,没有做到近球紧、远球松。

3)防对方摆脱时,没有及时堵截对手的移动接球路线。

(二)防守无球队员纠正方法

(1)讲解示范法。

1)通过反复讲解使学生建立正确的防守无球队员概念。

2)多做分解示范,使学生看清楚防守位置选择,防守的姿势,及如何防守对方摆脱接球等动作方法。

(2)诱导法。

1)“影子”练习。

方法:学生两人一组,面对站立,相距一米,一攻一守,进攻者沿边线跑动,跑动时可随时做折回跑、转身、起动变向跑等动作,防守者要像“影子”一样,紧随进攻者做相应的防守动作,不得让对方摆脱。

目的:纠正防摆脱时没有及时堵截对方移动接球路线的错误。

要求:①移动中要随时判断对方的跑动方式和路线;②防守者要始终与对手保持一米左右的距离。

2)语言诱导练习。

方法:教师在罚球弧中间持球站立,学生两人一组,一攻一防。进攻者向罚球线处慢跑要球,然后变方向慢跑到场角要球,防守者则根据教师所喊的“近球紧”“远球松”的信号,始终与对手保持正确的防守位置与距离。

目的:纠正防守位置不正确,没有做到近球紧,远球松,没有随时抢占人球兼顾的有利防守位置基本防守要求的错误。

要求:当进攻者向罚球线角下跑动要球时,防守者要用靠近对手的异侧脚在前,堵截对手的摆脱接球路线。当进攻者移动到场角时,要采用面向球侧向对手的平行站立姿势,并与对手保持一定的防守距离。

(3)限制法。

1)进攻者固定站位练习。

方法:进攻队员固定站位两侧的45°各一人,弧顶一人,左(右)场角一人,由一人防守右(左)侧45°的进攻者,其余三位进攻者不加防守。进攻队员进行相互传球,防守人根据球的转移随时调整自己的防守位置。

目的:纠正防守位置不正确,没有随时抢占人球兼顾的合理位置及没有做到近球紧,远球松防守要求的错误。

要求:防守者要在对方转移球的同时,及时调整自己的防守位置。要做到人球兼顾、近球紧远球松的防守要求。

2)限制进攻者的摆脱空切路线练习。

方法:练习前,预先在场地上画出固定的攻防队员落位地点及移动路线。防守者根据对手的空切路线及时抢占有利的防守位置。

目的:纠正防摆脱时没有及时堵截对手的移动接球路线的错误。

要求:始终保持正确的防守姿势与位置。当对方摆脱纵切时,要积极抢前移动,伸出手臂阻截对方的移动接球路线。当防横切时,要上步堵截,不让其从自己前方切入。

(三)防守有球队员易犯错误

1)防守时的位置、距离的选择不恰当。

2)防守者没有根据对手运球和原地持球动作而采取合理的防守动作。

3)防守者不能及时地观察、判断对手的进攻意图。

4)防守时身体重心太高,不便于随时移动。

(四)防守有球队员纠正方法

(1)讲解示范法。

1)通过反复讲解防守的基本要求和基本方法,使学生建立正确的防守有球队员的基本概念。

2)多做分解示范,使学生看清楚防守的位置、距离,根据进攻者不同的进攻行动采用不同的防守动作。

(2)诱导法。

1)防守位置、距离的诱导练习。

方法:固定三人在罚球线两侧和弧顶原地持球站立,其余学生成一路纵队,依次在三个距球篮不同距离的持球者面前做防守位置与距离选择练习。

目的:纠正防守位置、距离选择不恰当的错误。

要求:防守者移动到每个持球者面前,都要站在对手与球篮之间的防守位置上。根据持球者与球篮距离的远近,保持合理的防守距离。

2)帮助性诱导练习。

方法:学生两人一组一球。持球人原地做运球、持球、准备投篮的动作,防守者根据对手所做的动作,做相应的防守动作。

目的:纠正没有根据对手运球和原地持球的动作而及时采取合理的防守动作的错误。

要求:当进攻者原地运球时,防守者要两脚平行站立,两手臂侧伸不停地挥动。当进攻者原地持球准备投篮时,防守者要采取两侧斜前站立,前脚同侧手臂向斜上方伸出的动作进行防守。

(3)限制性练习。

方法:学生三人一组,一人原地持球,做慢速运球,一人防守。防守者要始终保持膝关节弯曲,两眼平视盯住对方胸部高度,用余光看对方的球。另一人则跟在进攻者身后,看防守人的身体重心的高低,随时提示防守者降低重心,限制其错误动作的产生。

目的:纠正防守时身体重心太高,不便于随时移动的错误。

要求:在防守移动中,防守者要随时降低重心。防守者要注意手部动作与脚步动作的配合运用。

(4)变换法。

1)减慢攻守速度练习。

方法:两人一组一球。一人做慢、中速的运球,另一人做防守练习。

目的:纠正防守的位置、距离选择不恰当,防守时重心太高的错误。

要求:防守者要与对手保持较近距离。防守者要始终降低身体重心,要用脚步动作堵截其运球突破路线,迫使对手改变运球方向或停止运球。

2)提高练习难度练习。

方法:学生四人一组,三个进攻者,一个防守者。进攻者分别轮流进行投篮、持球突破、运球突破的进攻练习,防守者连续对以上三个进攻者进行针对性防守。

目的:纠正不能及时观察、判断对手进攻意图的错误。

要求:随时与进攻者保持正确的防守位置与距离。根据对手的进攻特点,采取合理的防守动作及有针对性的防守行动。

第七节　抢球、打球、断球

一、抢球、打球、断球技术教学与训练

抢球、打球、断球是攻击性很强的防守技术,是积极防守战术的基础。防守时,不仅要干扰和阻挠对方传球、运球和投篮,而且还要力争在对方投篮之前,从对方手中把球抢过来转守为攻。大胆、果断、准确地运用抢球、打球和断球技术,不仅可以破坏对方的进攻,而且还可以鼓舞本队的士气,为反击快攻创造有利的先机。

扫码观看同步视频

(一)抢球、打球、断球技术分析

有效地抢球、打球、断球,是建立在准确的判断、快速的移动及合理的手部动

作的基础上的，也是同伴之间相互协作的结果。

1)准确地判断就是首先看准球的所在位置。球的移动路线、球的速度以及球到的位置，了解对方的配合、意图及习惯动作，然后不失时机地、准确地出击。

2)迅速的移动就是移动的步频要快，起动要突然。不管抢球、打球或断球，突然性很重要。突然跃出，接近对手，才能使对方猝不及防。

3)正确的手部动作，是获得球的重要因素。比赛中，在看准时机时，手臂的伸、拉、挡、截，手腕和手指的拍击、点拨、扭转、封盖等动作，要迅速果断。手臂动作幅度不要太大，身体用力不要过猛，要控制身体平衡，以免犯规。

抢球、打球、断球不成功时，要以最快的速度恢复正确的防守姿势并重新选位。

(二)抢球、打球、断球技术方法

1. 抢球

抢球是从进攻队员手中夺取球的方法。抢球时，首先要判断好时机，在持球队员思想松懈或没有保护好球而使球暴露得比较明显时，迅速接近对手，以快速、敏捷、有力的动作，把球抢夺过来。抢球时手部的动作方法有两种(见图2-34)。

(1)拉抢：防守队员看准对手的持球空隙部位，迅速用两手抓住球后突然猛拉，将球抢过来。

(2)转抢：防守队员抓住球的同时，迅速利用手臂后拉和两手转动的力量，将球从对方手中抢过来。

抢球时，为了加大夺球的力量，可以利用转体动作，迫使对方无法握球。如果抢球不成功，应力争与对手造成“争球”。

(3)抢球的主要时机有：当对方刚接到球时；当对方持球转身时；当对手跳起接球下落时；当对方运球停止时；当持球队员只注意防守他的队员，而忽略其他防守队员时。

图2-34　抢球

2. 打球

打球就是击落对方手中球的方法。当进攻队员持球、运球、投篮时，防守队员的脚步可以快速移动，抢占有利位置，掌握好时机，进行打球。打球时，动作不可过大，用力不要过猛。

(1)打持球队员手中的球：当进攻队员接到球的一刹那，保护球保护得不好或因观察场上情况而失去警惕时，防守队员突然上步打球。进攻队员持球部位较高，一般采用由下而上的方法打球。打球时，掌心向上，用手指和指根击球的下部(见图 2-35)。如持球较低，则多采用由上而下的方法打球。打球时，掌心向下，用手指和手掌外侧击球的上部。

图 2-35　打持球队员手中的球

(2)打运球队员手中的球：以右手运球为例，当运球队员向前推进时，防守队员用侧后滑步移动，用右手臂堵住运球队员左面，防止他向自己的右侧变向运球，左手臂干扰运球，当球刚从地面弹起且尚未接触运球队员的手时，及时用手，以短促的手指手腕和前臂的力量从侧面将球打出，并及时上前抢球。

如运球队员从防守队员右侧突破时，防守队员可以以左脚为轴立即前转身，右脚跨出一大步，在运球队员的背后用手指手腕和向前伸臂的抄打动作击球的后侧部，将球打出。

(3)打行进间投篮队员手中的球：进攻队员运球上篮时，防守队员要随之移动，当运球队员跨出第一步时，贴近持球人，当他合球跨出第二步试图举球时，迅速移动到他的左侧稍前方，用手从他的胸部向下将球打落(见图 2-36)。

图 2-36　打行进间投篮队员手中的球

在打球过程中,防守队员的脚步应伴随投篮队员移动,保持适当的距离,这样才能取得有利的打球位置和掌握打球的时机。

(4)盖帽:当投篮队员的球刚离手的一刹那或球飞向篮圈而未下落时,防守队员立即跳起将球打落,称为盖帽。盖帽前,要根据进攻队员的投篮动作及其身高和弹跳等特点,迅速接近进攻队员,选择好恰当的位置,准确地判断球的出手时间,及时起跳将球打落(见图 2-37),运用盖帽技术时,应注意以下几点。

1)位置的选择:盖帽之前,与进攻队员之间的距离,要看进攻队员是处在内线还是外线,是面向球篮还是侧向球篮。对方离篮较近或侧向球篮时,一般距对方 30~40 厘米,如果对方离篮较远或面向球篮时,可离他较远些,一般在 50 厘米左右或更远些。除此之外,还要考虑双方的身高、弹跳和伸展能力。总的来说,对手伸臂投篮时,防守队员可以碰到球,这是最适合的距离。

2)起跳时间:当进攻队员起跳时,立即随之起跳或晚些起跳都不是最佳起跳时间,做到不早不晚,恰到好处,这取决于对手对防守的判断。眼睛要多注意球的移动,不要被对方假动作迷惑。防守出手慢的队员,起跳时间可适当晚些,对出手动作快的队员,可以早些起跳。打不到球,也给对方一个威胁影响其投篮动作和出手角度。

3)打球动作:起跳后,身体伸展,手臂高举,当对方球出手时,用手腕动作将球拍出或打掉。

当进攻队员运球上篮、防守者在侧面追防时,一般可用单脚起跳、从侧面盖帽、如果迎面防守,一般可用上步或垫步双脚起跳,从正面盖帽。打球时,动作不可过大,用力不可过猛,以防止侵人犯规。

图 2-37 行进间投篮时的盖帽

3. 断球

断球是截获对方传接球的方法。根据传球方向和防守队员断球前所处的位置，一般分为横断球、纵断球和封断球三种。

(1)横断球：是从接球队员的侧面跃出截获球的动作。断球时，屈膝，身体重心下降，准备起动。当球刚由传球队员手中传出的一刹那突然起动，单脚或双脚用力蹬地跃出，身体伸展，两臂前伸，将球截获。如距离较远，可加助跑起跳。

(2)纵断球：是从接球队员身后或侧后跃出截获球的动作。当防守队员从接球队员的右侧向前断球时，右脚先向右侧前方跨出半步，然后侧身跨左脚绕到接球队员的前方，左脚或双脚用力蹬地向前跃出，身体伸展，两臂前伸，将球截获。

(3)封断球：是在封堵持球员传球时截获球的动作。当持球队员暴露了自己的传球意图，或传球动作较大时，防守者可在对方球出手的一刹那，突然起动，伸臂封盖或将球截获。

(三)抢球、打球、断球技术训练方法

1. 抢球练习

(1)体会抢球动作：两人一组，相距 1.5 米，面对面站立，一人双手持球于腹前，另一人按抢球的动作要求，突然上步将球抢夺回来。持球队员由正常握球开始，逐渐加大握球力量，使抢球队员体会和掌握拉抢和转抢的动作方法。每人抢若干次后，攻守交换练习。

(2)体会持球者摆动球时的抢球时间：三人一组，二人相距 1 米，中间一人持球向两侧摆动，两侧无球队员根据球的部位，及时抢球。然后持球队员逐步改做转身跨步和摆脱护球动作，另外两名队员伺机抢球。完成一定次数后，攻守轮换练习。

(3)抢地滚球：队员在端线两侧站二列横队正面相对。教练员在端线中点向场内抛球，左右对应的两个队员快速冲向球，抢到球的队员向对面篮筐进攻，未抢到球的队员进行防守，依次轮流进行练习。为了练习快速反应，可以把两边的队员编上号，当教练员喊到某一号时，两边同号队员立刻起动抢球，抢到球者进攻，未抢到球者防守。要求队员反应要快，敢于拼搏，培养良好的战斗作风。

(4)抢空中球：三人一组，一人持球与其他二人对面站立，距离 3～4 米，持球队员将球抛向空中，另外二人迅速起动、选位、起跳、抢球。要求：起动快，选位好，起跳及时，抢球要猛。落地后保护好球，迅速转换下一个动作。

2. 打球练习

(1)接球时的打球：二人一组，距离 1.5 米，面对面。持球人把球传给另一队员后，立即上步打球。二人轮流打球练习。要求：上步快，手脚协调配合，打球动作要短促有力。

(2)抢篮板球下落时的打球:二人一组,站在篮下,一人将球抛向篮板,另一人跳起抢篮板球,当他得球下落转身时,投球人立刻打球。二人轮流进行打球练习。

(3)正面打运球队员的球:在半场或全场的一攻一守练习中,防守队员紧紧跟随运球队员,当球刚从地面弹起的时候,突然打球。二人轮流攻守练习。

(4)从背后抄打运球队员的球:二人一组,一人持球突破,一人防守。当进攻队员持球突破的一刹那,防守队员利用滑身上步,从运球队员身后,用靠近运球的手由后向前抄打球,然后上步抢球。二人轮流练习打球。

(5)原地或原地跳起投篮时的盖帽:二人一组,正面相对,距离1.5米。一人投篮,一人练习盖帽,二人轮换练习。当原地投篮球出手时或跳起投篮起跳时,随之跳起,用前臂和手指手腕的力量将球打落。

(6)行进间上篮时的盖帽:二人一组,进攻队员运球上篮,防守队员追防,当他起步投篮时,在球出手的一刹那,防守队员随之在其侧方将球打落。二人轮流练习。

3. 断球练习

体会断球动作:二人传球,二人在侧面或后面练习断球,体会横断球和纵断球的步法和手臂动作、攻守交换练习。要求:开始练习时,传球距离远些、速度慢些,防守者距进攻队员近些,然后逐步加大难度。

二、易犯错误与纠正方法

(一)抢球技术

1)反复强调抢球时,首先要判断好时机,在持球队员思想松懈或没有注意保护球时,迅速接近对手,以快速敏捷的动作将球抢过来。

2)抢球时要充分利用转体的动作,迫使对方无法握球。

3)多做侧面示范及正误对比示范。

(二)训练方法

(1)诱导法。

1)集体徒手模仿练习。

方法:学生成体操队形,面对教师站立。教师持球交替做原地自抛跳起接高球、持球转身、原地运球停止的动作,学生根据教师所做动作进行模仿抢球练习。

目的:纠正学生抢球时机判断不准确、动作幅度大、突然性不够的错误。

要求：要随时判断抢球时机，根据教师所做的不同动作，在教师持球停止的一瞬间，果断地做出抢球动作。在抢球前要有突然接近对手的动作，抢球动作的幅度要小、突然性要强。

2）两人徒手模仿练习。

方法：两人一组一球，同时都伸出手臂用双手握住，根据教师的信号，同时进行抢球。

目的：纠正抢球的突然性不够、手臂与身体的配合不协调等错误。

要求：当听到教师所给的抢球信号时，运用突然猛拉或用两手转动及转体的动作进行抢球。

(2)变换法。

方法：学生三人一组一球，一人传球，一人接球，一人抢球。传球者向接球人做高吊传球，接球人跳起接球并持球于胸前，然后交替做一次后转身和前转身动作，抢球人根据对方的持球动作，进行抢球练习。

目的：纠正抢球时机判断不好、动作幅度大、突然性不够的错误。

要求：当接球人跳起接球下落时及对方持球转身时，看准时机进行抢球。抢球时要迅速接近对手，以快速敏捷的动作把球抢夺过来。

(三)打球技术易犯错误

1）打球时机判断掌握不准确，行动不果断。

2）打球时不是以手腕的短促动作拍击球，抡臂动作过大。

3）打行进间投篮队员手中球时，没有伴随投篮队员移动，保持适当的位置、距离。

4）打球队员进行盖帽起跳后，身体、手臂没有伸展，封其投篮出手角度。

(四)打球技术纠正方法

(1)讲解示范法。

1）教师针对打持球队员手中球、打运球队员手中球、打行进间投篮队员手中球及盖帽的不同特点，易产生不同错误的动作，反复强调：打球前应与进攻队员保持正确的防守位置与距离；如何判断打不同球的时机；打球时正确的手部动作。

2）多做侧面和正误对比的示范。

(2)诱导法原地模仿练习。

方法：学生成体操队形，根据教师所做的动作，如自抛自接球、原地运球、跳起投篮等，集体进行打持球队员手中球、盖帽球和打运球队员手中球的模仿练习。

目的：纠正打球时机判断不准确、抡臂动作过大、盖帽起跳后身体手臂没有伸展的错误动作。

要求：当教师自抛自接球的一刹那，练习者突然上步做打球模仿动作，动作要小而突然。当教师模仿跳起投篮时，练习者随之跳起，身体伸展，手臂高举，并模仿用手腕指的动作打球。教师原地运球时，当球从地面弹起尚未接触手时，模仿以短促的手指、手腕和前臂的动作从侧面进行打球。

(3)变换法。

1)减慢动作速度和降低难度练习。

方法：学生两人一组一球，一人原地运球，另一人做打球动作练习。两人一组一球，一人原地投篮，另一人做盖帽练习。两人一组一球，一人做行进间运球投篮，另一人做打球练习。三人一组一球，一人做传球，一人原地接球，一人进行打球练习。

目的：纠正学生打球时机判断不准确，打行进间投篮队员手中球时，没有伴随投篮队员移动，保持适当位置与距离，盖帽起跳后身体、手臂没有伸展的错误。

要求：针对不同的打球技术动作，体会技术的运用时机与打球动作。打球时动作要果断、突然、短促有力。

2)变换动作节奏练习。

方法：同1)所述，不同的是进攻队员，时而采用快节奏，时而采用慢节奏，防守队员针对对方的不同节奏，来判断、掌握时机进行打球。

目的：纠正学生打球时机、判断掌握不准确、行动不果断的错误。

要求：打球前要注意观察、判断进攻队员的动作，针对进攻队员的行动，及时采用相应的打球动作。打球时，动作要果断、突然、短促有力。

(五)断球技术易犯错误

1)断球时机判断不好，犹豫不决，行动不果断。

2)断球前，防守位置的选择不适宜，不便于断球。

3)断球跳起腾空后，身体和手臂没有充分向来球方向伸展。

(六)断球技术纠正方法

(1)讲解示范法。

1)针对学生所产生的不同错误，反复强调断球前，身体重心下降，时刻准备起动；纵断球时，（以从对方右侧断球为例），右脚先向右侧前方跨出半步，然后侧身跨左脚绕过对方，同时，左脚（成双脚）用力蹬地跃出；断球起跳腾空后，身体、手臂要向来球方向伸展。

2）多做正面、分解与正误对比示范，对于纵断球还要多做背面示范（注意要看断球的脚步动作）。

（2）诱导法。

1）原地向左右伸展练习。

方法：学生每人一球，成体操队形站立，根据教师口令，将球向左（右）1.5 米远处的侧上方（约头部高度）抛出，同时同侧脚迈出半步，上体、手臂向球的方向伸出将球接住。

目的：纠正断球跳起腾空后，身体、手臂不能充分伸展的错误。

要求：抛球的力量不要太大。模仿断球动作时，身体、手臂尽量向球的方向伸展。

2）两人一组诱导练习。

方法：学生两人一组一球，相距 1.5～2 米，面对站立，持球者向后退走时，向左或右侧抛球，同伴随持球者向前走动小并根据对方的抛球情况迅速起跳横断球。断球队员获球后迅速传给对方，如此连续进行练习。（此练习亦可由持球者向前走抛球、对方后退走进行断球练习）

目的：主要纠正断球时机判断掌握不好、行动不果断的错误。

要求：断球者要时刻准备起动断球，行动要果断。断球队员要随时对持球者所抛的球作出判断。

第八节　抢篮板球

一、抢篮板球技术教学与训练方法

比赛中双方队员争抢投篮未中从篮板或篮圈反弹出的篮球，统称为抢篮板球。进攻队争抢本队投篮未中的球称为抢进攻篮板球；防守队争抢对方未投中的球称为抢防守篮板球。

扫码观看同步视频

随着现代篮球运动的发展，运动员身高和身体素质的不断提高，抢篮板球技术提高很快。比赛中频繁的身体接触、激烈对抗，在争抢篮板球方面表现得尤为突出。当前拼抢篮板球的特点是意识强、拼抢积极、动作凶猛、起跳早、控制空间范围大、争抢人数多,并纳入攻守战术组成部分。

篮板球的争夺是获得控制球权的重要来源之一,是攻守矛盾转化的关键。如果进攻时抢篮板球占优势,不仅可以增加进攻次数和篮下直接得分的机会,而且容易造成防守犯规,给其强有力的杀伤,还可以增强投篮队员的信心、鼓舞全队士气,同时减少对方发动快攻的机会。防守时抢篮板球占优势,不仅能转守为攻,为发动快攻创造有利条件,而且能加重进攻队员投篮的心理压力。因此,一个球队抢篮板球掌握得好坏,对比赛的主动与被动、胜利与失败起着很重要的作用。

(一)抢篮板球技术分析

抢篮板球技术是一项较复杂的技术,虽然抢攻、防篮板球在具体方法上有许多不同,但在抢篮板球技术动作上有共同特点:由预堵顶靠、起跳动作、抢球动作和抢球后动作所组成。

(1)预堵顶靠:抢占有利位置是抢篮板球技术的关键,它对能否抢到篮板球起极其重要的作用。无论进攻队员还是防守队员,都应设法抢占对手与篮之间的有利位置,力争把对手挡在身后。预堵顶靠时,应根据对手和投篮队员所处的位置,正确判断篮板球的反弹方向、距离,运用快速的上步交叉转身,配合身体动作,背部贴靠对手,抢占有利位置(见图 2-38)。

图 2-38　预堵顶靠

抢占有利位置后,一定要考虑球的反弹规律,一般篮板球的反弹规律是:投篮距离与球反弹距离成正比。由于投篮位置、角度的不同,球反弹方向也不同。

许多研究结果表明:①反弹出球的 97% 落在 5.4 米半径内;②从右侧 45°角投篮时,有弹向正中和左侧的倾向;③从右侧 0°角投篮时,有弹向左侧或弹回右侧的倾向;④从正面投篮时,有弹向限制区两侧和弹回正面的倾向。

以上是球反弹的规律，因投篮的力量、角度，球的旋转、弧度以及篮板篮圈的弹性不同，球的反弹也是千变万化，这就需要根据当时的具体情况及时采取合理的动作去抢占有利位置。

(2)起跳动作：抢占到有利位置时，身体应保持正确的起跳准备姿势。起跳前，两腿微屈、重心降低、上体稍前倾、两臂屈肘举于体侧、重心置于两脚之间、观察和判断好球的反弹方向，及时起跳。起跳时，两脚用力蹬地，几乎同时两臂上摆、手臂向上伸、腰腹协调用力、充分伸展身体，并控制身体平衡。抢篮板球以双脚起跳为主，因此要能够在各种情况下做原地双脚起跳，同时要结合滑步、上步、撤步、交叉步、转身、跨步等步法。防守队员一般多采用转身跨步和上步起跳的方法；进攻队员则多采用交叉步摆脱上步双脚起跳的方法。此外，还应掌握向侧上方、后上方和连续起跳的动作。

在准确判断球的反弹方向和落点的基础上，起跳的时间性好、爆发力强、速度快，就能抢先达到最高点，早于对手触及球(见图 2 - 39)。

图 2 - 39　双脚起跳

(3)抢球动作：根据攻、防队员的位置及球的方向，抢球动作可分为：双手抢篮板球、单手抢篮板球和点拨球三种。

1)双手抢篮板球：起跳到空中时，身体充分伸展，两臂用力伸向球的方向。指端触球刹那，双手用力握球，腰腹用力，迅速屈臂将球拉置胸腹部位，同时双肘外展，保护球。高大队员抢到篮板球后，为了防止对手围守，可以双手将球举在头上，双手抢篮板球的优点是握球牢，有利于保持身体平衡，便于衔接其它进攻动作。缺点是不如单手抢球制高点高和控制空间范围大(见图 2 - 40)。

2)单手抢篮板球：身体在空中要充分伸展，达到最高点时，用近球侧手臂尽力向球伸展，指端触球迅速屈指、屈腕，屈肘收臂，将球下拉，另一只手要尽早扶握，护球于胸腹部位。一般在处于对手背后或侧面的不利位置时，可采用这种方法。其优点是触球点高，控制空间范围大。缺点是不如双手握球牢。

3)点拨球：点拨球的技术要领和单手抢篮板球相似，是用指端点拨球的侧方、侧下方或下方，而不是直接抢球。点拨球一般有两种：一是点拨给同伴；二是先点拨到有利自己再起跳抢球的位置。点拨球多在遇到对方身材比较高大或处在不利位置时采用。其优点是触球点高，可以直接补篮和缩短传球时间，便于发动快攻第一传。

图 2-40　双手抢篮板球

(4)得球后的动作：当进攻队抢到篮板球后，首先补篮或继续投篮，如果没有投篮机会，应迅速将球传给同伴，重新组织进攻。防守队员抢到篮板球时，最好能在空中将球传给同伴，创造快攻有利条件。如果在空中不能传球，落地后应迅速传出或运球突破后及时传给同伴。

空中抢得球落地时，两脚分开，前脚掌先着地，两膝稍屈，保持身体平衡。如对手在身体后面，则应把球置于胸腹之前，两肘自然外展护球。如遇对方防守时，则应把球放在对方防守的远侧，运用肩背或转身保护球，防止对方将球打落或抢走。高大队员得球时，可将球置于头上，这样更容易护球(见图 2-41)。

图 2-41　得球后的保护动作

(二)抢篮板球的技术运用

身材高大、弹跳能力好是抢篮板球的有利因素,但并不是唯一因素。在频繁身体接触、激烈对抗的条件下,运动员的旺盛斗志、积极拼抢意识、反应、灵敏和拼抢技巧等都是抢篮板球的重要因素。

(1)抢进攻篮板球:一般进攻队员是站在防守队员的外侧,本身处在不利于直接抢篮板球的位置。因此,当本方队员投篮时,既要及时判断球的反弹方向,又要运用快速的移动步法,配合身体动作,摆脱对手,冲抢篮板球或补篮。

1)篮下进攻队员抢篮板球:当同伴投篮时,靠近球篮的进攻队员,要及时判断球的反弹方向,运用假动作,快速的脚步动作,摆脱防守队员堵挡,及时移向球的反弹方向,迅速起跳,跳到最高点进行补篮或抢篮板球。

2)外围进攻队员抢篮板球:外围队员离篮较远,同伴投篮时稍有迟疑就会失去抢篮板球的机会。因此,外围队员积极的冲抢意识非常重要。每当同伴投篮时,都要有充分的冲抢准备,趁防守不备,突然起动冲向球的反弹方向,进行补篮或抢篮板球。

进攻队员投篮后要养成跟进冲抢篮板球的意识。每当投篮出手后,根据球的反弹方向,趁防守队员转身观察球的一瞬间及时起动冲抢篮板球。

3)抢进攻篮板球的配合与战术组织:在进攻中,有组织、有计划地部署抢篮板球是一种行之有效的办法,这样更有利于靠集体合作的力量共同抢篮板球。考虑到攻守平衡,一般靠近篮下的三名队员主要争抢进攻篮板球。当同伴投篮时,积极抢占限制区两侧和罚球线前的区域,形成三角形抢篮板球阵势。

组织抢进攻篮板球配合时,应使队员养成左投右抢、右投左抢、外投里抢、里投外抢(外线队员向篮下冲抢)和自投跟进冲抢的习惯。

(2)抢防守篮板球:防守队员首先应明确对方抢到篮板球会给本方构成极大的威胁,所以必须增强拼抢防守篮板球的意识。防守队员一定要充分利用自己靠近篮圈的有利条件,养成"先挡人再抢球"的习惯。一旦抢到篮板球,要迅速发动反击。

1)篮下队员抢篮板球:当对手投篮时,篮下防守队员要根据进攻队员的行动,选择不同的挡人方法。因距离篮较近,攻守距离也近,一般多采用后转身挡人。挡人抢位动作应是低重心,两肘外展,抢占空间面积、保持最有力的起跳姿势。挡人主要是为了延误对手抢位起跳,所以转身挡人动作完成后,应迅速起跳抢篮板球。亦可以适时、合理地运用直接冲抢篮板球的方法,抢到球后,力争在空中传球或将球点拨给同伴发动快攻。如果没有空中传球机会,落地同时应迅速观察场上情况,及时传球或突破,充分发挥篮球的攻击作用,不能只是消极地保护球。

2)外围队员抢篮板球:当对方投篮时,外围队员的第一个任务就是要用前、后转身,左、右滑步堵挡对手冲抢篮板球。然后及时判断球的反弹方向,去抢夺篮板球。同样可以适时合理地运用直接冲抢篮板球的方法。

3)区域抢位挡人法:这种方法是部署三名防守队员抢占限制区域两侧和罚球线前三个区域,形成三角形抢篮板球的有利位置。

4)人盯人抢位挡人法:防守方无需像进攻方一样考虑攻守平衡,五名防守队员尽可能挡住各自的对手,切断所有对手向篮下冲抢篮板球的路线,然后抢篮板球。

5)向固定接应点点拨球法:利用向固定接应点点拨球给接应队员的方法争抢篮板球。在提高制高点的同时,还可以充分发挥篮板球的攻击力,提高发动快攻的速度和突然性。

在比赛中,抢篮板球不仅是个人的技术动作,而且是攻防战术的重要组成部分。因此,不但要发挥个人抢篮板球的能力,而且要发挥集体的力量,有组织、有配合地争抢篮板球。

(三)抢篮板球技术教学方法

教学建议:

1)首先应使学生明确抢篮板球在比赛中的重要性,在教学训练中培养积极的拼抢意识、勇猛顽强的作风以及养成"有投必抢"的习惯。

2)抢篮板球是一项比较复杂的技术,初学时,可采用分解教学训练法,先练习原地起跳、抢球,再练习移动、抢位、挡人、起跳抢篮板球的完整技术,并逐渐加大难度,最后在对抗的条件下练习,或在比赛中进行抢篮板球练习。

3)抢进攻篮板球应强化"冲抢"意识;抢防守篮板球侧重强化"挡抢"意识。注意加强攻守修板球的对抗性训练。

4)注意抢进攻篮板球同补篮、投篮技术结合训练。防守篮板球与快攻一传、突破、接应技术结合训练。

5)加强抢篮板球技术与攻守战术的结合训练。

6)注意加强身体素质训练,为在激烈对抗中争抢篮板球打好基础。

(四)抢篮板球技术训练方法

1)起跳和空中抢球练习:此练习强调抢篮板球的起跳准备姿势、踏跳、空中抢球及落地的动作要领。注意要求掌握好起跳时间、在空中保持好身体平衡、身体充分伸展,跳到最高点时用单、双手抢球和保持整个动作的协调性。

练习一：原地连续双脚起跳，单或双手触篮板或篮圈10～20次。

练习二：前、后转身跨步连续起跳，单或双手触篮板或空中标记10～20次。

练习三：自抛自抢，跳到最高点时用单或双手抢球10～15次。

练习四：两人一组，一人向篮板或篮圈抛球，另一人开始面向持球人，然后转身跨步（上步交叉转身）起跳用单或双手抢球。数次后交换练习。

练习五：两人一组，分别站在篮圈两侧，轮换起跳，空中用单或双手将球托过球篮，碰板传给同伴，可连续托举10～15次。

2）预堵顶靠练习：两人一组，相距1米，对面站立，进攻队员运用假动作设法摆脱防守，抢占有利位置。防守队员利用转身设法将攻方挡住，并起跳模仿抢篮板球的动作。做一定的次数后，攻守交换。

3）两人一组，站在距离球篮3米处，一人进攻一人防守。教师在罚球线投篮，开始攻方可以消极移动，防守人练习转身挡人抢篮板球。也可以让防守人消极移动，练习攻方冲抢篮板球。然后逐渐加强对抗性。

4）半场二对二，三对三的抢位练习：要求攻方只许传球、投篮。投篮后，进攻队员积极摆脱对手，冲抢篮板球。抢到球继续进攻，守方则积极挡人抢篮板球。可规定守方抢到5次篮板球后，交换攻守。

5）半场二攻二守，左投右抢的练习：进攻队员分别站在球篮两侧45°角，距离球篮5～6米，如果左侧投篮，右侧进攻队员要积极冲抢篮板球。当右侧进攻队员抢到篮板球，将球拿到右侧6米处进行投篮，此时左侧进攻队员冲抢篮板球。防守队员抢到篮板球，迅速传给靠弧顶的教师。防守队员抢到5次篮板球，攻守进行交换。

二、抢篮板球技术易犯错误与纠正

（一）易犯错误

1）对投篮球的反弹点判断不好，挡人抢位不积极。

2）抢篮板球时起跳不及时（过早或过晚）。

3）抢球时身体、手臂没有充分伸展在最高点接触球。

4）单手抢篮板球时，用力屈腕、屈指，迅速握球不及时、不充分。

5）抢球落地后，没有及时保护球（持球位置过低）。

（二）纠正方法

（1）讲解示范法。

1）重点强调篮板球反弹的一般规律，并根据对手和投篮队员所处的位置，正确判断篮板球的反弹方向、距离，运用快速的脚步动作抢占有利位置。

2)强调抢篮板球起跳后，身体在空中要充分伸展，达到最高点时抢球。

3)多做分解示范，侧面示范及正误对比示范。

(2)诱导法。

1)原地的“空中”抢球动作模仿练习。

方法：学生每人一球成体操队形，并面对教师站立，根据教师口令，练习双手和单手抢篮板球的抢球动作。双手练习握球尽量上举，身体伸展，脚跟抬起，当听到教师所给的信号后，腰腹用力迅速屈臂将球拉置于身前。

单手练习，单手托球尽量上举，身体、手臂充分伸展，脚跟离地，当听到教师口令后用力屈腕、屈指、迅速握球，前臂随之拉球于胸前，另一手护球。

目的：纠正抢球时手臂没有充分伸展，在最高点接触球，单手抢篮板球时用力屈腕，屈指迅速，握球不够的错误。

要求：学生在做此练习的准备动作时，身体手臂要充分伸展，抬头看球，并要有“空中最高点触球的感觉”。双手迅速屈臂下拉球，单手屈腕屈指迅速，握球动作要快而有力。

2)模仿诱导练习。

方法：学生两人一组一球，一人持球站立在高凳上 将球举在同伴跳起能触到球的高度，另一人做抢球动作练习。

目的：纠正抢球时手臂没有充分伸展并在最高点接触球的错误。

要求：抢篮板球时起跳要快，在空中身体、手臂要充分伸展抢球。抢球动作要狠，无论单、双手抢球都要屈腕屈指用力拉球。

3)挡人抢位练习。

方法：学生两人一组，面对中圈站立(一人在中圈外，一人在中圈内)，中圈的中央放一个篮球。练习开始两人同时沿中圈线慢跑，当听到教师的信号时，圈外的学生力争跑进圈内抢球，而圈内学生则利用前、后转身抢位挡住圈外学生不得进入圈内抢球。

目的：纠正抢篮板球前抢位挡人不积极的错误。

要求：圈内学生抢球及时，运用前、后转身挡人。

(3)变换法。

1)改变前一动作条件练习。

方法：学生每人一球，成纵队站在罚球线上，练习时自己将球抛向篮板，然后冲抢篮板球。

目的：纠正抢篮板球时起跳不及时，抢球时身体、手臂没有充分伸展在最高点抢球的错误。

要求:练习者要根据自己抛篮板球的高度和力量,及时上步起跳。抢篮板球时身体、手臂在空中要伸展,抢球动作要有力。

2)改变练习条件(借助辅助器材)的训练。

方法:学生七人一组,五人站在距篮板 5 米左右的 5 个固定点投篮(即两个 45°点,两个 0°点,一个 90°点)。篮圈用封闭器封住,两人在限制区里进行抢篮板球练习。

目的:纠正对球的反弹点判断不好和起跳不及时的错误。

要求:抢篮板球时要根据对方不同的角度、位置的投篮,及时判断球的反弹方向。抢篮板球时起跳要及时,要使身体在空中伸展到最高点时抢到球。

3)对抗练习。

方法:半场二对二或三对三进行对抗抢篮板球练习。

目的:提高抢篮板球的技术运用能力,根据学生所出现的不同错误加以纠正。

要求:对篮板球的判断要正确,抢位要积极,起跳要及时,抢球动作要有力,落地后要注意保护球。

第三章 篮球战术教学与训练

第一节 篮球战术概述

篮球战术是篮球比赛中某一方队员为战胜对手而合理运用技术，相互协调配合，所采取的科学有效的行动和方法。它既可以充分发挥队员的身体特点、技术水平，又可以凝聚整个球队的优点，扬长避短。因此，好的战术可以使球队的实力变得更强。当两队实力相当时，战术的运用对比赛的胜负起决定性作用。

篮球战术总体可分为进攻战术与防守战术两部分。

进攻战术指全队在进攻中以得分为目的的行动方法。它包括进攻速度、方法、方式、阵型以及组织形式等要素。进攻的速度可分为快速反击、快速进攻、衔接段进攻、阵地进攻等形式；进攻的方式可分为外围、内线、两侧等形式；进攻的方法有运球、突分、投篮等形式；进攻的阵型有“1—2—2”“1—3—1”“2—1—2”等落位形式；进攻的组织形式有个人进攻、局部配合进攻、全队配合进攻等攻击形式。

防守战术指全队在防守中阻止对手得分，实行守攻转化所采用的行动方法。它包括防守的点、区域、方式、阵型以及组织形式等要素。防守的点可分为对持球队员与无球队员的行动、路线、方位的控制；防守的区域可分为对防守面的扩大、缩小以及点与点、点与面的连接；防守的方式可分为人盯人、夹击、区域联防、混合联防等形式；防守阵型可分为“2—1—2”“2—3”“3—2”等；防守的组织形式可分为个人防守、局部补防、协防、全队防守等。

篮球战术由技术、方法和形式三个基本要素组成。

技术是队员在比赛中完成各种攻守动作的方法，是战术的基础。队员掌握的技术动作越全面、越准确、越熟练，战术实现就越有保障。战术是队员之间完成各种技术动作组合的方法，同时技术需要通过队员和队员之间在一定的时机、地点、条件下运用，才能构成战术。因此讲技术是战术的基础。

方法是战术的具体内容，是组成战术的核心部分。方法表现在队员的个人攻守行动、队员之间的配合行动以及全队队员的整体行动的组织和动作协同上。方法包括人、球移动的路线、技术动作的选择与组合、动作时间与变化区域、同伴的配合等具体内容。实质上战术方法就是队员和队员之间有意识、有组织、有步骤的攻守行动方案和过程。

形式是战术的外部表现。一定的战术形式必然反映一定的战术内容。例如，"8"字进攻法，表现出队员移动路线的特点和进攻的连续性；区域联防有"2—1—2""1—2—2""2—3""3—2"等阵型，以不同的位置与队形布阵对付不同特长的进攻。形式还可以从对抗范围上、攻守节奏上、对抗程度上去理解。如全场的、半场的，快的、慢的，盯人的、区域的，紧逼的、松动的，等等。这些都体现出了各种攻守战术各自不同的特点。

技术、方法、形式三者紧密联系，互为依存，相互影响，相互促进，缺一不可。一支队员具有全面熟练的技术，整体掌握多种配合方法的队伍，在比赛中就可选择更多的战术，个人与整体力量也就越能得到更好地发挥。同时，这样的球队能得心应手地应对球场上的各种变化。

第二节　战术基础配合

一、进攻战术基础配合教学与训练方法

1. 进攻基础配合概述

扫码观看同步视频

进攻基础配合是指进攻队员之间为了创造进攻机会，有计划、有目的、有组织地进行团队行动。合理运用进攻基础配合可以有效地打破球队的进攻僵局，同时破坏对方的防守基础配合。

2. 进攻基础配合分类

进攻基础配合是组成全队进攻战术的基础，它包括有传切配合、突分配合、策应配合、掩护配合 4 种。

(1)传切配合。传切配合是无球队员向篮筐方向切入，运用传接球来超过防守队员并进行投篮的简单的进攻技术集合。传切配合是最基本的基础配合，它在快攻战术、衔接阶段和阵地进攻中经常用到，它在防守方采取全场紧逼盯人或半场盯人防守时运用较多，且十分奏效。

普遍认为，传统传切配合是持球队员在传球和切入后超越防守，并接同伴回传球进行投篮的一种配合方法。但当代竞技篮球中，这种接回传球式传切配合并不是很多，更多的是传球给同伴后，另一同伴切入或者是运球调整寻找切入篮下的同伴，直接传接球上篮的情况，后者更加简洁并具有机动性和隐蔽性。

1)传切的分类。根据切入队员同场地空间位置关系，传切配合可分为纵切(见图3-1)和横切(见图3-2)。

根据切入队员同防守队员的位置关系，传切配合可分为前切横切(见图3-3)和后切横切(见图3-4)，前切是进攻队员在防守者前面接球，后切是进攻者在防守者后面接球。

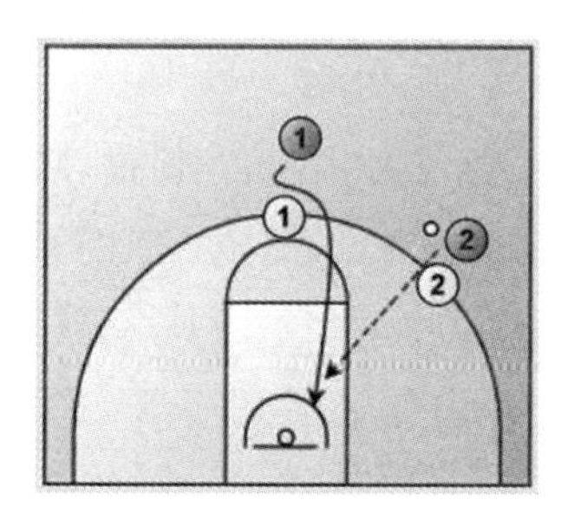

图3-1　纵切

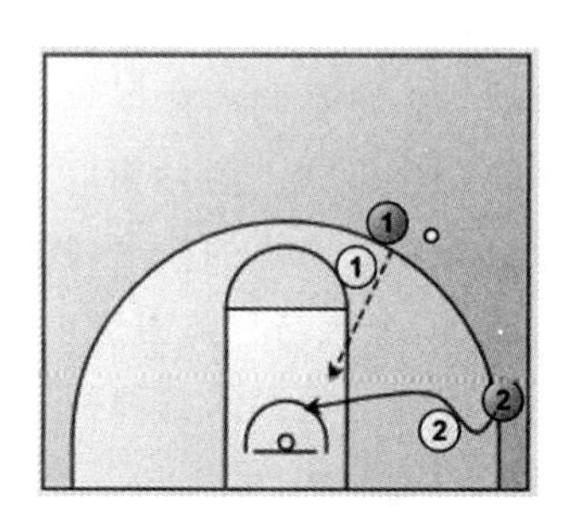

图3-2　横切

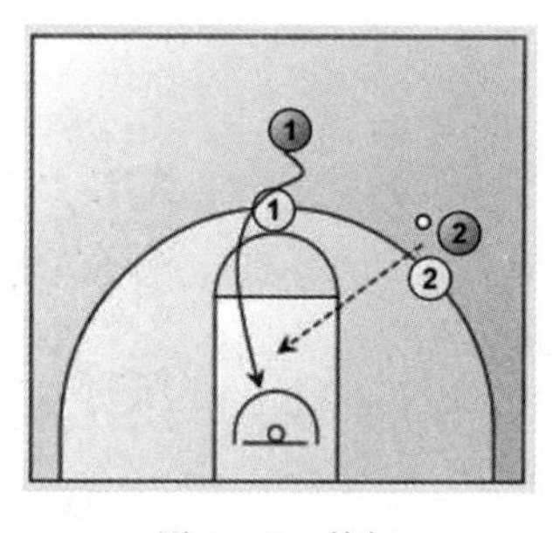

图3-3　前切

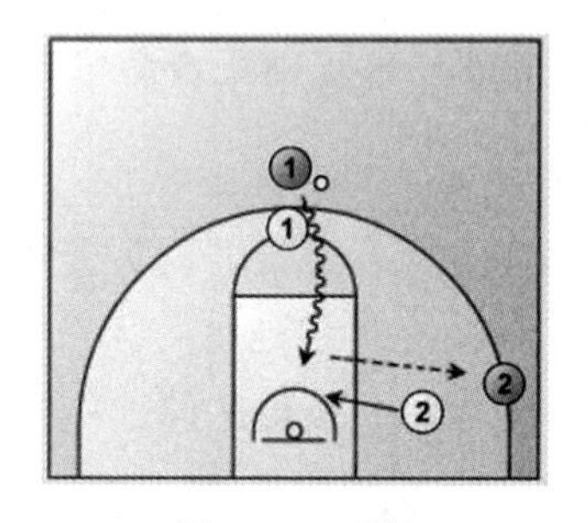

图3-4　后切

2)传切配合的时机：①传球后可利用速度直接超越防守队员。②防守队员不能“人球兼顾”，失去了有利的防守位置时。③进攻队员利用假动作摆脱防守时。④进攻队员切向篮下有空挡时。

3)传切配合的要求：①传切配合中所有的切入都应朝向球篮，并且都是以获球投篮为目的。②切入队员要掌握好时机，动作要突然，要及时利用速度或假动作摆脱防守。③持球队员要有攻击性，用投篮和突破动作吸引防守队员的注意力，以便及时准确地将球传给切入并占据有利位置的同伴。

(2)突分配合。突分是突破传球的简称，顾名思义，它是由突破和传球组成。突分配合是进攻队员运用个人技术，突破了一个对手后，遇到另一个对手来补防时，及时将球传给无人防守的队友的配合方法。

突分配合是非常有效的进攻手段，世界强队可利用连续的突破和传球打乱对手的防守部署，为本队创造有利的得分机会。当组织后卫突破到篮下时，每个好的防守球员都会去协防。但是，进攻球员合理的分散，会使协防变得很困难，因为一旦协防就会出现一名进攻球员无人防守。

运球突破移动进攻是在中学、大学以及职业联赛最为流行的战术之一。运球突破进攻是从一名球员(通常但不局限于组织后卫)向着篮筐运球突破，根据防守方的不同反应，突破球员可以上篮、将球传向限制区内球员，或者是将球传向外线球员。如果球传到了外线，接球队员可以三分投篮或者是再次运球向篮下突破，配合再次启动。在此过程中 2～3 人的突分配合是整个战术的基石。

1)突分的分类。根据突破者突破时所处场地区域分为弧顶、两翼、底角突破。世界强队在运用突破时，绝大部分是从弧顶处开始发动，因为从此区域突破可以有左右两种突破方向的选择，且突破空间大，防守者难以补防，另外中路突破的队员可以有效观察到球场上的情况，突破后有外线(见图 3－5)、内线(见图 3－6)的多种传球选择，使对手难以防范。其次是从两翼开始，运用最少的是底角区域的突破。

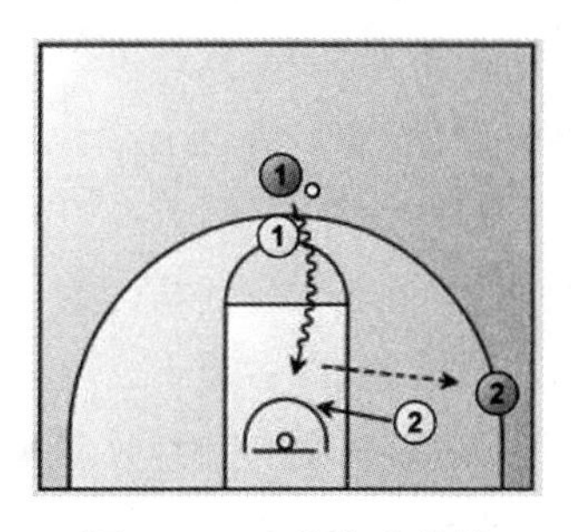

图 3－5　中路突分外线

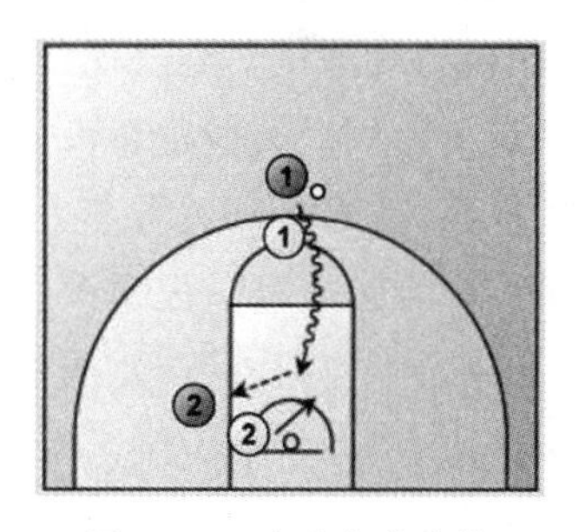

图 3－6　中路突分内线

按照突破者与接球者的位置可分为外外与外内。世界强队运用突分配合时，其运用最普遍的是从外线突破后再向外传球，即外外。外线被突破后防守队员向篮下收缩，此时外线无球队员通过合理的移动创造出无人防守的情况，这就自然形成了突破传球的机会。

外线突破后向内线传球，即外内，是另外一种突分配合。外线队员突破后，防守方的内线队员常常需要补防，而进攻方的内线队员此时就处于空当，但突破后向内线传球需要突破队员有更好的传球技术和意识，传球要隐蔽、突然，因为向内线传球空间小、防守人较多，很容易失误，同时对于内线接球队员也有很高的要求，需要内线队员有合理的移动以及敏锐的洞察力，观察突破队员的线路和补防队员位置的角度空当。

2)突分配合的时机。当受到补防或夹击，而同伴已经摆脱并占据十分有利的位置时进行。

3)突分配合的要求。突破要狠要快，同时突破过程中要注意防守队员的位置变化以及队友的站位情况，既要做好投篮准备，又要做好传球准备。

采用适当的传球方式，及时准确地传球，其他队员根据情况及时跑位。

(3)策应配合。策应配合是指进攻队员背对或侧对篮筐接球，以他为枢纽，与同伴配合从而产生进攻机会的一种里应外合的配合方法。传统的观点认为策应配合是建立在传切的基础之上，即处于内线的队员背对或侧对篮圈接球后，由他做枢纽，与外线队员的空切而形成的一种里应外合的配合方法。随着篮球运动的发展，策应配合形式更为丰富。首先是外线队员的绕切，可形成中、远距离的跳投；其次是内线球员获球后吸引防守夹击或协防，策应传球给同侧或异侧的外线球员，从而获得三分投篮机会；最后是高位策应传球给内线球员，形成篮下投篮的机会。

当今世界篮坛内外线的竞争日益激烈，通过策应配合把内外线球员有机结合起来，让内外线球员不会出现断层的情况，形成整体攻击，由此可以达到控比赛节奏的目的。同时策应配合可以使进攻流畅，线路清晰，并能有效地加强内外线之间的联系，使更多队员参与进攻，从而提高整体战斗力。

1)策应配合的分类。根据策应球员配合时所处的位置，将其分为低位策应(内策应)、高位策应(外策应)、居中策应三种。

低位策应：主要指在限制区两侧靠近球篮的区域，一般由内线队员或具有内线攻击能力的高大队员与前锋形成的配合(见图 3-7)。低策应位置在分位线附近，由于这个位置离篮圈的距离近，攻守双方的争夺最为激烈，如果在这个区域接到球可以辐射性地与队友发生联系。

高位策应：主要指在罚球线外附近及三分线弧顶的位置，一般由具有内线攻击力的大前锋为策应队员与外线队员形成的配合(见图 3-8)。高策应位置离篮较远，由于远离篮圈，获得球的难度较小。但是处于阵地进攻的中心区域，因此能够加强内与外、左与右的联系，起到拉空限制区让其他队员可以进攻篮下的作用。高策应队员抢位接球后，要及时将球传给交叉切入的外围队员或另一侧横切的内线队员。承担高位策应任务的不一定是高大队员，但必须是一个头脑清醒、有较强的组织能力，以及掌握各种传球技巧的队员。高策应位置虽然争夺的强度不如低策应位置，但其照明式的辐射传球可以让球的运转更加顺畅。

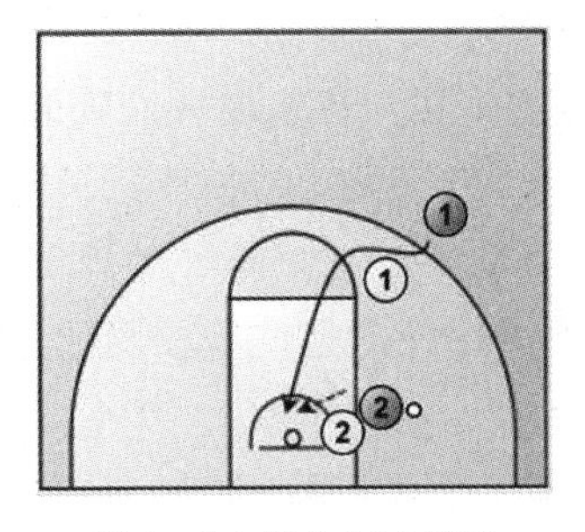

图 3－7　低位(内)策应

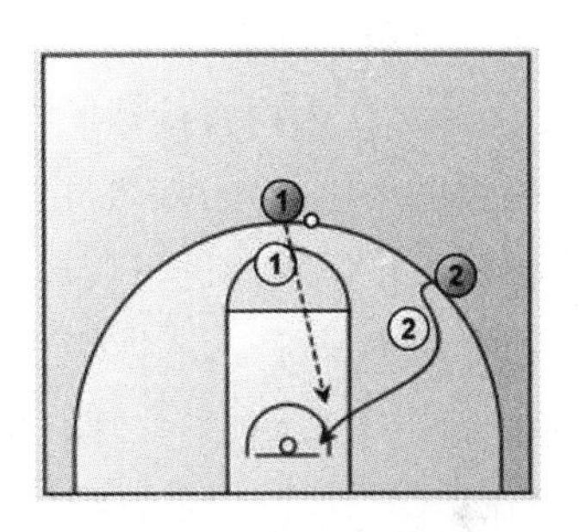

图 3－8　高位(外)策应

居中策应：主要是指球场中间的地带(见图 3－9)。在进攻全场防守时，可以起到承前启后的作用，在半场进攻中，则可以加强内外和左右的联系作用。

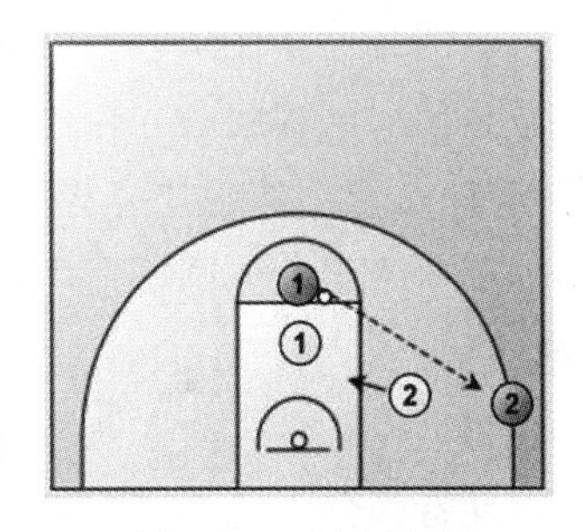

图 3－9　居中策应

2)运用特点、作用。策应配合是一种攻击性很强的战术配合，无论是在半场阵地进攻中，还是在突破全场防守中，都能发挥重要的作用。通过策应配合，能够提高全队进攻的活跃性，增加进攻的连续性和多变性，为全队创造更多有威胁的进攻机会。策应配合可以用来对付全场区域紧逼、半场区域紧逼、联防、半场人盯人防守等。

策应配合的特点有：内外结合，进攻的区域和范围比较广，参加配合的人数可多可少，机动性强，配合传球隐蔽，进攻路线比较多，富于变化，使防守难以捉摸。

随着规则演变和体能以及技术的发展，在进攻体系中，内线球员的作用从之前主要的进攻终结者更加趋向于作为枢纽来更好地运转进攻。由于内线球员特殊的身高体重优势，当他持球在限制区附近时，即成为攻守双方关注的焦点，通过策应配合则可使内外线建立紧密联系。虽然当今世界篮球已没有明确的位置分工，但追求内外线的均衡一直是每个球队追逐的目标，而策应配合则是使内外线建立紧密联系的有效途径。

策应配合的核心是借助内线球员的高度和体积优势进行中枢式的进攻组

织。除了把握绝对优势，利用高大球员具有的天赋外，还应发挥各个位置球员的相对高度优势来发动策应配合。而且，并非只有传球给切入篮下的球员才是策应配合，第一时间把球转移给有空位的外线队友也是策应球员的职责所在。

3)策应配合的要求。策应队员大多从中、低策应位上提到罚球线附近区域接球，一是通过移动会比原地抢位更容易接球；另外，移动的同时会使内线拉空，让切入队员有更大的空间来进行接球后的直接攻击。在高位策应时，由于内线较空，切入队员切入内线接球的可能性较大，且攻击区域广。当策应队员在二分线或三分线外策应时，切入队员主要选择的切入方式是绕切，传球队员传球后，贴近策应队员接回传球进行攻击。因此，策应队员背对篮筐或侧对篮筐的持球方式更加有利于保护球。这种组合更加适合外线远投准但内线较弱的球队，外线传球给外线策应队员后快速移动接球再远投。

(4)掩护配合。掩护是试图延迟和阻碍对方队员到达其希望的防守位置，使队友到达理想的战术部署位置而进行的合理身体活动。在掩护配合中，掩护者用自己的身体挡住防守者的移动路线，使同伴借以摆脱防守，或利用同伴的身体或位置使自己摆脱防守。建立掩护后发生接触时，掩护队员应当在其圆柱体内保持静止，合理的身体姿势应当是双脚开立着地，大约与肩同宽，躯干直立，胳膊和肘部弯曲于身体圆柱体内，不可伸展。现代篮球中把为持球队员的掩护也称作挡拆。

根据掩护者同防守队员位置关系，可分为前掩护、侧掩护和后掩护；按掩护的行动特征分类包括定位掩护、行进间掩护、背向掩护、假掩护、反掩护、交叉掩护；按掩护的人数特征分类包括单掩护、双掩护、连续掩护。

1)掩护的分类。

掩护配合根据掩护队员的位置可分为后(前)掩护配合、侧掩护配合、交叉掩护配合和运球掩护配合。

后(前)掩护是掩护队员位于同伴防守者的后(前)面，用身体挡住其后(前)移动路线，使同伴得以摆脱防守获得进攻机会。进攻发动阶段在罚球区进行的后掩护，①传球给②，传球时⑤移动至①防守人后方进行后掩护，①先向右侧切入做假动作，待掩护到位立即向左侧切入，接②回传球投篮(见图 3 - 10)。

侧掩护是掩护队员位于同伴防守者的侧面，用身体挡住其侧向移动路线，使同伴得以摆脱防守获得进攻机会，这也是篮球比赛中运用得最多的掩护方式。⑤看准时机移动到②防守人侧方进行掩护，②待⑤掩护到位后突然起动加速，摆脱防守人切入篮下接①传球投篮(见图 3 - 11)。

双掩护是两名掩护队员分别占据队友移动路线上的位置，用身体挡住防守人路线，使同伴得以摆脱防守获得进攻机会。⑤移动到②防守人位置侧方进行掩护，④紧随⑤后方位置进行掩护，②借助⑤和④的交叉掩护摆脱防守横切至场地另一侧接①传球投篮（见图 3－12）。

给运球人掩护是无球队员给同伴做掩护，造成突破或投篮等进攻机会。①原地运球带动防守，⑤快速上提到①防守人侧方进行掩护，①借助掩护快速突破进攻（见图 3－13）。

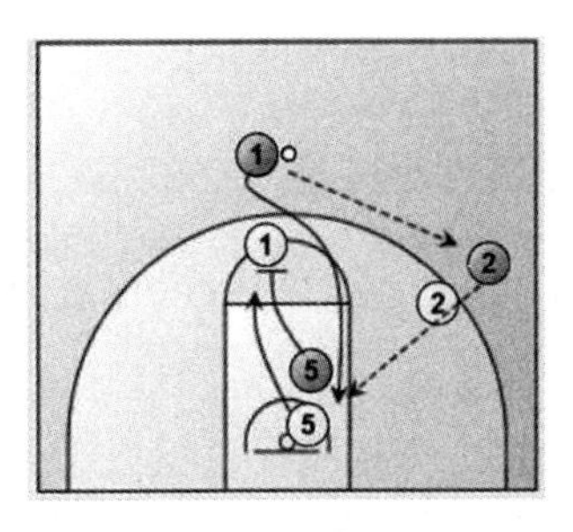

图 3－10　后掩护配合

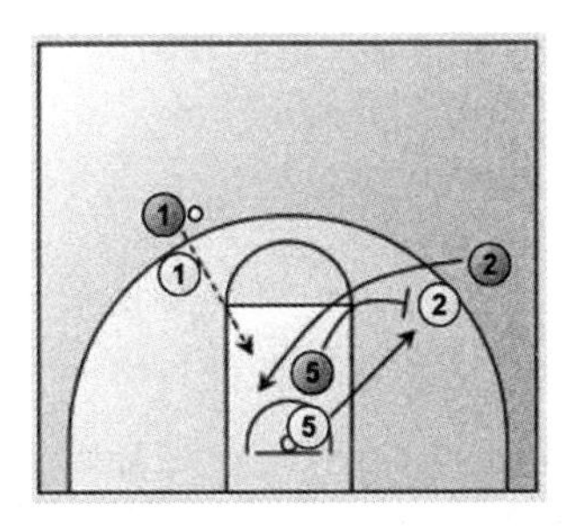

图 3－11　侧掩护配合

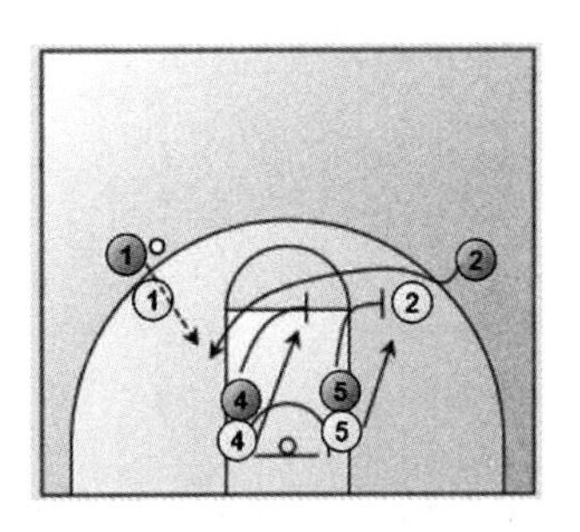

图 3－12　双掩护配合

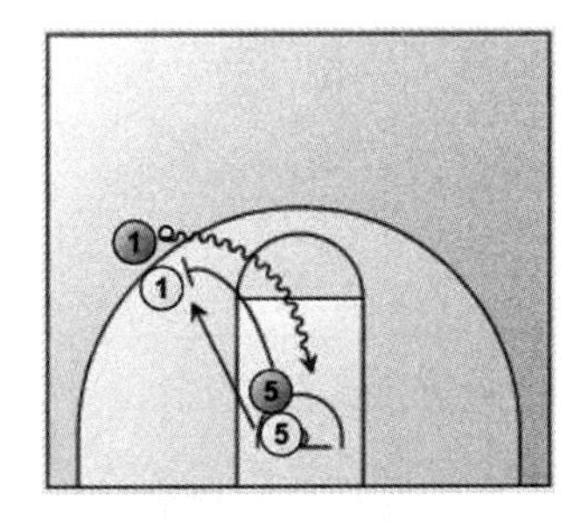

图 3－13　给运球人掩护配合

2）掩护要求：观察队友情况，选择最佳时机在合适角度进行掩护。双脚开立，两膝微屈，两臂下垂置于腹部，以稳定姿势建立合法、有效的掩护。

3）利用掩护要求：观察掩护队友，保持静止或稍做反向移动以隐蔽意图，提高掩护质量；掩护到位时迅速摆脱对手，紧贴做掩护队友肩膀切入，观察防守并做出应对。

二、防守战术基础配合教学与训练方法

1．防守基础配合概述

防守基础配合是指防守队员针对对手技术方法以及进攻战术的特点，为了

破坏对手的进攻配合来进行有目的、有意识地相互协同配合，并实现本方防守目的的战术基础组织形式和技术方法。

防守基础配合质量的好坏，取决于个人防守能力和协同防守的意识，所以要提高全队的防守质量，一要提高个人防守能力，二要提高基础配合意识和方法。

现代篮球比赛中，运动员体能、技能不断提高，个人攻防能力更加突出，攻守对抗更加激烈、精彩、扣人心弦。从攻守局部看，多数的攻守都通过基础配合的形式完成。从防守角度看，防守基础配合是人盯人防守战术中实现一对一防守或以多防少的方法，也是区域防守战术中实现对持球进攻队员一对一防守或以多防少的基本方法。

2. 防守基础配合分类

防守基础配合是组成全队防守战术的基础，它包括有挤过、穿过、绕过、交换、关门、补防和夹击 7 种。

1)挤过配合。挤过配合是破坏对方掩护配合，继续防守自己对手的最富有攻击性的方法之一。当对手进行掩护配合时，防守掩护队员的队员，要及时提醒同伴注意掩护，随时做好堵截对手向有威胁攻击区移动或运球、接球进攻的准备。防守被掩护队员的队员，积极贴近自己的防守对手，主动运用跨步等脚步动作，从掩护队员和自己防守对手之间挤过去，继续防住自己的对手。

配合示例见图 3－14，3－15。

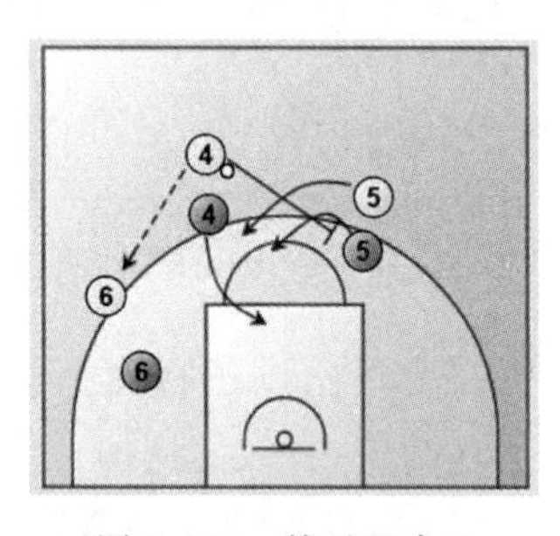

图 3－14　挤过配合 1

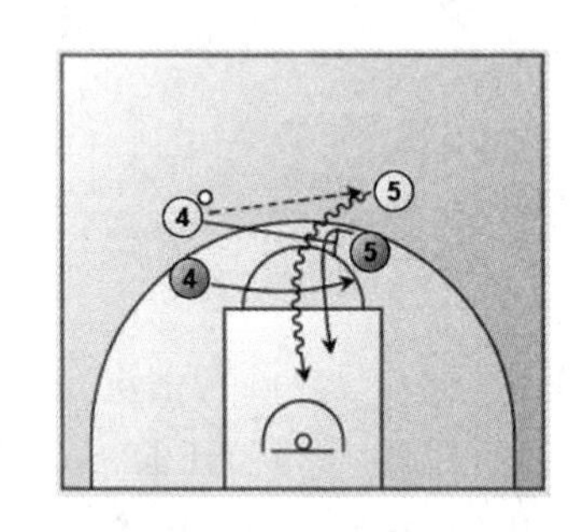

图 3－15　挤过配合 2

配合要点：挤过时，要贴近进攻者，上前侧抢步的动作要及时，要主动说话交流。

易犯错误：①挤过的动作不正确、不合理；②易造成犯规，即防守掩护队员的同伴没有及时提醒和配合行动，没有向后撤一步。

2)穿过配合。穿过配合是破坏对方掩护配合，继续防守自己对手的方法之一。当对手进行掩护配合时，防守掩护队员的队员，要及时提醒同伴注意掩护，同时主动后撤一步，为同伴留出足够空间，让其从自己和掩护队员之间穿过，继续防守各自对手。配合示例(见图 3－16)。

配合要点：防守掩护的队员要及时提醒同伴并主动让路，穿过队员要迅速穿过，并立即调整防守位置的距离。

易犯错误：①防守掩护队员的同伴没有及时提醒并主动让路撤步；②穿过队员没有及时调整自己的防守位置和距离。

3)绕过配合。绕过配合是破坏对方掩护配合，继续防守各自对手的方法之一。当对方进行掩护配合时，防守掩护队员的队员，要及时提醒同伴注查掩护，同时主动贴近掩护队员，让同伴从身旁绕过，继续防守各自对手。配合示例(见图 3－17)。

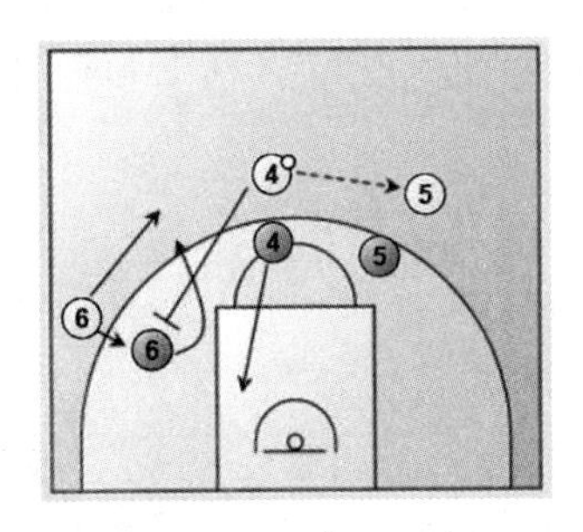

图 3－16　穿过配合

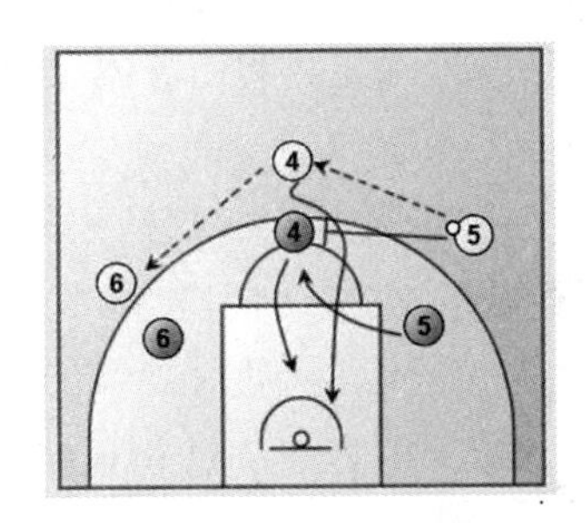

图 3－17　绕过配合

4)交换配合。交换配合是破坏对方掩护配合，两名防守队员交换各自防守对手的方法。当对方进行掩护配合时，防守掩护队员的队员，要及时提醒同伴并发出换人信号，主动抢前防守被掩护队员。另一同伴积极调整位置，防守掩护队员。配合示例(见图 3－18)。

配合要点：防守掩护者的队员要主动发出换人信号，双方准备换防。两防守队员要到位，及时换防。

易犯错误：防守队员之间相互呼应不够，行动不统一。

5)夹击配合。夹击是两个防守队员协同防守一个进攻队员的防守基础配合方法。夹击配合可以打乱对方进攻节奏，在局部形成以多防少的有利局面，造成对手失误。配合示例(见图 3－19)。

配合要点：防守队员应在进攻队员运球或传接球的过程中，正确观察判断选择夹击时机和位置，发现时机成熟应及时快速地到位。在夹击时应用大腿和身体挡住对手，挥动两臂封堵其传球的路线，不要急于抢球而造成犯规，临近的队员应及时补位准备断球。

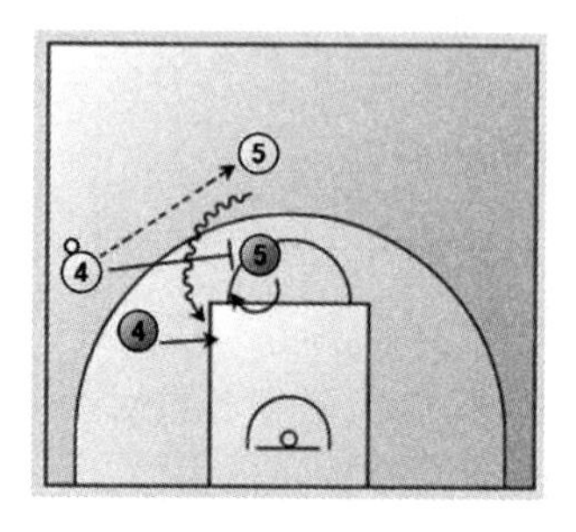

图 3－18　交换配合

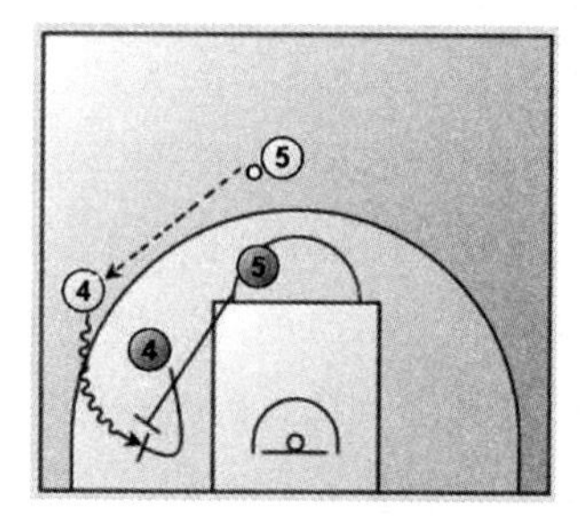

图 3－19　夹击配合

易犯错误：①夹击时行动不积极、不果断，突然性不强；②夹击的时机、位置选择不当；③没有充分利用身体、退步及挥动手臂控制对手的活动和封堵其传球的路线。

6)“关门”配合。“关门”是相邻的两个防守队员收紧防守位置，协同防守对手突破的一种配合方法。配合示例(见图 3－20)。

配合要点：在防守队员积极堵截持球队员的突破路线的同时，临近突破一侧的防守队员要及时快速地向同伴紧密靠拢进行“关门”配合。

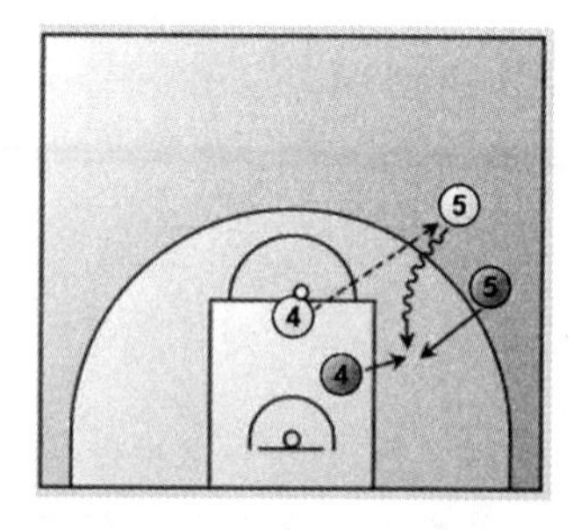

图 3－20　“关门”配合

易犯错误：①“关门”的行动不统一，“关门”不紧，给突破者留有空隙通过；②“关门”配合成功后，回防自己的对手的速度慢。

7)补防配合。补防是当同伴出现漏防，被漏防队员处于最有威胁进攻区域时，临近防守人立即放弃自己的对手，主动补防漏防队员，防守同伴及时换防的一种协同配合方法。配合示例见图 3－21，3－22。

配合要点：补防时，动作要迅速、果断，其他队员也要注意观察突破队员的分球意图，以便及时抢占有利位置争取断球。

易犯错误：①防守队员没有随时观察场上进攻队员的行动；②补防队员的行动不果断，不及时；③漏人的防守队员没能及时换防。

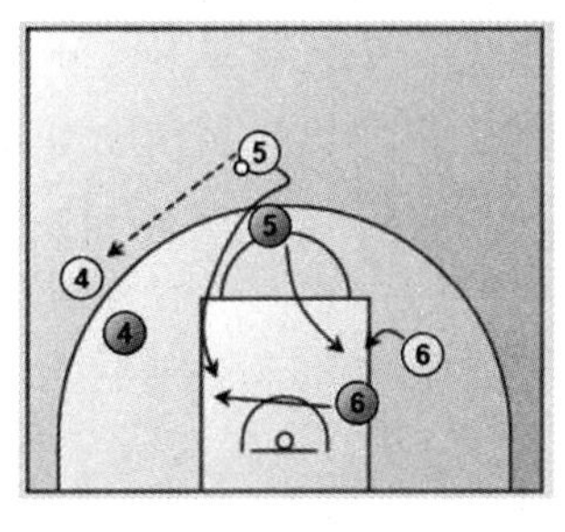

图 3－21　补防配合 1

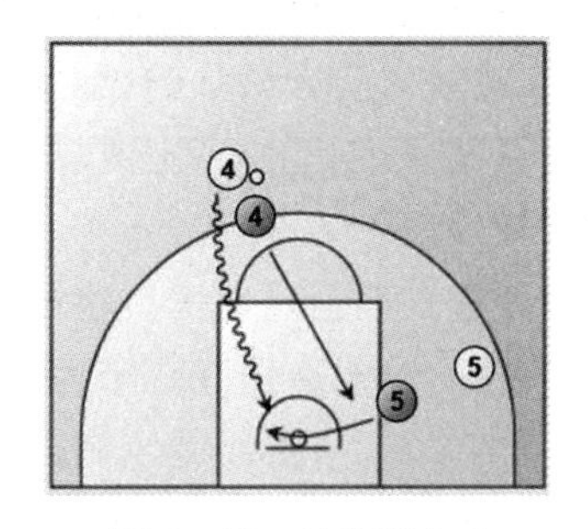

图 3－22　补防配合 2

第三节　快攻与防守快攻

一、快攻配合教学与训练方法

(一)快攻与衔接段进攻战术概述

扫码观看同步视频

快攻是由在防守转入到进攻时，以最快的速度、用最短的时间在人数上形成局部的多打少，或在人数相等以及人数少于对方的情况下，趁对方立足未稳，造成位置上的优势，果断且合理地进行攻击的一种速决战的进攻战术，它具有发动快、推进快、机会转瞬即逝、不易把握等特点。快攻是现代篮球进攻战术体系下非常重要的组成部分，因其发动突然，攻击迅速且效果明显，所以成了进攻战术中最为强力的武器之一。实践证明，由防守转入进攻时，积极创造快攻战机，充分发挥快攻威力，能给对方很大的压力，并能争取主动，达到较好的进攻效果。

随着人们对现代篮球竞赛制胜规律认识和竞技水平的不断提升，除了正常意义上的快攻战术以外，又被出“二次进攻”，根据国内习惯，我们在这里相应地称之为快攻与衔接段进攻。

关于快攻和衔接段进攻战术的概念，目前在国内外存在着多种观点，通过综合分析，两者的区别为：快攻是指防守方由防守转入进攻状态后，队员以不同方式在最短的时间内将球推进至前场，争取造成人数上、区位上或相对能力上的优势，果断而迅速完成攻击的一种进攻战术。其中在时间上，快攻是一种以速度快为显著特点的进攻方式，因此要求队员在意识反应、动作速率及移动速度等方面要提前做好充分的准备；而在快攻的形式上，有长传、快速短传或运球快速推进等方式;在目的上,快攻主要是为了在人数上形成以多打少,或及时占据优势的区位,或在进攻对防守队员的相对能力上占据优势。因此,实际比赛中在人数不占优势的情况下,创造位置上或攻防队员相对能力上的优势而完成得分也是较常见的快攻表现。

衔接段进攻是指进攻队员将球快速推进到前场后,这时没有形成较好进攻机会的情况下,趁对方防守还未完全落位或在对方防守还未形成半场集体防守之际,发动的 2～3 人或小范围有目的的配合。

在比赛中,合理地运用快攻战术能够给对手防守施加压力,迫使其在防守中频出破绽,从而能够实现快速得分,在短时间内拿下大量的分数。篮球运动员技术的发展和运动员身体条件的提高,推动了快攻战术的发展,比赛中快攻的速度越来越快,使用次数越来越多,成功率越来越高,欧美男子篮球强队更加重视快攻战术,高大队员能积极地参与快攻。

(二)快攻与衔接段进攻战术的运用

在一次完整的快攻战术中,我们基本可以把它细分为发动、接应、推进和结束四个环节,如果第一次快攻失手,可以立刻发动衔接段进攻配合,衔接段进攻处于整个进攻的结束阶段。而运用快攻战术时,不同阶段也有不同的要求。

(1)首先从获得球开始,拿到球后,持球的队员首先应尽快地将球传给接应或快速插上的队员,也可用短传配合或运球突破来发动。其目的是用最短的时间与最快的速度将球传出,抢占先机,为快攻创造条件。发动快攻时不仅要注意加快传球的速度,同时应提高一传的准确性,这直接影响快攻发动的快慢和成功率。

(2)如比赛中一传快攻没有合适发动机会的情况下,便需要接应。接应队员一般为后卫或者组织能力好的队员,有些球队存在着单一的固定接应,一旦接应被严密防守,就直接影响了快攻的形成。随着现代篮球技术的不断提高与发展,世界很多球队快攻的接应已由原来的点发展成面,因此应在固定接应的基础上发展多点接应,形成接应面。

(3)当球快速推进到中场时,需时刻观察防守队员情况,如传球要比突破更加有效的话,应果断选择传球。推进是快攻中不可忽视的环节,中后场的队员也应积极参与,快下的队员应沿边路快下,这样会使接应推进队员与撤回到中场一带的防守队员之间拉开距离,以便于有更好的传球角度与空间。

(4)快攻的结束可采用有效的配合,这时也是发动衔接段进攻的开始,衔接段进攻一般仅持续几秒钟时间,其目的在于创造良好的投篮时机。而快攻中选择的合理性尤其重要,它决定着快攻成功率的高低。在这一阶段的配合中,持球队员创造最好的投篮机会，切忌勉强出手，该传球时应及时传球，该投时就应果断出手。

(三)快攻与衔接段进攻战术的示例

快攻战术的配合方法很多，根据本队队员的具体情况与战术需要，通过不同的获得球方式、不同的发动与接应方式、不同的推进与结束方式能够设计出多种不同的快攻配合。这里根据快攻的发动时机与衔接段进攻时遇到的不同情况来介绍以下几种快攻配合方法。

1. 快攻战术示例

(1)抢下防守篮板球后发动快攻的示例。

示例一(见图 3－23)：这是在人盯人防守情况下，⑥抢得篮板球后，④与⑤迅速沿边线接应从而发动的快攻。

示例二(见图 3－24)：⑧抢得篮板球后④插中，同时⑤和⑦沿边线快下。也可由⑥插中接应，⑤要沿边线快速跑向前场。⑧要做到不运球，直接传球。只有在遇到严密防守时才能进行运球突破，且一旦摆脱防守就要立刻传球。

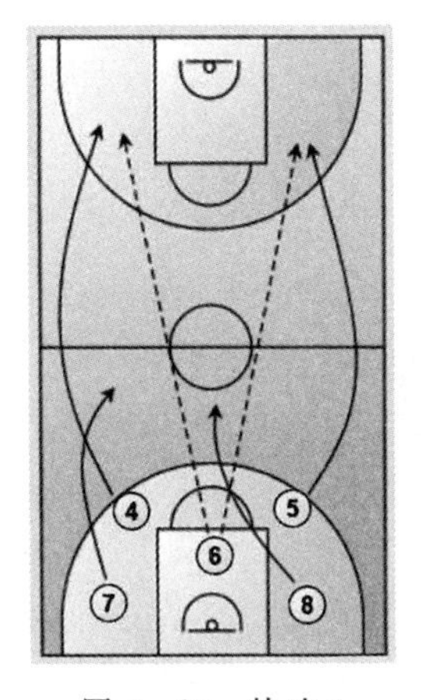

图 3－23　快攻 1

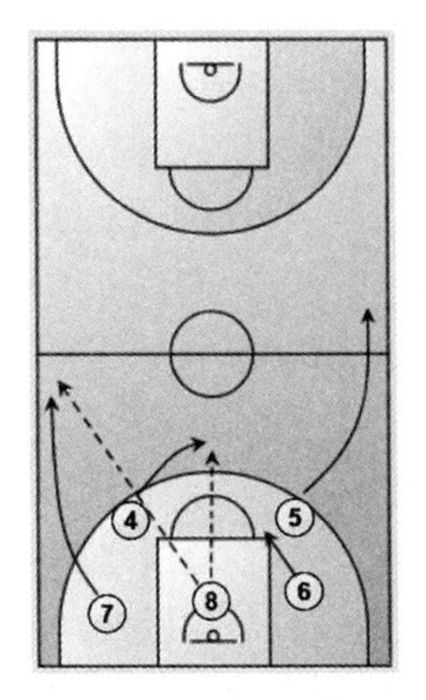

图 3－24　快攻 1

(2)界外球抢发的快攻示例。

示例一：抢发后场边线球(见图 3－25)。❽抢发界外球❹与❺向前场快速跑动，同时❼做插中接应，也可以由❻插中接应而❼向另外一侧的边线移动。当❺接不到球时，❺与❹立刻做交叉掩护，同时❻与❼快下，❽将球传给❹或❺发动快攻(见图 3－26)。

示例二：抢发后场底线球(见图 3－27)。⑥发底线球④与⑧快下，⑦摆脱接球，当⑦接到球时，⑤插中准备接二传球。

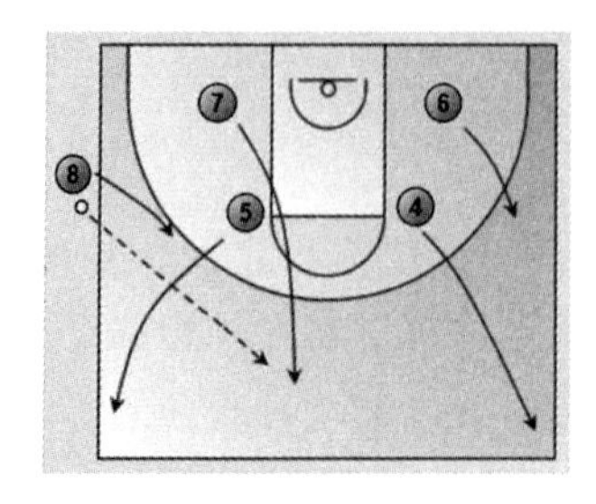

图 3－25　快攻 3

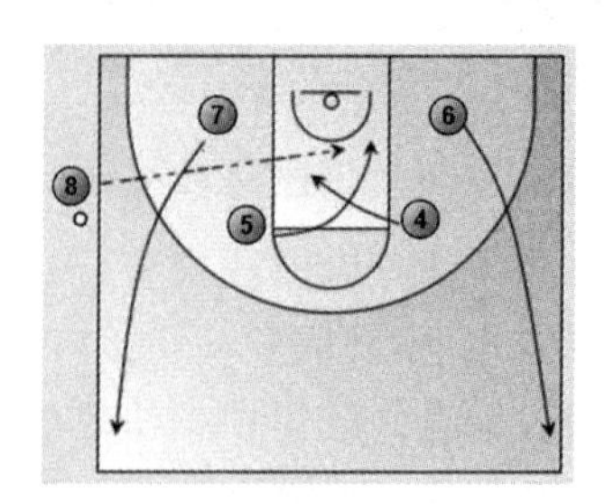

图 3－26　快攻 4

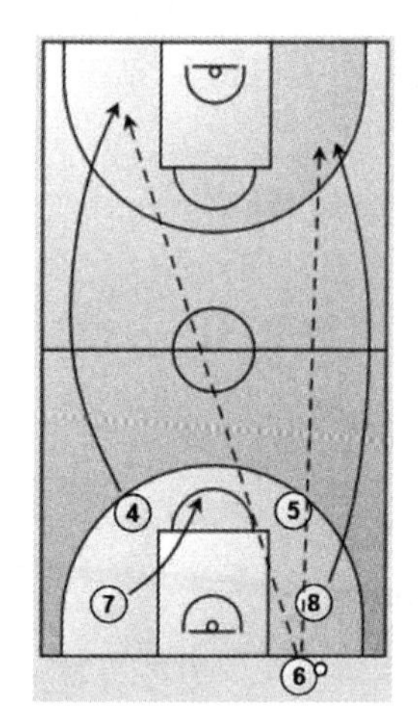

图 3－27　快攻 5

(3)断球后的快攻示例。

示例一:防阵地进攻断球后的快攻(见图 3－28)。❻断球,❽插中接应,❹和❺快下。同时,❻断球后,也可由❻直接运球突破。

示例二:中场夹击断球后的快攻(见图 3－29)。❹与❺在中场夹击,❻断球,❼插上接应,❺和❽快下。

2. 衔接段进攻示例

示例一:一打一(见图 3－30)。⑥拿下篮板,⑤快下接球,面对防守队员❹,⑤可运球突破上篮,若❹推到篮下,则⑤也可选择急停跳投。

示例二:二打一(见图 3－31)。④、⑤两名队员进攻❹,如果❹退到篮下防守同时又向持球队员移动,则④和⑤利用相互传球来快速推进上篮,如果❹退到篮下,则④或⑤可运球吸引防守,若❹上来阻截则将球传给切入的队员上篮;如❹不上前,而是继续向篮下退防,则④或⑤可采用多种方式由自己直接完成进攻。

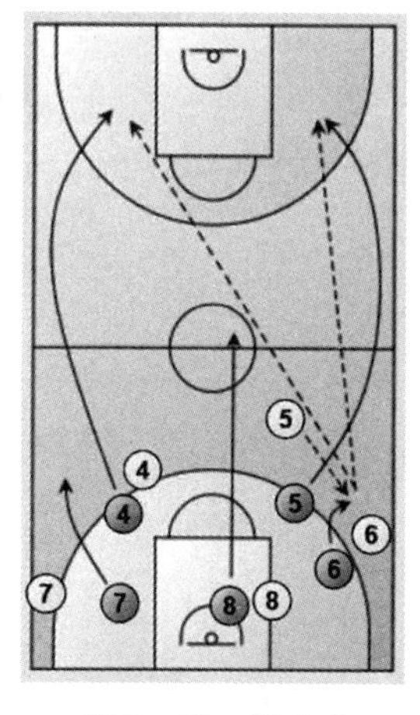

图 3－28　快攻 6

图 3－29　快攻 7

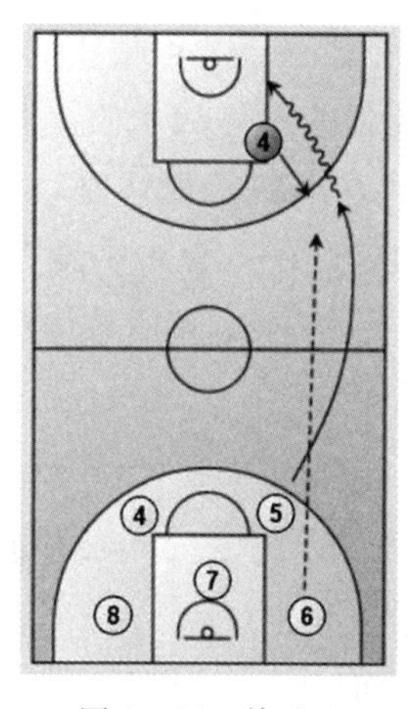

图 3－30　快攻 8

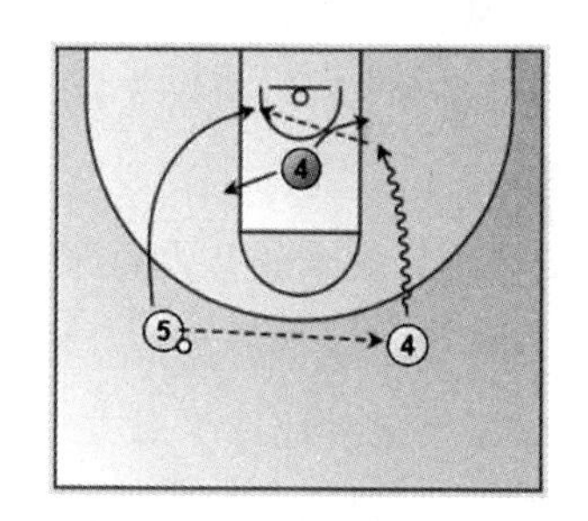

图 3－31　快攻 9

示例三：三打二，此时防守队员主要是以防守三秒区为对策，其有三种站位方式，即平行站位、重叠站位、斜线站位。如果为平行站位，则球必须传给中路队员，运用运球突破吸引防守，若防守不动则直接上篮。若是关门或❺阻截则分球给切入篮下的④投篮(见图 3－32)。如果是重叠站位，⑤中路接球后快速将球传给切向篮下的⑧或④，⑧接球后直接上篮，如❺堵截，则④切向篮下接球投篮。⑧接球后还可以急停跳投，❺上前封盖时仍可传给篮下的④投篮(见图 3－33)。如果是斜线站位，⑤中路接球后，还是可以立即向篮下突破，⑥或⑦或⑧跟进，这可形成⑤回传球的跟进配合，和跟进抢篮板球(见图 3－34)。

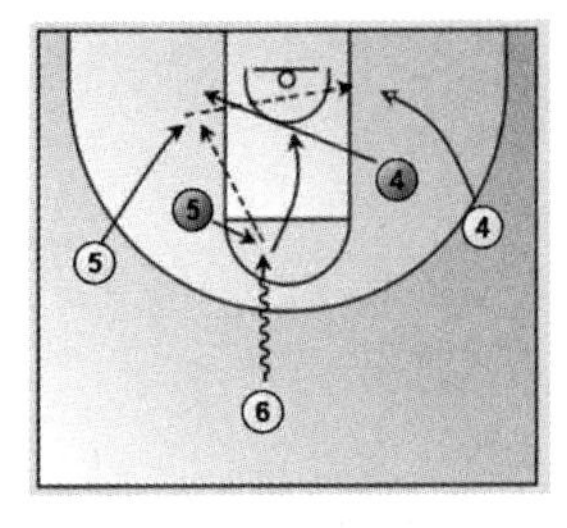

图 3-32　快攻 10

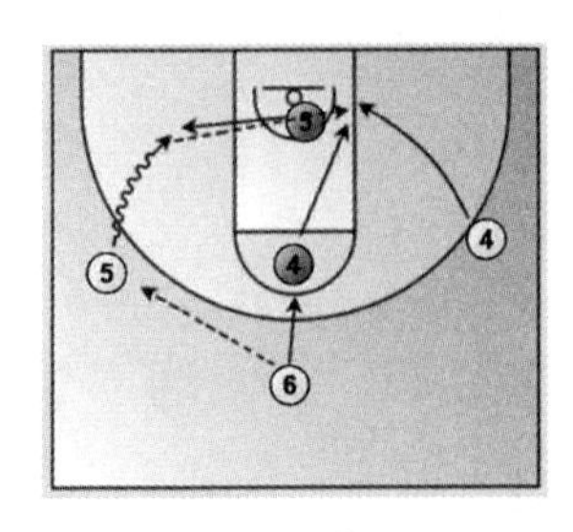

图 3-33　快攻 11

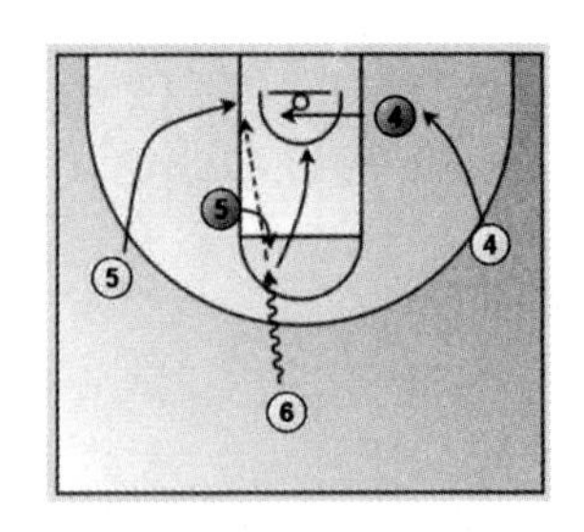

图 3-34　快攻 12

二、防守快攻配合教学与训练方法

(一)防守快攻战术

防守快攻是指由攻转守的瞬间及时组织防守阵形，主动阻止和破坏对方快攻的防守战术，防守快攻战术是现代篮球防守战术系统中重要的组成部分。现代篮球运动中，由于比赛节奏不断加快，因此提高防守战术质量和深入研究防守快攻的打法就显得越来越重要。例如，对方抢到篮板球时，必须积极防守，在前场堵截其一传的发动和接应，在逐步退防当中，有组织地“堵中间、卡两边”，进行中场堵截，切断快下队员与接应队员的联系，破坏其快攻的各种战术基本配合。

(二)防守快攻战术的基本原则

(1)防守快攻要从全力拼抢前场篮板球开始，进攻队投篮后，有组织地全力拼抢篮板球，最大限度地减少对方球队发动快攻的机会。

(2)在失去球权后，首先封堵第一传，堵截接应队员，边退边干扰，力求延缓对方的进攻速度，打乱进攻的节奏，推迟进攻攻击时间，借机及时组织全队防守。在第一传和接应的过程中有效地扼制对方，是防守快攻的关键一环。

(3)由攻转守时迅速退守后场，控制快下的进攻队员，同时还要控制中路快下的队员，要切实避免对方前后场的快攻传球联系，防止对方长传偷袭快攻。

(4)选择针对性防守队形，抢占有利的防守区域和位置，采用合理的防守技术和战术行动，以少防多的情况下，及时迅速地大胆出击，赢得时间和力量上的平衡。如对方投篮，要积极跳起封盖，影响其命中率和拼抢篮板球。防快攻的结束，经常出现以少防多的局面，虽然处于不利情况，只要防守队员能积极、顽强并合理地运用防守技术，也会获得成功。

(三)防守快攻战术的方法和示例

1. 主要方法

1)封锁第一传。及时封锁和堵截对方发动快攻的第一传和接应，是防止和破坏对方快攻战术的关键一环。封锁第一传，一般在对方控制后场篮板球、掷界外球和抢断球时运用。

2)一对一紧逼防守。靠近持球人的防守队员应迅速选择合理与较好的防守位置，对持球人采取紧逼防守，在技术动作上运用挥臂和身体姿势阻扰传球和控制进攻行动。

3)夹击持球队员。靠近持球人的两名防守队员也可以采取夹击防守，二对一快速合围进行夹击，既封又堵，其目的是延缓与控制对方发动快攻的速度。

4)封堵补防。当对方球员抢断球而又正是本队落位于靠后排的队员上前封堵时，其他队员应快速轮转补防。

2. 示例

1)防守快攻示例。

示例一：防守抢篮板后发动的快攻(见图 3-35)。当❺抢到防守篮板后⑤快速上去抢占❺与❻之间的位置，并紧靠❺同时挥动手臂阻止其传球。当❺准备传球和❻准备移动接应时，⑥首先是要面向并靠近❻，以延缓❻去接应的时间，若❻已经移动，则⑥要在❻内侧，紧随其移动让其接不到球，迫使❻向前场移动。

若⑤难以封堵❺的传球，则可让⑤与队友夹击来完成封堵。

示例二：防守边线界外球和底线抢发后的快攻：第一，积极封堵发球的队员，延缓其进场的时间，为同伴的退防争取时间。第二，积极封堵接应队员。第三，夹击接应队员。

示例三：防守断球后的快攻(见图 3-36)。当❺断球后，④要向❹近球一侧靠近，以堵截❹插中的路线，迫使其向边线移动。此时⑤要快速移动到❺断球后的位置的前面，积极封堵其传球和突破的路线。

2)衔接段进攻防守示例。

示例一：一防二(见图 3-37)。在这种情况下，❹首先要占据罚球线内的位置，同时观察⑤与⑥的进攻意图。❹的防守目的，一是延缓⑤与⑥的进攻时间，给同伴时间退防；二是迫使⑤与⑥在外围中投。所以❹要运用防守假动作，即对持球队员突上，又突然后撤的动作。

示例二：平行站位的二防三(见图 3-38)。这是当进攻队员两侧投篮准或突破能力强,而中间的队员投篮与突破都较差的情况下运用的。对于这种情况,❹与❺防守的重点,要积极堵截进攻队员向篮下的切入和传球路线,以及持球队员的突破。若球传给④则❹要快速向④移动并保持一定距离,使其不能突破或向篮下传球,❺要稍向篮下❹一侧移动,保持在既能防⑤的空切,又能防⑥的空切的位置上。

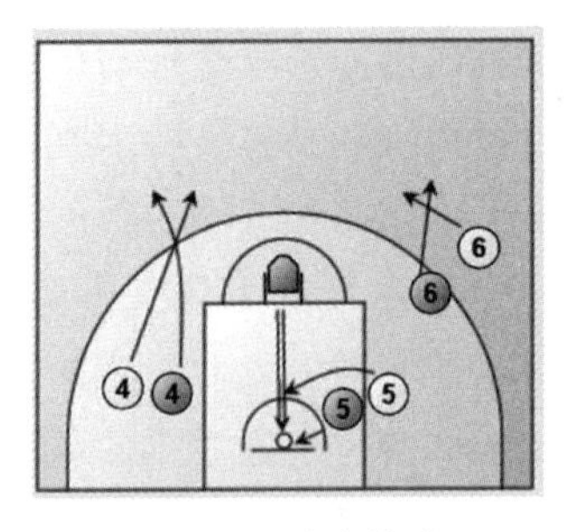

图 3-35　防守快攻 1

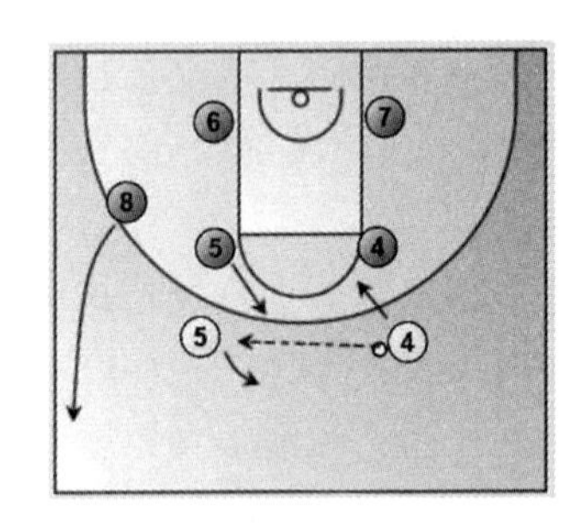

图 3-36　防守快攻 2

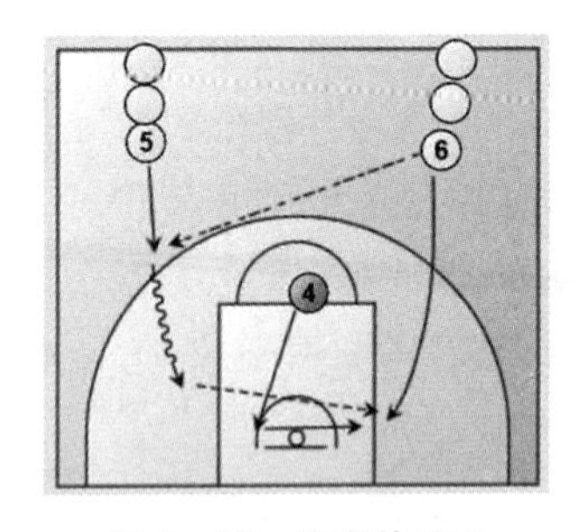

图 3-37　防守快攻 3

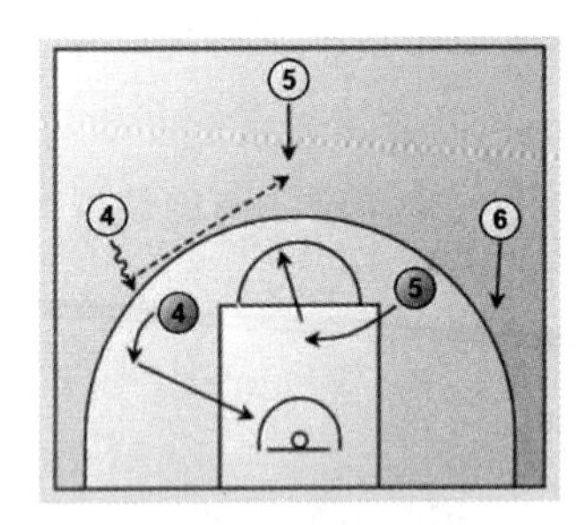

图 3-38　防守快攻 4

示例三:重叠站位的二防三(见图 3-39)。这是针对进攻队中间队员④攻击能力强,两边队员⑤与⑥攻击能力较弱采用的。如果球在④手里则要大胆靠近,以防突为主结合防投,迫使④将球传给⑤或⑥。若球传给⑤,❺快速移向⑤,重点防突和向篮下的传球,当④传球给⑥后,防守队员❹后撤到原来位置或罚球线内,以防④与⑥的空切。

示例四:斜线站位的二防三(见图 3-40)。这是针对进攻队中同队员④与两侧队员⑤与⑥攻击能力都强的情况而采用的。这种站位方法,可以缩短在进攻队员移动或转移球时防守队员移动的距离,如❹对④与⑥的距离,❺对⑤与④的距离。采用这种防守,虽然缩短了防守球员的移动距离,但要同时防住④、⑤和⑥还是困难的。因此,要善于运用防守假动作,而且必须明确防守重点是篮下。

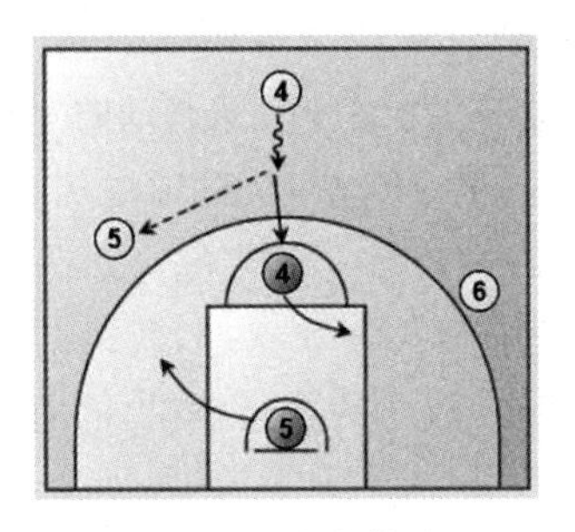

图 3－39　防守快攻 5

图 3－40　防守快攻 6

第四节　半场人盯人防守与进攻半场人盯人防守

一、半场人盯人防守教学与训练方法

(一)人盯人防守战术概述

扫码观看同步视频

顾名思义,人盯人防守战术要求的是每一名防守队员防守一名进攻队员,以防人为主,并且根据比赛实际情况合理运用防守基础配合,要与队友之间进行相互协同防守的一种全队防守战术。它是现代竞技篮球防守战术系统中较重要的战术体系。

人盯人防守战术以个人的“盯人防守”为基础,兼顾球的位置与所处区域;以控制进攻队员与人、球、篮筐的联系为目标,具有针对性强、破坏性强、分工明确的特点。采用这种防守战术时,需要充分考虑本队防守队员的个人防守能力与对方队员的进攻特点,合理安排本队防守队员的盯人对象。

根据人盯人防守战术实施区域的不同,可以将其划分为全场紧逼人盯人防守和半场紧逼人盯人防守两种形式。全场紧逼人盯人防守是以在全场范围内紧逼对手,破坏或延缓其进攻,进而争夺球权为目标;半场紧逼人盯人防守是以半场范围内紧逼对手为实施防守战术的过程。根据防守目标的不同,又分为半场扩大人盯人紧逼防守和半场缩小人盯人紧逼防守。半场扩大人盯人紧逼防守的特点是以控制对手外线投篮、切断对手内外联系、延缓对手既定进攻模式为目标;而半场缩小人盯人紧逼防守主要是以控制对手运球突破、内线强攻为目标。

半场人盯人防守是防守战术中最基本的战术形式。从运用的角度看,它能有效地控制对手,制约对手的特长,并能根据对方的配合范围和攻击的侧重点,及时调整防守位置和配备防守力量。因此，它是一种攻击性较强的防守战术。人盯人防守战术是区域联防、区域紧逼战术的基础，能够极大地调动防守队员的积极性与主动性，能够灵活、准确、及时地调整防守的侧重点，对球的压迫性强，对进攻队员的针对性强，易于有效地控制对方的进攻重点。半场人盯人防守的短板是在防守中由于防守队员大多数情况下处于个人防守状态，所以对防守队员的个人防守能力要求很高，它也直接影响了防守战术的执行效果，同时对于防守基础配合的要求也更高。

（二）人盯人防守战术运用中的重点、难点

人盯人防守以“一人盯一人”为执行前提，因此人盯人防守适于在防守队员的个人防守能力相对较均衡，而对手球员个人突破技术、控球技术较差或中远距离投篮较准的情况下使用。同时，人盯人防守战术也适用于出于防守意图而主动改变、为调动队员防守积极性而主动改变和为特殊目的而主动改变防守战术的情况。

在比赛中采用人盯人防守战术，防守队员的位置要跟随进攻队员位置的变化而进行移动，具有较强的不确定性，因此人盯人防守战术的重点在于防守中侧重点的选择与防守基础配合执行的有效性。例如，对持球或运球队员，如果对手投篮准，则要贴身防守，阻止进攻球员有较好的投篮机会，若对手突破速度快，则要适当空出防守距离，控制对手突破，并与队友进行高效的防守基础配合；对无球队员的防守中，强侧防守要紧逼，积极阻断对手的接球线路，弱侧防守要随时做好协防、补防的准备，即形成“近球紧、远球松、随时要协防”的防守态势。

人盯人防守的难点在于不同时机情况下防守位置的选择。由于人盯人防守以个人防守为基础，处于被动状态，同时又要求队员间要进行主动的协防配合，所以防守位置是进行人盯人防守的关键。防守队员如果可以在恰当的时机出现在适当的位置，往往能够出奇制胜、事半功倍，反之则会出现漏防的情况。对防守队员的要求除了做好个人防守以外，要具有较好的大局观，比赛中要善于观察进攻队的意图和随机应变。

（三）半场紧逼人盯人防守战术的示例

1. 半场紧逼人盯人防守的防守区域及其落位

半场紧逼人盯人防守区（见图 3－41），退防过程中就要选好自己的防守对手，当其进入图 3－41 所示区域时，就要紧逼自己的对手，并根据对手的位置把位落好。

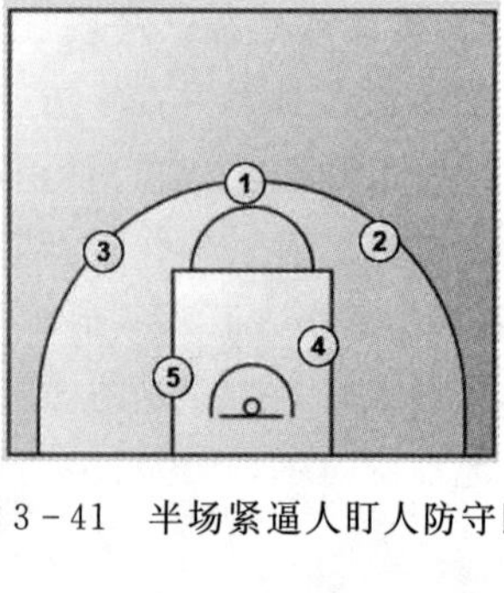

图 3－41　半场紧逼人盯人防守区

2. 方法示例

示例一：防纵切与横切（见图 3-42）。当⑤传球给⑥纵切时，❺先向⑤的传球方向移动，阻断其切入路线，并使⑤向⑥一侧的边线或者远离球的方向移动。此时，❼要向篮下移动协防，❹移向❼补防，❽也向三秒区回缩进行协防。当⑤的纵切没有被逼向远离球的一侧底角时，⑧可能会进行下压来吸引❽做横切。当⑧进行下压时，❽的防守可面向或背向⑧，同时要紧随其移动，阻断其向篮下切入的路线，此时❺和❼都要向篮下移动，来夹击⑧的切入，❹仍补防⑦（见图 3-43）。

图 3-42　防纵切

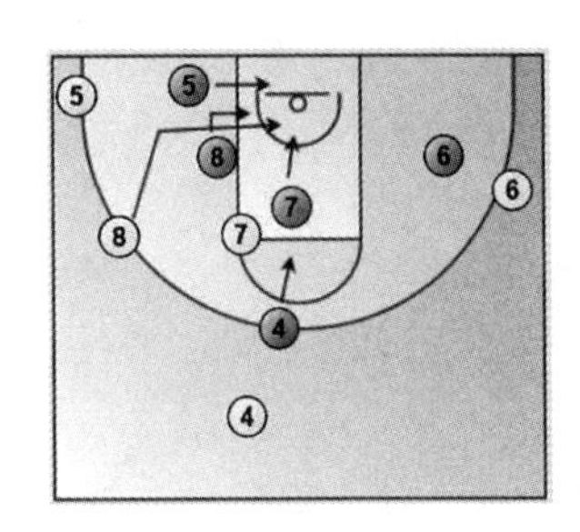

图 3-43　防横切

示例二：防外围队员持球突破（见图 3-44）。如果是④从中路突破，靠近突破路线一侧的防守队员❺，要向其突破路线移动与❹做“关门”配合堵截④的突破。同时❼移动到篮下进行补防，❽移动到⑦的侧前方切断传球线路，❻稍向上移动，准备断④向⑤或者⑥的传球，若“关门”不成则❹尽量阻断④向篮下切入的路线，迫使④向❻运球从而创造出在底角夹击的机会。如果是底线球员⑥突破，❻首先要利用身体和左脚堵住底线，迫使⑥从靠近❺的一侧突破，以便形成❺和❻关门堵截，一旦⑥成功从底线突破，则❻应尽量逼迫⑥沿底线运球，❼上前补防，尽最大可能形成夹击，❹、❺、❽防守队员要向篮下收缩与补防，并找机会断球（见图 3-45）。

图 3-44　防中路突破

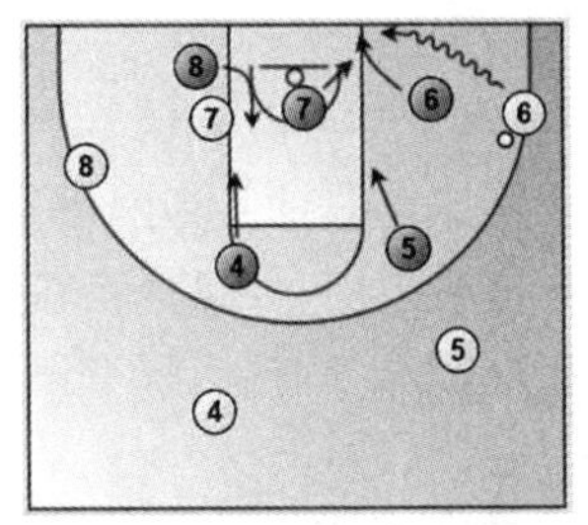

图 3-45　防底线突破

二、进攻半场人盯人防守配合教学与训练方法

(一)进攻半场人盯人防守战术概述

进攻半场人盯人防守是根据半场人盯人防守的一般规律所制定的基本进攻战术。这种战术利用各种传切、掩护、策应、突分等基础进攻配合来摆脱人盯人防守,创造出有利的投篮机会。

进攻半场人盯人防守的常用基本队型有单中锋站在罚球线附近的2-2-1队型(见图3-46),单中锋站在篮下附近的2-3队型(见图3-47),双中锋上、下站位(见图3-48)。

图3-46　2-2-1进攻队型

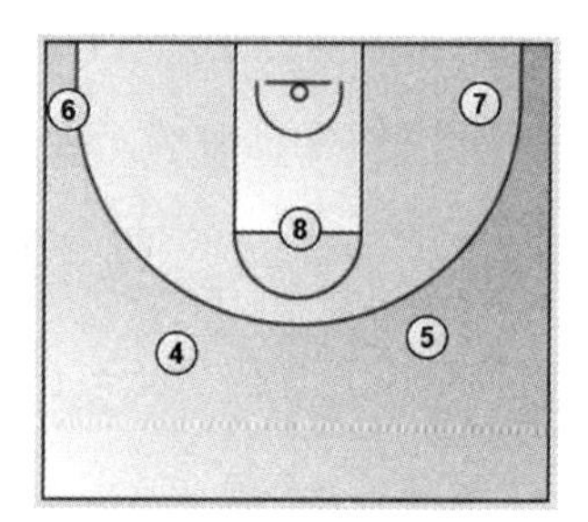

图3-47　2-3进攻队型

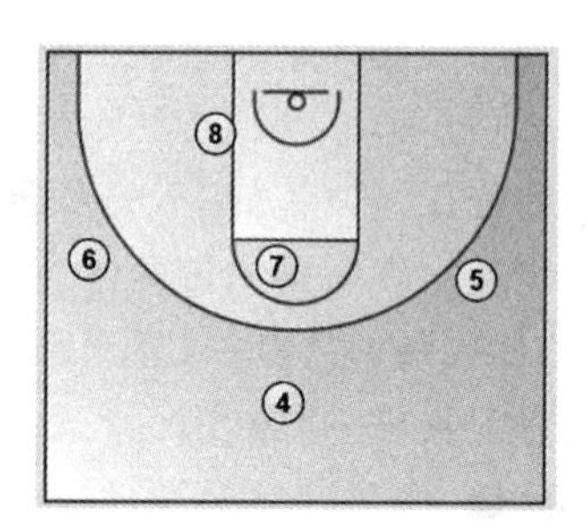

图3-48　1-3-1进攻队型

(二)进攻半场人盯人防守的基本要求

(1)要根据队员的身体水平与技术能力来建立合适的进攻战术配合。

(2)由守转攻时,要迅速落位,形成战术队形。

(3)在执行战术时,不仅要明确进攻重点,而且要熟知每个进攻机会,提高战术的机动性与灵活性。

(4)战术应该充分利用内线与外线,扩大进攻范围,增加进攻点。

(5)在进攻结束时,既要有计划地拼抢前场篮板球,又要有组织地退防。

(三)进攻半场人盯人防守示例

(1)后卫利用中锋的掩护进行空切:发动时,④必须给⑥传好球,⑥要摆脱防守把球接好,如果⑥不能摆脱和接球,则⑧去为⑥做掩护,⑥切入篮下接球进攻(见图 3－49)。

(2)传球给中锋:中锋⑤若个子较高,接球后第一选择是直接投篮。如果原来防守⑥的球员对⑤进行夹击,则⑥应立即向左或向右移动接⑤的回传球投篮(见图 3－50)。

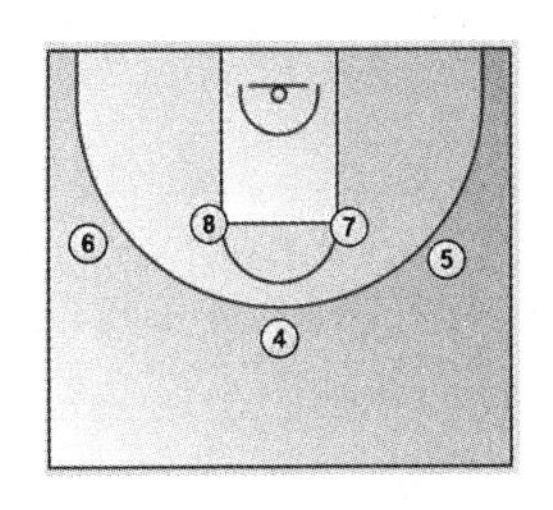

图 3－49　进攻半场人盯人 A

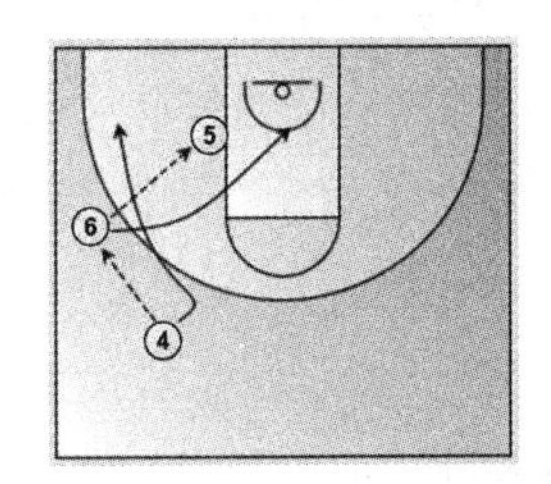

图 3－50　进攻半场人盯人 B

(3)如果外围⑧的投篮不稳定,⑧可将球传给⑤然后去为⑦做掩护,⑦切入后接⑤的传球投篮(见图 3－51)。

(4)当球在右侧前锋⑥手中,⑥选择突破时,中锋⑦要向远离球一侧的底线移动,将篮下的空间拉开,让⑥可以上篮,或将球分给⑧或⑦进行攻击(见图 3－52)。

图 3－51　进攻半场人盯人 C

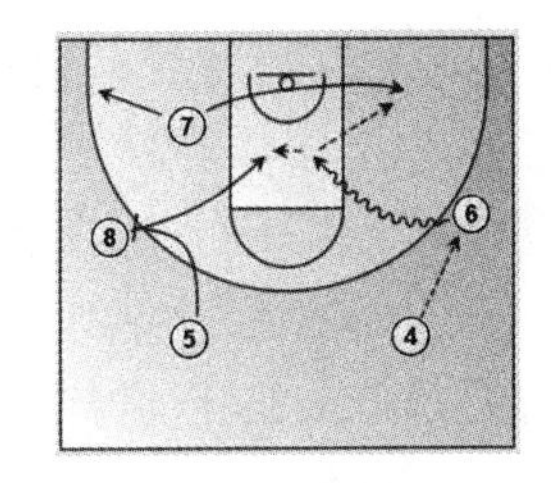

图 3－52　进攻半场人盯人 D

第五节　全场紧逼人盯人防守与进攻全场紧逼人盯人防守

一、全场紧逼人盯人防守教学与训练方法

(一)全场紧逼人盯人防守概述

全场紧逼人盯人防守是一种扩大到全场的人盯人防守,在所有的比赛中,全

场紧逼防守都是一件非常可怕的武器。实战中特殊情况下有的教练员会偶尔采用,而有的教练员会在整场比赛都采用。教练员一般会针对不同的比赛情况,根据不同的对手制定不同的全场紧逼阵型,利用全场紧逼防守的优势,从而将比赛带入对本方有利的攻防节奏中,进而达到赢球的目的。

全场紧逼人盯人防守是一种由进攻转为防守时,防守方在全场范围内迅速布防,以个人攻击性防守技术为基础,结合全队防守基础进行配合,对进攻方破坏性极大的整体防守战术。其特点是:对重点区域及持球队员采用压迫式防守,主动实施各种攻击性防守手段(如夹击、抢断等),迫使进攻方出现失误导致节奏被打乱而无法形成有效进攻的整体防守战术。

(二)全场紧逼防守战术的目的与优缺点

全场紧逼人盯人防守的主要目的有:①通过设置陷阱、夹击抢断球获得更多的球权;②逼迫对手只能往后传球,延误进攻时间,造成违例;③打乱对方进攻节奏从而获得有利于自己队伍的比赛节奏。

全场紧逼人盯人防守的优点与缺点:优点为不给进攻队员任何喘息的机会,打乱对手的进攻节奏,提高队员士气,获得更多的球权并且能够快速反击从而轻松得分。缺点为需要防守队员有充沛的体能和十足的默契,一旦紧逼不成,容易使对手轻松得分。

(三)全场紧逼防守战术的示例

(1)在前场进行紧逼的战术示例如下。

示例一:以防各自对手为基础的紧逼防守形式(见图 3 - 53)。在④到端线发界外球的时间里,场上防守队员要尽快找到自己的对手,选择好防守位置,阻断对手传球的路线。特别是❹、❺、❻更应严密防住自己的对手。❹要注意观察④的传球意图,积极挥动两臂封堵传球路线,影响其传球的准确性,从而创造出断球机会。❺和❻要尽量不让⑤和⑥接球,伺机断球,后场的❼和❽应站在⑦和⑧的侧前方防守,距离可远些,但要时刻注意球和自己对手的活动,准备断远传球。如果④成功将球发进场内,防持球的防守队员要稍向后撤,运用“放边堵中”的策略,迫使其沿边线运球创造夹击配合,其它队员应及时调整位置,伺机断球。

示例二:以夹击为基础的紧逼防守形式(见图 3 - 54)。对方控制支配球能力较强的队员⑤在靠近发界外球队员时,防守队员❹可放弃防守④,与❺夹击⑤,不让其接球。夹击时,❹可面对⑤堵截,❺站在⑤的侧后方准备断④的高吊球,❻在⑥近球一侧的侧前方尽量不让其摆脱接球。❼和❽都在对手的内侧前方,准备断远传球。如果④将球传进场内,则❹准备上去防守进入场内的④,防持球的防守队员，运用“放边堵中”的策略创造夹击的机会，尽可能使进攻队员在前场发生失误。

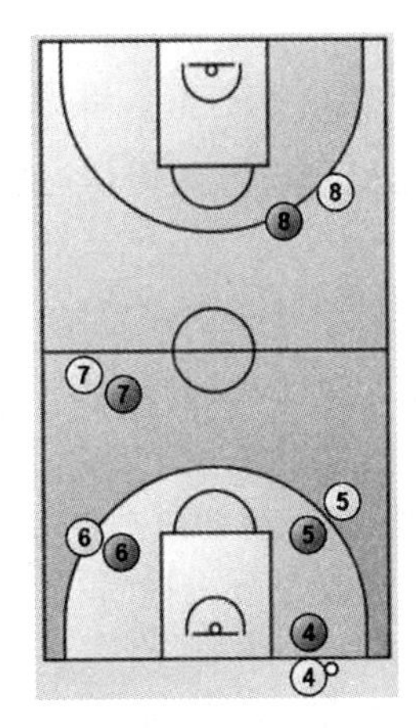

图 3－53　全场人盯人紧逼防守 A

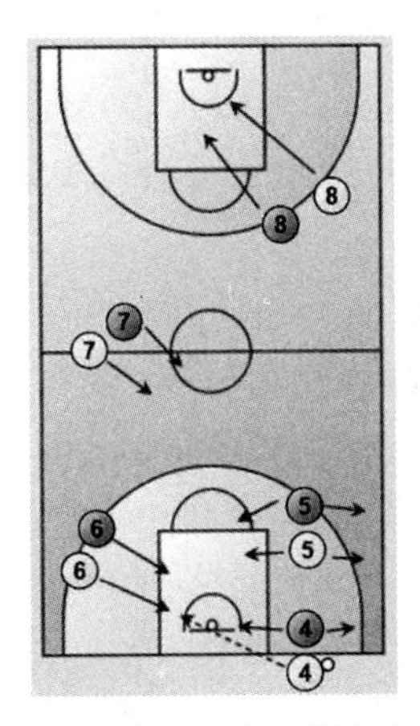
图 3－54　全场人盯人紧逼防守 B

示例三：游击式的紧逼(见图 3－55)。这种紧逼方法主要是为了创造夹击机会。❹要放弃防守④，准备夹击任何一个接界外传球的队员。❹站在罚球线与弧顶之间(见图 3－54)，这样便于在对方接球时夹击或对方接球后突破时夹击。

(2)在中场进行紧逼的战术示例。中场紧逼是为了创造出夹击，迫使对方失误的紧逼战术方式(见图 3－55)。这种防守形式，每个队员要尽全力防住自己的对手，同时迫使进攻球员沿边线移动，当球运至或传向边线时便立刻在中场场角进行夹击，夹击的补位方法(见图 3－56)。

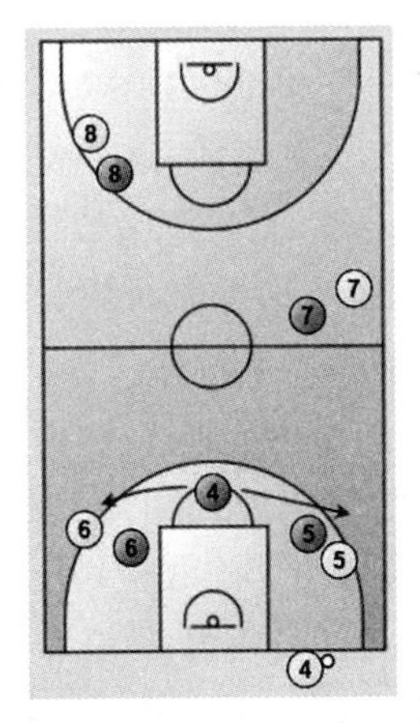
图 3－55　全场人盯人紧逼防守 C

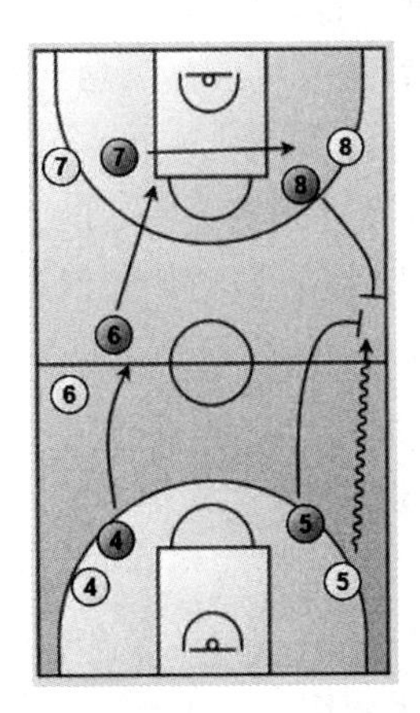
图 3－56　全场人盯人紧逼防守 D

二、进攻全场紧逼人盯人防守

（一）进攻全场紧逼人盯人防守概述

进攻全场紧逼人盯人防守是针对全场紧逼人盯人防守的一种进攻战术。该战术早期主要依靠个人能力来撕开防守，后来逐步出现了用传切、策应、掩护等配合方法来破坏防守。

它主要有两种进攻阵型：一是由守转攻时5名球员集中在后场，拉开前场的空间以便快攻偷袭取分；二是进攻时5名球员分散在全场的相应位置，增大对方需要防守的面积，利用防守的薄弱环节来取分。

采用该战术进攻时可分为后场和前场两个阶段。后场进攻主要是接发球，并将球安全推进到前场；前场进攻则和进攻半场人盯人战术相同。

（二）进攻全场紧逼人盯人防守基本要求

（1）由守转攻时，组织全队快速反击，打乱对方的防守部署，若有机会可利用快攻快速取分。

（2）要熟练掌握一套进攻全场紧逼人盯人防守的战术，且要会灵活地使用。

（3）队员们思想要统一、行动也要有序。

（4）要有稳定的情绪，不要因害怕全场紧逼而造成过多失误，或因防守凶猛动作较大而产生急躁的情绪。

（三）进攻全场紧逼人盯人防守战术示例

示例一：进攻有夹击的全场紧逼人盯人防守的战术。

如果对方的布阵形如图3－57所示，进攻开始时，⑤摆脱❺向④移动接球，并稍靠近❹，故意吸引❹和❺进行夹击，但⑤向④移动抢位接球时，必须把❺挡在右侧，接球时面向左侧底角，使自己和❺近似成一条直线，这样便于在对方夹击时传球给沿边线快速移动的④，④发出界外球之后，要立刻沿边线移动并做好准备接⑤的传球。当⑤接到回传球时，⑥慢速向前场移动，④接到⑤的球后，⑥可快速折回至中圈附近接④的传球形成策应配合，⑥策应时，⑦快速移到罚球线接⑥的球后策应（见图3－58）。如果不能折回，则⑥继续向前移动，而④要持球突破，⑦利用和⑥的交叉掩护移动到罚球圈内接④的传球做策应配合（见图3－59）。

另外，若⑧能摆脱❽的防守，则④可将球直接传给⑧形成传切配合。这是传球人的第一选择，因为这个办法既简单又不会消耗队员过多的体力。

示例二：利用全场的掩护、策应、空切配合来进攻全场紧逼人盯人防守。

（1）进攻阵型（见图3－60）。在外界发球的④是一个技术全面，判断能力强且有速度的队员。⑤、⑥是两名控球能力强且有一定经验的队员。⑧在中线附近，是一个灵活的高前锋，善于策应且有一定的投篮。⑦在前场靠近底角，是身高较高，有丰富的篮下进攻手段且近距离终结能力强的队员。

(2)进攻阶段(见图 3－61)。⑤向④移动假装要球，此时⑥摆脱❻接④的传球并转身面向前场而站，④传球后利用⑤的后掩护快速移动至前场。当④到达前场后，⑤摆脱❺后从中路空切接⑥的传球，这时⑧要向❼移动给⑦做掩护，⑦插入到发球弧顶附近后接⑤的传球做策应，⑦接球面向篮筐，这时⑦可以将球传给空切篮下的④或⑤上篮。

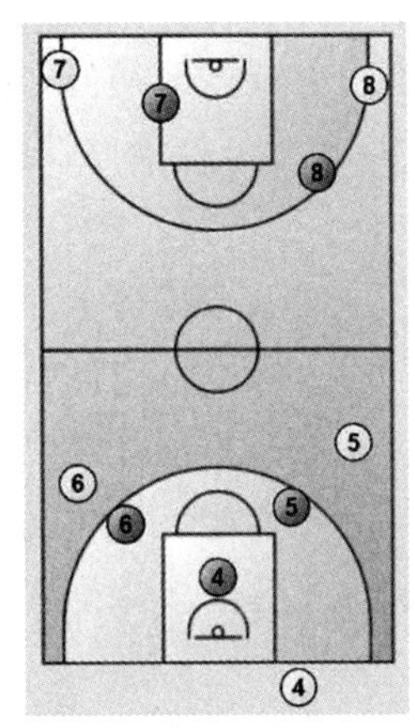

图 3－57　进攻紧逼防守 A

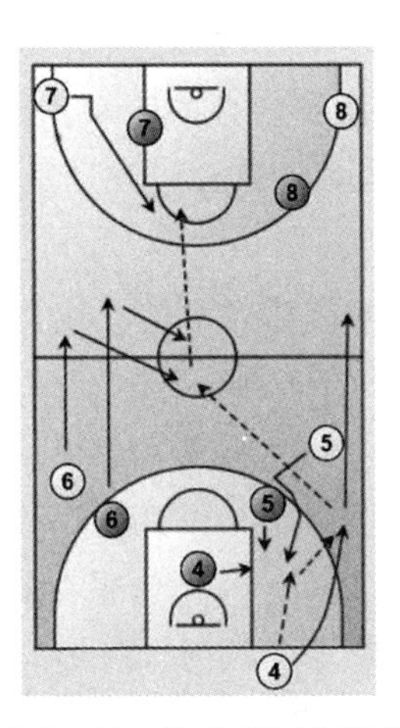

图 3－58　进攻紧逼防守 B

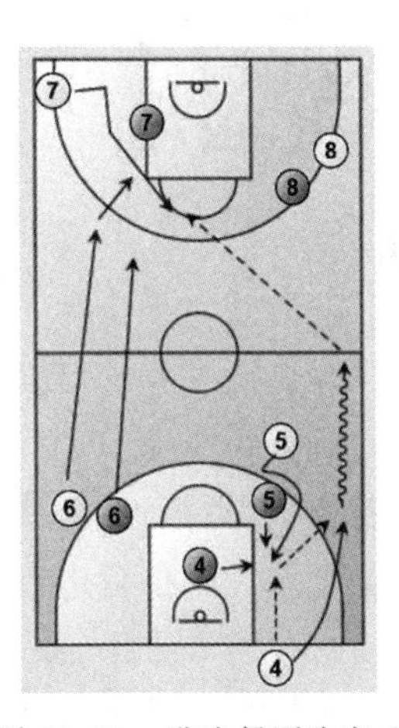

图 3－59　进攻紧逼防守 C

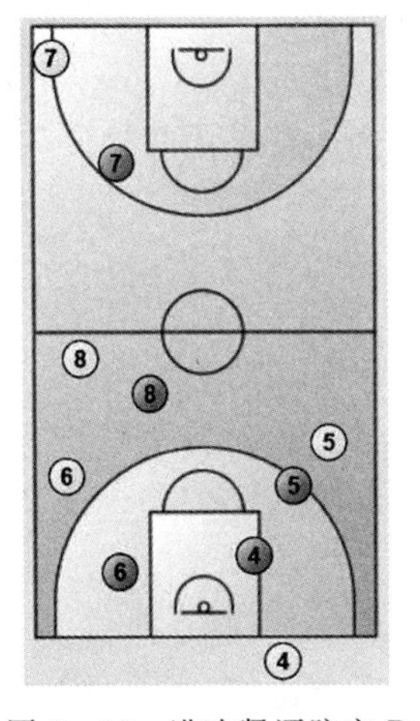

图 3－60　进攻紧逼防守 D

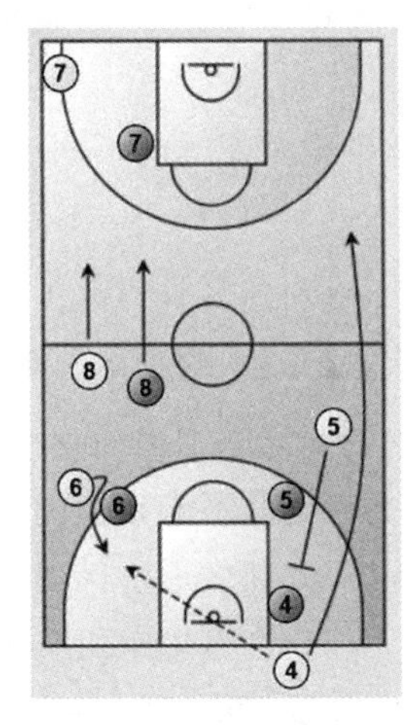

图 3－61　进攻紧逼防守 E

第六节　区域联防与进攻区域联防

一、区域联防教学与训练方法

（一）区域联防战术概述

扫码观看同步视频

区域联防是篮球集体防守战术之一，顾名思义，区域联防与人盯人防守的区别在于主要是以防区为主。其具体指的是由攻转守后，防守队员在本方后场组成区域联防的阵式，按分工防守各自的区域。在防守过程中要严密防守进入自己负责区域的球和进攻队员，通过移动补位，封锁内线，将各区域有机地联系起来。

联防战术最早始于1909年美国东部的一次篮球比赛，人们发现防守者不跟随无球队员的移动可获得短暂的休息。随着篮球运动的进一步发展，联防战术也得到进一步推广。1914年，美国克拉夫顿队在与宾夕法尼亚布里斯托尔队的比赛中，因地板太滑，队员难以发挥应有的速度，教练员卡门·亨德森要求每个队员选定一个位置进行防守，结果取得了意想不到的效果。此后众多球队纷纷效仿这种防守方法，并通过不断地改进与发展形成了最初的联防。

纵观现今世界篮球防守战术的发展史，从最初的盯人——联防雏形——多种固定联防形式——机动变化盯人防守，逐步形成了结合人盯人、联防两大防守体系优点的综合性防守体系，体现出现代篮球防守战术所具备的针对性、集体性和攻击性特征。

区域联防中根据对方的不同进攻特点，防守通常采用的站位队形有：2—1—2；3—2；2—3；1—3—1；1—2—2；对位联防；1—1—3联防；等等。不同的阵型有不同的特点和作用，在比赛时应根据对方攻击的特点，有针对性地选择和运用。

（二）区域联防战术的基本原则与运用

1. 区域联防战术的基本原则

（1）场上的五名队员必须协同一致，如同有绳索连接“牵一发而动全身”，及时向有球一侧（即威胁较大的区域）移动。

（2）进攻失球后应迅速组织全场防守。在失球时，要立即组织干扰与积极封一传，对运球队员要堵中路、卡两边，限制对方的快攻，为迅速回到后场落位争取时间。

(3)阵地防守的落位,应根据进攻方的特点,采取有针对性的站位形式,不断变化队形,应横向移动轮转补位,防止进攻队员因人员位置的移动造成局部防守负担过重的现象。

(4)对持球人的防守应采用人盯人的方法,而对无球队员应时刻控制对手的行进方向。防守是自己防守区域对向球移动的接球队员应及时抢占对方的传球路线,让进攻对手无法在有效得分区接到传球。以此来防止和控制进攻队员内外、左右的传球。防守中要能随时伸缩防守,及时使用关门、夹击等防守配合,提高防守的攻击性。

(5)对于远离球的防守队员,要有目的地放弃防守区域还没有攻击威胁的进攻队员,做到人球兼顾的同时,向有球一侧靠拢。防守中要特别注意防止本区进攻队员的横切和背切;遇到进攻能力较强的对手时,应尽力阻止其接球。

(6)在防守中,每一名队员都应站在预定的区域内,保持较好的防守姿态,同时,上场后一定要明确自己同伴的任务,集中注意力,迅速移动,张开双臂扩大控制面,通过肢体动作阻止对方的传球和跑动,迫使进攻方出现行动错误和传接失误。

2. 在实际运用中采用的策略

(1)根据本队队员的身体条件和技术特长,扬己之长攻彼之短,合理分配防守区域。安排在外线的防守队员要具有较快的移动速度,具有足够的侵略性;安排在篮下区域的防守队员要视野开阔、身材高大、控制范围大、抢篮板球能力与补防能力强。

(2)防守队员要保持规范的防守姿势,屈膝降低身体重心,积极移动,防守时人球兼顾,大声呼应。

(3)由攻转守时封堵要积极有序,回撤迅速落位,及时布置好防守阵型。

(4)半场防守时,对持球人要进行贴身紧逼防守,阻止其投篮和向内线传球,特别是防止直传球,迫使接球队员在场角接球或逼迫运球队员向场角运球,形成夹击。

(5)防守无球队员时,对离球近的队员要抢占有利位置,封堵接球路线,逼迫接球人远离篮筐,破坏其习惯的战术配合;要适当减轻对离球远的队员的防守,全队应向有球一侧移动,随时形成对有球人的紧逼夹击防守。

(6)防守内线中锋时,要采用侧前或者绕前防守,封堵本区域进攻队员接球路线;当进攻中锋向篮下空切或向球移动时,要用身体积极封堵移动路线和抢位,随时与同伴进行“护送”或“越区防守”。

(三)区域联防的战术阵型

随着篮球运动的进一步发展,运动员身体素质、能力及防守意识的不断提高,无论哪一种防守阵型,都能体现出它的协同性、攻击性、多变性、伸缩性等特点。不同的区域联防阵型布局有其优势,同时也存在防守的薄弱区域。

1. 2—1—2 阵型

2—1—2 区域联防是区域联防最基本的形式(见图 3-62、图 3-63)。其特点是防守队员的位置分布较均匀,队员间的移动距离近,有利于彼此之间相互呼应、相互协作,最重要的是队员之间可以根据进攻方的攻击特点及时改变防守队形,同时便于控制限制区和篮下的防守。

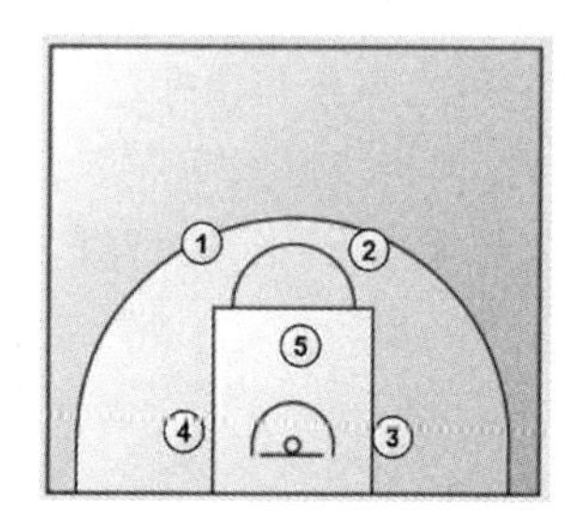

图 3-62　2—1—2 阵型

图 3-63　2—1—2 阵型

2. 2—3 阵型

2—3 区域联防阵型适用于防守擅长在篮下、底线、场角进行投篮的队(见图 3-64、图 3-65)。这个防守阵型也能够对内线进攻队员进行有效的预判和协防,有利于拼抢篮板球。

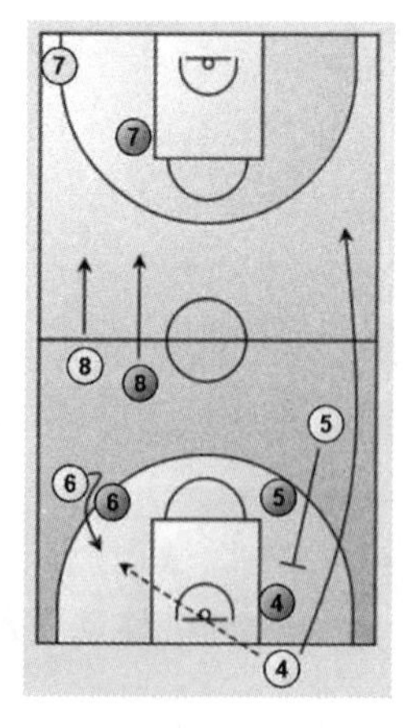

图 3-64　2—3 阵型

图 3-65　2—3 阵型

3. 1—2—2 阵型

1—2—2 区域联防的主要特点是能够加强对外线的防守(见图 3－66、图 3－67),特别是可以有效地控制中路运球突破的队员和三分线弧顶两侧投篮的队员,同时有利于对在罚球线接球进攻的队员形成包夹。

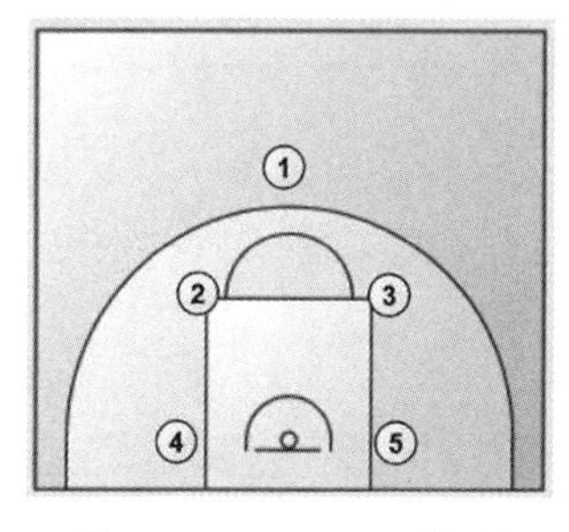

图 3－66　1—2—2 阵型

图 3－67　1—2—2 阵型

4. 1—3—1 阵型

1—3—1 区域联防能够有效加强正面、罚球区和罚球区两侧进攻的防守(见图 3－68、图 3－69)。从图中可以看到,五名队员间可以形成有效的联系,相互之间便于协防、呼应,形成整体防守,1—3—1 区域联防可以更加有效地阻断进攻队员之间的传接球联系。如果防守整体移动速度快,此阵型在防守的伸缩性、攻击性方面将更为突出,并且可在场角等区域形成夹击。

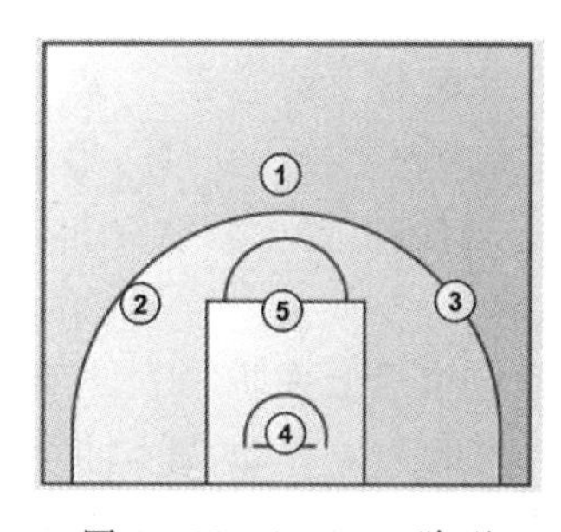

图 3－68　1—3—1 阵型

图 3－69　1—3—1 阵型

5. 3—2 阵型

3—2 区域联防能够更加有效控制外围的防守(见图 3－70、图 3－71)。优点在于防守外围进攻队员中远距离投篮,并且能在后场抢到篮板球后迅速发动快攻。其形式可以与 1—2—2 区域联防交互变形,防守特点也具有相同之处。

图 3 - 70　3—2 阵型

图 3 - 71　3—2 阵型

6. 1—1—3 阵型

1—1—3 阵型是 2—3 联防的变化阵型(见图 3 - 72),主要运用在当持球队员在罚球弧顶,进攻队员进行交叉掩护时。防守队员可以及时进行换防,同时能够有效阻止进攻中锋要位接球。防守中防守队员换防后可以绕前防守要位的进攻方中锋队员,能有效地弥补因错位防守而发生的漏人情况。

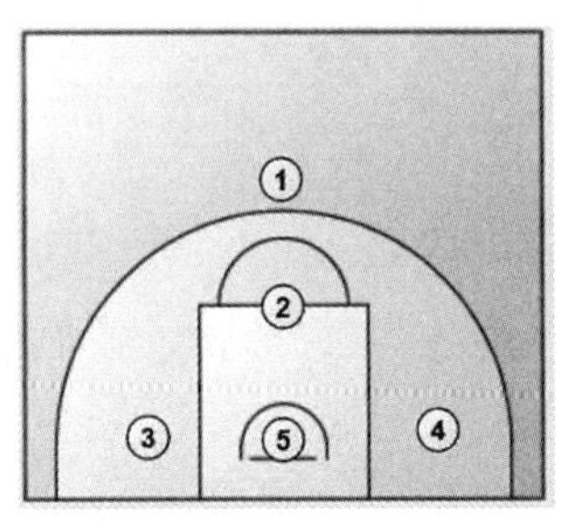

图 3 - 72　1—1—3 阵型

(四)区域联防的防守示例

示例一:2 — 1 — 2 区域联防的配合方法。

(1)当球在弧顶时(见图 3 - 73),④在弧顶持球,此时❹上前防守④,❺应稍向罚球线移动,一方面防止④传球给⑤,另一方面准备断④传给⑥的球,❻要上移防守⑥,❼要防守⑧,同时要注意保护篮下,控制⑧的活动,❽上移防守⑤,❻、❼、❽在篮下形成三角形,有利于抢下防守篮板。

(2)球在两侧时(见图 3 - 74),④传球给⑦时,❺应快速上去防守⑦,尽量做到人球同时到达,❹要防止⑦传球给⑤,❽向篮下有球的一侧移动,既切断⑦和⑤的传球路线,又要防止⑤向篮下空切,❼要绕前防守⑧,切断⑦给⑧的传球线路,❻要向篮下移动,既要防止⑥的突然插入,又要准备抢断⑦传给⑥的横穿球和高吊给⑧的球。

(3)球在底角附近时(见图 3 - 75)。当⑤接到球时,❺紧逼⑤,防投篮,放底线突破,防传球,❼要迅速到底角与❺夹击⑤,❹向⑦一侧退防,同时要注意抢断⑤可能传给⑦与④的球,❽向斜后方移动,阻断⑧下插的路线,❻防⑥的插入。

(4)球在中锋手里时(见图 3-76),当④传球给⑤时,❽应在⑤的后面防守,干扰其投篮,防止其突破并阻碍其策应传球,此时❹要尽量后撤与❽夹击⑤。如果⑧溜底线,则❼要阻止⑧在篮下接球。❻要防止⑥向篮下空切,同时要注意抢断⑤给⑥的传球,❹和❺帮助❼防守⑤,若⑤的进攻威胁较大,❹、❼、❺可选择夹击⑤。

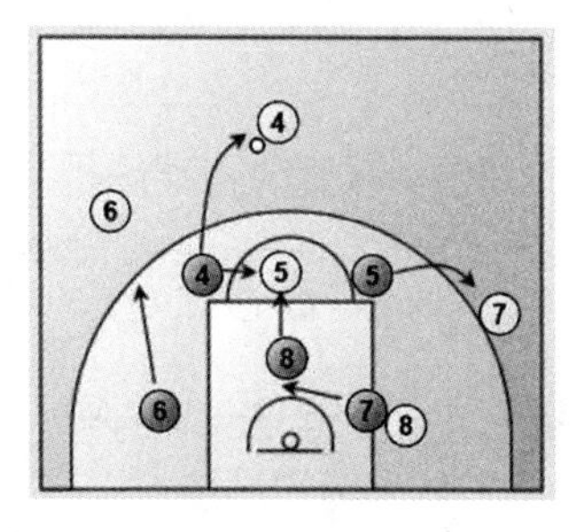

图 3-73　2—1—2 联防 A

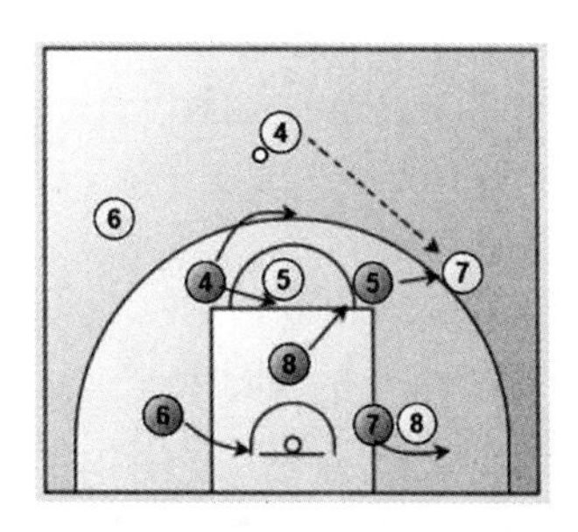

图 3-74　2—1—2 联防 B

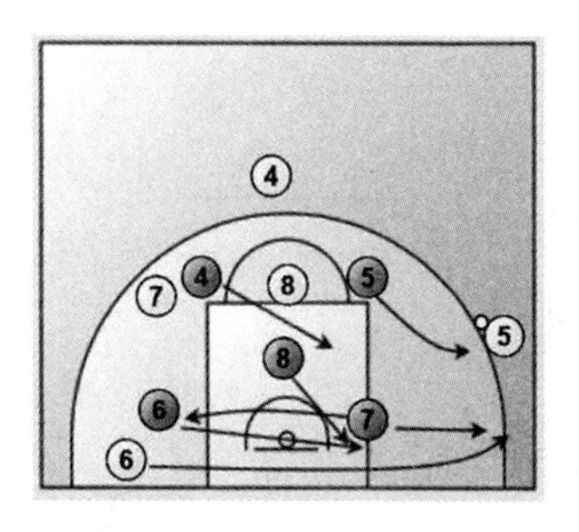

图 3-75　2—1—2 联防 C

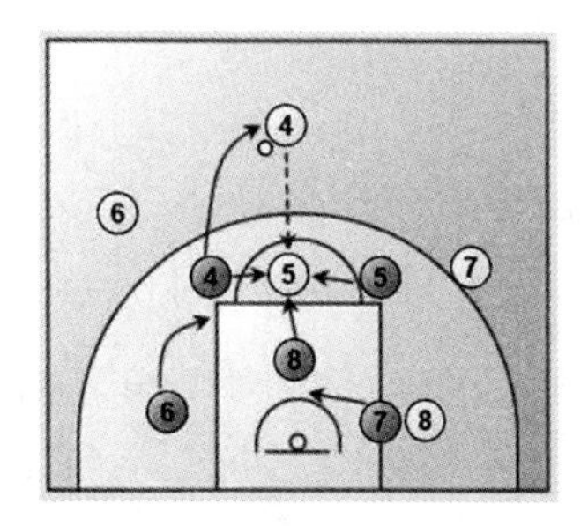

图 3-76　2—1—2　联防 D

示例二:3—2 区域联防的配合方法。

(1)当球在 4 手中时(见图 3-77)。❹上去防④,❽向❹左侧后方移动,来帮助❹防守,❺斜向后撤,防止⑤的插入和④将球高吊给⑤,❼绕前防守⑦,❻向有球一侧的篮下移动防⑥,如果④选择从中路突破,❹要积极封堵并与❽形成“关门”配合。

(2)当④把球传给⑤时(见图 3-78)。❺上去防⑤,❹迅速移动到罚球线附近,协助❺防守⑤,❼向⑧靠近篮筐一侧的后方移动,防止⑧的插中,❻移向⑥靠近球的一侧,防止⑥的接球,❽仍在篮下准备防⑦的切入。

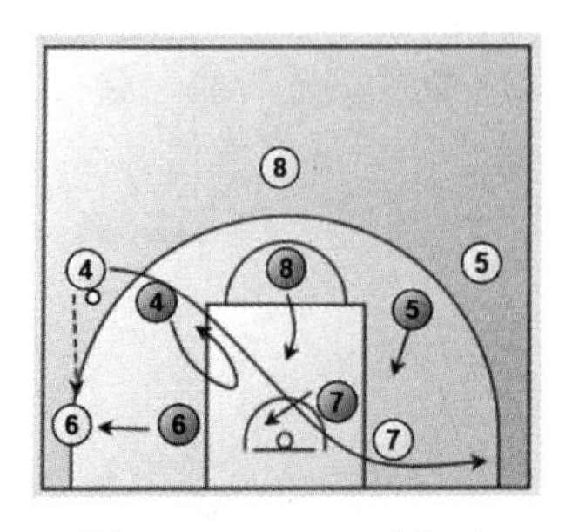

图 3－77　3—2 联防 A

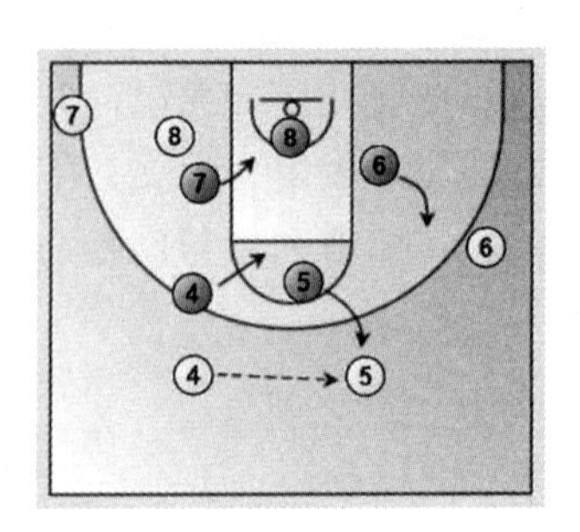

图 3－78　3—2 联防 B

(3)当⑤传球给⑥时(见图 3－79)。❺稍向里回缩，❹移到罚球线附近，同时面向⑥，❽由篮下移动到三秒区边缘，以备⑥突破后的补位，❼稍向⑥一侧移动，同时防止⑧的插中。

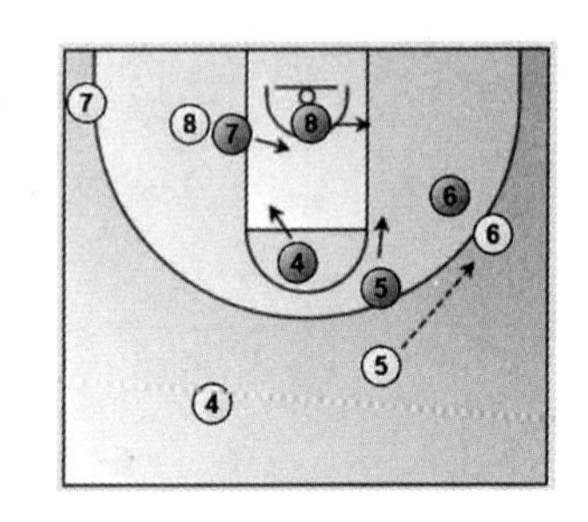

图 3－79　3—2 联防 C

示例三：1—3—1 区域联防的配合方法。

(1)当弧顶的④持球时(见图 3－80)，此时要注意防守各自区域里的进攻队员，但❹要紧贴持球者④防守，❼要绕前或站在⑦的侧面防守，❽在篮下，准备防守④向篮下的高吊球。

(2)当④将球传给⑤时(见图 3－81)，❺防守⑤，❹移动到⑦的侧前方协助❼防⑦，❽站在⑧靠近球的侧后方，❼移动到⑦近球一侧，防止⑦接球，❻撤到篮下防止⑥的插入和⑤向对侧底角传球。

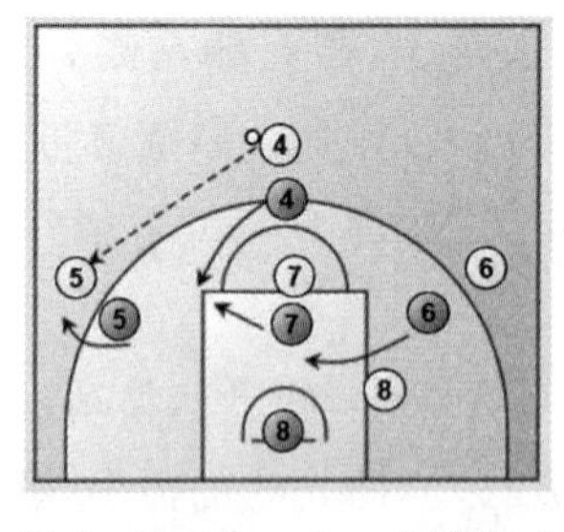

图 3－80　1—3—1 联防 A

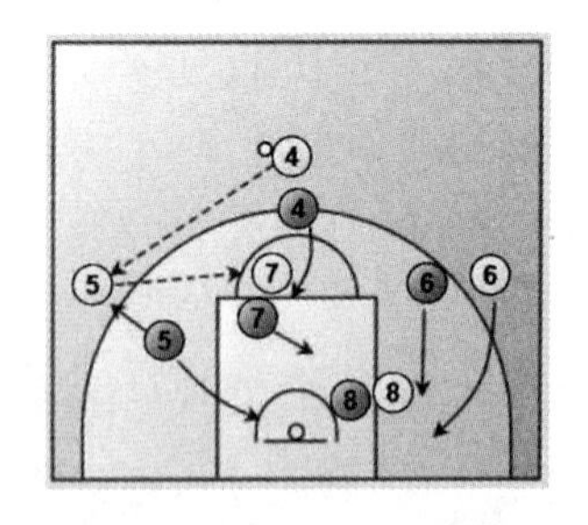

图 3－81　1—3—1 联防 B

(3)当球传给底角的⑧时(见图 3－82)，❽防⑧要尽量做到能防投，又能防突，尤其特别注意防⑧从底线突破，❻向底线移动，站在❽的侧后方，以备与❽关门防⑧的突破，❼移动到罚球区中部稍靠⑦的一侧，以防⑦向篮下的切入，此时❹要撤至⑦靠近球一侧的侧后方，这样可有效防止⑦向篮下的切入。

(4)当⑤将球传给上步的⑧时(见图 3－81)，❽与❹立即夹击⑧，❺与❼都向后撤一步，以备堵截⑤或⑦向篮下的切入。❻稍微向⑥移动，准备堵截⑥向篮下空切的路线和断⑧向⑥一侧的传球。

示例四：2 — 3 区域联防的配合方法。

(1)当球在弧顶的⑧手中时(见图 3－83)，❹要上去防守⑧，❺要向罚球线附近移动，准备协助防守④。❽、❻、❼要防止⑧、⑦切入篮下。

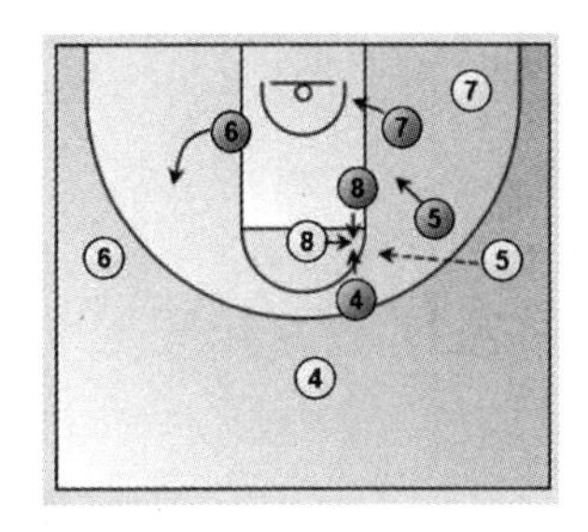

图 3－82　1 — 3 — 1 联防 C

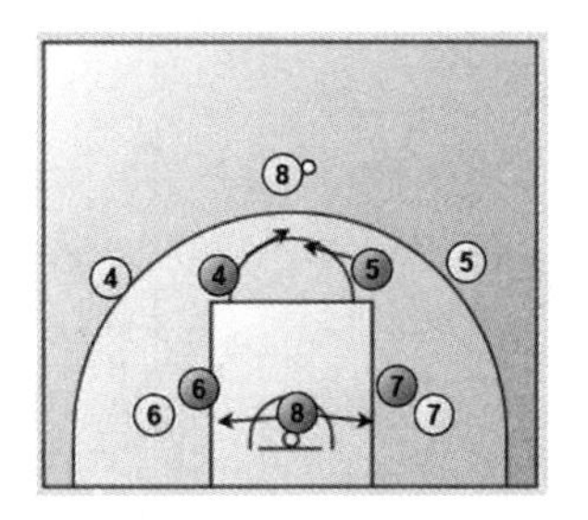

图 3－83　2 — 3 联防 A

(2)当球由⑧传给④时(见图 3－84)：❹迅速上前防守④，❺要及时向罚球线中间移动，目的是防止⑧的空切。❻要移动到⑥靠近球一侧的侧面，切断④给⑥的传球路线，❽要向罚球线中间移动，以防⑤的切入。❼要向篮下移动，防止⑦向限制区内的空切。

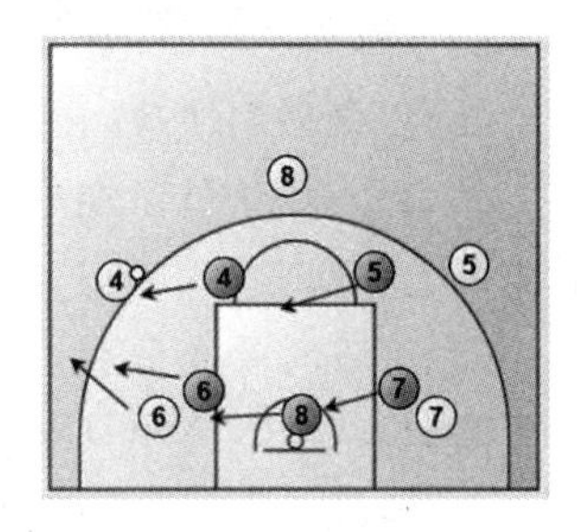

图 3－84　2 — 3 联防 B

二、进攻区域联防教学与训练方法

(一)进攻区域联防概述

进攻区域联防是根据区域联防的一般规律，针对对手联防中的薄弱环节，结合本队实际情况所制定的进攻战术配合。对于区域联防，最好的进攻方式便是在对方还未形成防守阵型时，用快攻取分，但不可能整场比赛都用快攻来取分。因此，需要采用一定的进攻队型，通过人的移动与球的转移，形成局部地区以多打少的局面，从而创造出有利的进攻机会。

进攻区域联防时常用的进攻队形有以下几种："1 — 3 — 1"队型(见图 3－85)，"1 — 2 — 2"队型(见图 3－86)，"2 — 2 — 1"队型(见图 3－87)。

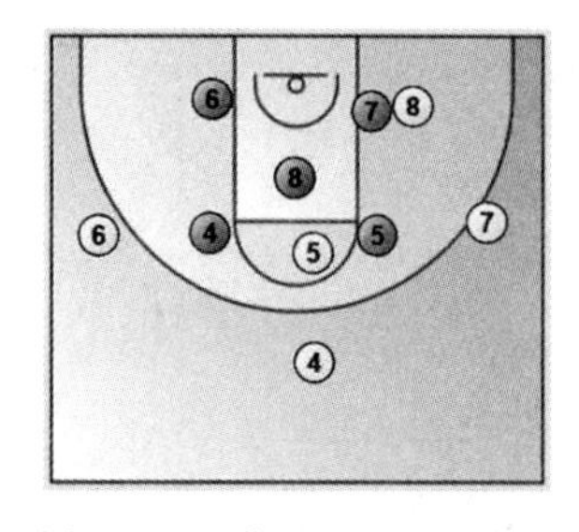

图 3-85 “1—3—1”队型

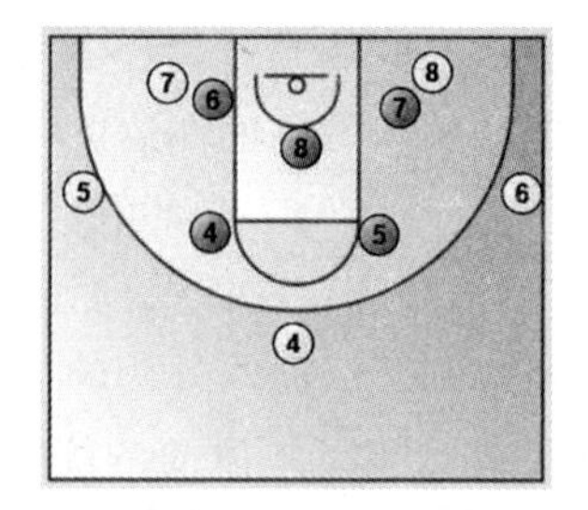

图 3-86 “1—2—2”队型

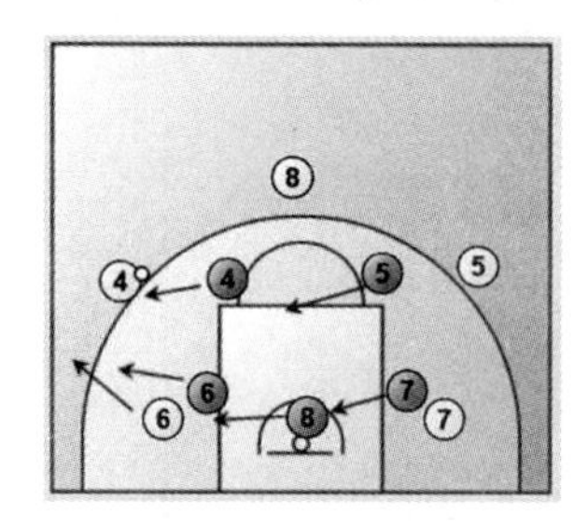

图 3-87 “2—2—1”队型

(二)进攻区域联防的基本要求

(1)积极采用快攻,在一开始就打乱对方的防守队型。

(2)当防守队员已经形成区域联防时,要主动占据防守的薄弱区域,在局部形成人数优势。

(3)进攻时要充分利用球的转移来调动对方的防守,让对方因移位、补位而产生漏洞,从而创造出良好的进攻机会。

(4)精准的中、远距离投篮是进攻区域联防的重要手段。不仅可以直接取分,而且可以扩大进攻区域,拉大防守面积,为篮下制造有利的进攻条件。

(三)进攻区域联防的示例

示例一:运用 1—3—1 队型进攻 2—1—2 区域联防的战术配合方法。

(1)左右两侧反插。进攻配合队型(见图 3-88):④、⑦、⑥互相传球,一旦防守者注意力被吸引到左侧时,④或者⑥突然把球传给右侧的⑦。⑦可利用❺来不及上前防守的机会,进行中距离投篮,当❼向前移动防⑦的投篮时,则右侧篮下被拉空。此时⑥要立刻从左侧反插到篮下,接⑦的传球投篮。如果❽移动补位防⑥,则罚球线内成为无人防守区,⑤可乘机向篮下移动,接⑦的传球投篮或突破进攻。以上进攻机会如果都没有成功,⑧移到⑥的原位,仍然形成 1—3—1 队型,可用同样的方法从右侧开始发动进攻。

(2)内线移动进攻与外线中投相结合。进攻配合队型(见图 3－89)。④、⑦、⑧偏右侧传球,吸引防守队员向右侧防守。然后,突然通过④或⑦将球传给⑥。⑥可利用❻或❹来不及上来防守的机会进行中距离投篮。若⑥接球后没有投篮机会,要用投篮假动作,诱使❻上前防守,此时,⑧可突然从底线移动到篮下或右侧接⑥的传球投篮,若❼紧贴⑧防守时,则左侧篮下会出现空当,⑦要及时向下移动,接⑥的传球后投篮,若防守队员❽补防时,中锋⑤又可移到篮下,接⑥的传球投篮或突破投篮。

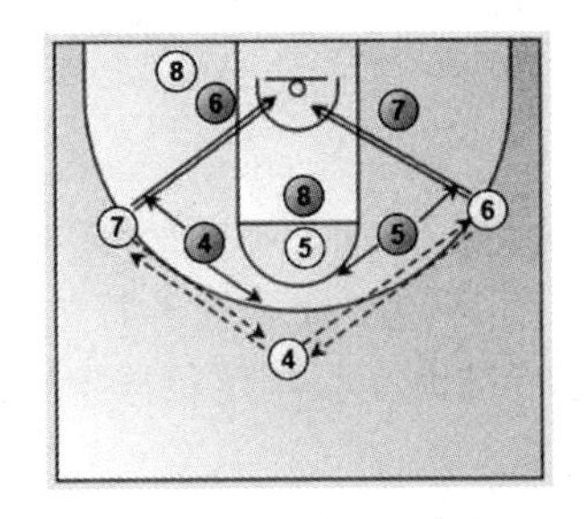
图 3－88　1—3—1 进攻法 A

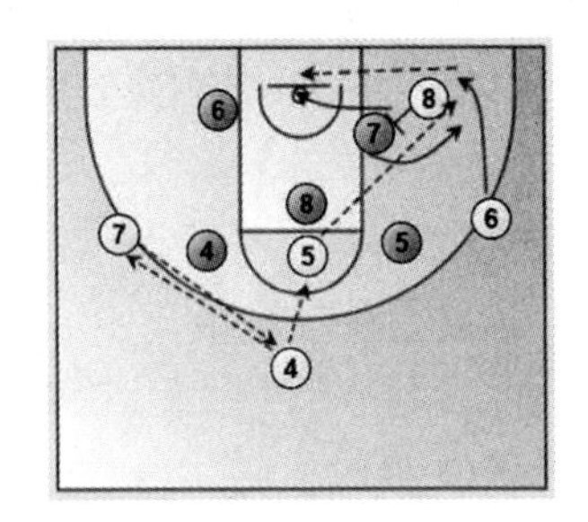
图 3－89　1—3—1 进攻法 B

(3)溜底线利用定位掩护进攻。进攻配合队型(见图 3－90)。⑦传球给④后,迅速由底线空切移到另一侧,并利用⑧的定位掩护,接⑥的传球投篮。⑥在传球之前,应做投篮的假动作,吸引防守者的注意力,当⑦溜底线❻跟随防守时,⑧尽量挡住❽和❻,为⑦移动到右侧底角进攻创造条件。⑦接到⑥的传球后,若❻绕过⑧去防⑦的投篮时,则⑧要及时向篮下空切,接⑦的传球投篮。如果❹随⑥的传球去防⑦时,则⑧要及时切入,接⑦的回传球进攻。

(4)横传球与掩护相结合。进攻配合队型(见图 3－91)。④、⑥互相传球,吸引❹、❼移动到右侧防守。⑦乘机向底角移动,借⑧的定位掩护,接④或⑥的传球投篮。若❽绕过⑧防守❼投篮时,⑦要及时将球传给向篮下移动的⑧,由⑧投篮。⑥、⑤、⑧冲抢篮板球。

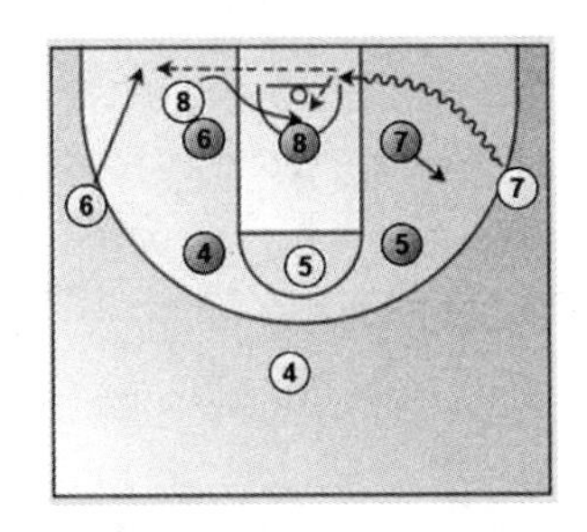
图 3－90　1—3—1 进攻法 C

图 3－91　1—3—1 进攻法 D

(5)下移上插进攻(见图 3－92),④、⑥互相传球,看时机突然将球传给⑤,若有机会,⑤跳起投篮;若没有机会,要做投篮的假动作,吸引❻上前防守,此时⑦迅速向篮下移动,接⑤的传球投篮。若❺紧贴⑦防守时,则外策应位置被拉空,⑧可迅速上插到⑦原来的位置,接⑤的传球跳起投篮,或突破进攻。若⑧没有进攻机会,⑧可将球传给移到篮下的⑤、⑥或⑦投篮。但是,如果由于❽的防守,使上插的⑧没有接到球时,右场角已被拉空,⑤可以用高吊传球的方法将球传给向下插入的⑥投篮。

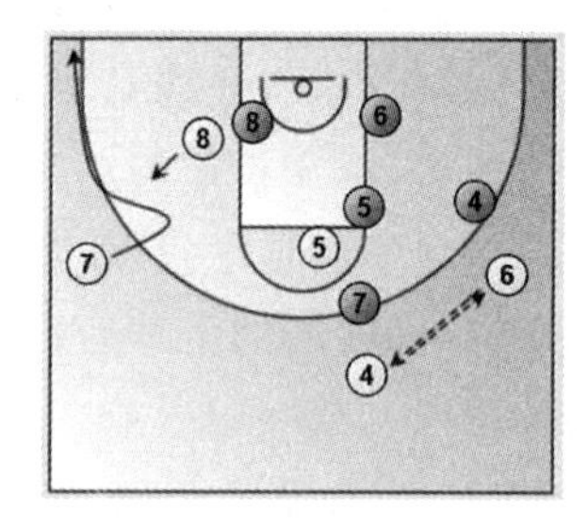

图 3－92　1—3—1 进攻法 E

示例二:用“2 — 2 — 1”队型进攻“3 — 2”区域联防战术的配合方法。

(1)④、⑤、⑦在左侧相互传球,把防守者吸引到左侧,然后看时机突然将球传给⑥,⑥可进行中距离投篮,或者⑥沿边线下移,利用⑧的定位掩护,接④的传球后再进行中距离投篮(见图 3－93)。若❼绕过⑧去防守⑥时,⑥可将球传给⑧,由⑧进行投篮,若此时❽补防、则⑦迅速背向插入篮下,直接接⑥的球投篮,或者接⑧的球投篮。这样在篮下形成⑥、⑦、⑧进攻❼和❽,造成以多打少的有利局面。

(2)④、⑤、⑦相互传球,吸引❽、❹、❺上来防守,当把球传给⑥时,⑧移动到左侧底角接球,⑥传球后切入,接⑧的回传球后投篮,这时⑥、⑧利用传切配合的攻击,由此形成二打一的有利局面(见图 3－94)。若⑦没有接到⑧的回传球时,继续空切到右侧,此时,⑦要及时插入到篮下,⑧根据情况及时将球传给⑦,由⑦投篮。

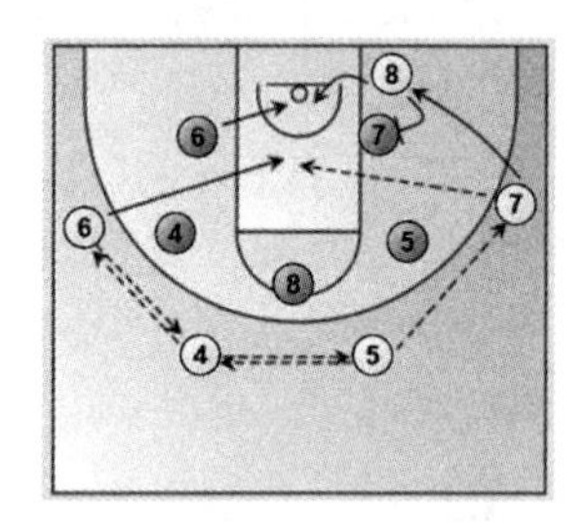

图 3－93　2—2—1 进攻 A

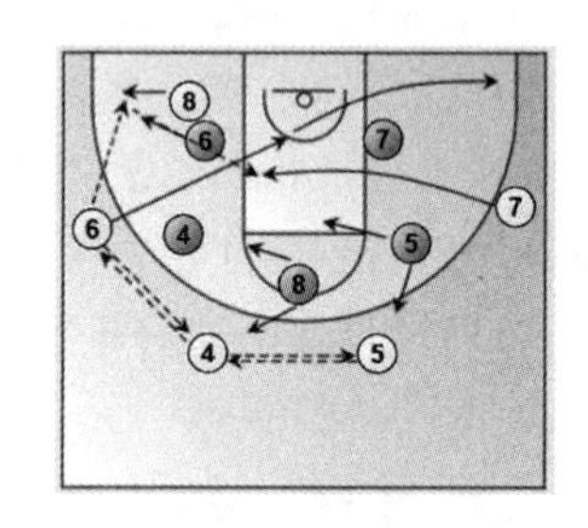

图 3－94　2—2—1 进攻 B

(3)当⑥将球传给向底角移动的⑧,⑧没有投篮,⑦也没有空切时,⑧做投篮的假动作,吸引❻上来防守,⑧乘机从底线运球突破上篮,若❼补位防守时,⑦沿边线向下移动。⑤空切到篮下,⑧根据防守的变化,将球传给⑤或⑦投篮(见图 3－95)。

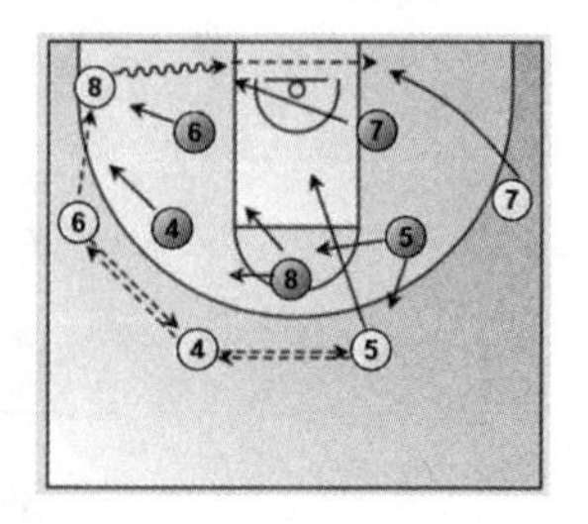

图 3－95　2—2—1 进攻 C

第七节　区域紧逼与进攻区域紧逼

一、区域紧逼教学与训练方法

(一)区域紧逼概述

区域紧逼是一种把区域联防和人盯人防守两种战术合为一体的战术,它比区域联防更具攻击性,同时也比人盯人防守更具集体性。区域紧逼一般有全场区域紧逼、半场区域紧逼和四分之三场区域紧逼三种。

(二)区域紧逼战术基本要求

(1)由攻转守时,防守队员要迅速按分工的防守区域落位。负责盯人的队员就近进行盯人防守,负责切断传球路线的队员也要找准位置,及时落好位。

(2)防守时,近球端要以多防少,防止其将球轻易传出;远球端要以少防多,阻断其传球路线,让进攻队员无法轻易接到球。

(3)防守时,在前端的防守队员要封堵中间路线,刻意将边路放出来,由此迫使对手将球运向边线,以便与邻近的队友对其进行夹击。

(4)防守时,在后端的防守队员,要及时判断前端的防守状况,并由此迅速调整自己的防守位置,从而有效地阻断传球路线或迅速地进行协防夹击。

(5)球越过自己的防区且进入后场时,防守队员要以最快的速度回到后场,防止对方快攻,轻松得分。

(三)区域紧逼基本方法

1. 2—2—1 区域紧逼

2—2—1 区域紧逼的基本落位(见图 3-96):两名球员站在罚球线两端,另外两名球员落站在前场中线附近,第五位球员站在后场。

进攻方发球时,可以不干扰其发球,但绝不允许球传往中路。①和②的任务就是仅允许球发往边角。然后等接球者下球推进时,④与①(或③)再迅速逼上前去于边线处形成夹击(见图 3-97),造成对方失误。另两位防守球员要判断可能的传球线路,伺机抢断。⑤因要防止对方打成快攻所以只有在确定一定能将这球断下的时候才可以向前移动。

如果球沿边线向前传递,中场的一名防守球员(③或④)就要上前阻止接球者继续沿边线推进，并且与同侧的后卫（①或②）一同上前包夹持球者。异侧的防守球员注意控制传球线路（见图 3-98）。

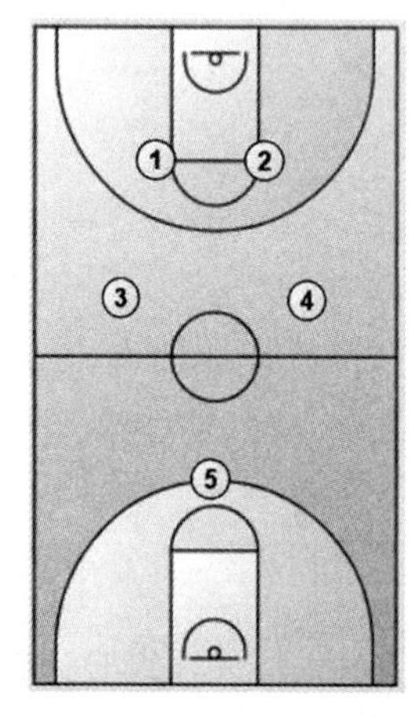

图 3-96 2—2—1 紧逼 A

图 3-97 2—2—1 紧逼 B

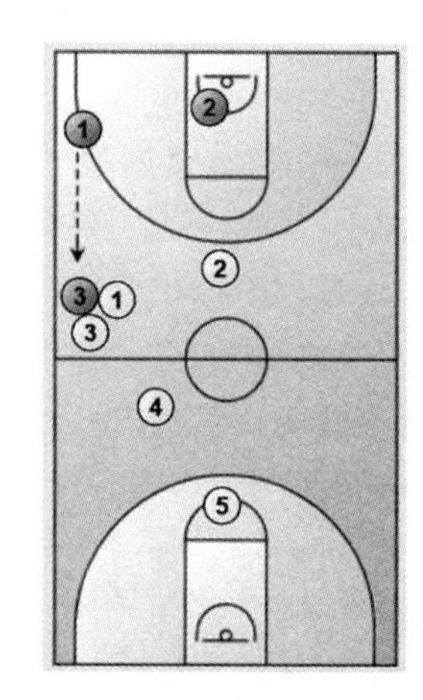

图 3-98 2—2—1 紧逼 C

球往后传是允许的，因为有 8 秒违例的限制，这对防守方是有利的。若球传向异侧，防守落位和包夹与在这一侧是一样的。防守方永远不要让球跑到自己的前面。如果这种情况发生，或者紧逼被破，或进攻方通过了中场，所有不防守球的队员都需要立即回防禁区，除非在边线或者中场的角落可以形成夹击。防守球的队员的责任就是始终跟紧球，阻止持球者运球推进。

2. 1—2—1—1 区域紧逼

1—2—1—1 区域紧逼的基本落位如图 3-99 所示，一位队员紧逼在前，两位队员站在罚球线附近，另一位队员站在三分线与中场线之间，第五位队员站在后场。

与 2—2—1 区域紧逼不同的是，1—2—1—1 区域紧逼不仅会对发外界球的球员进行干扰，而且还会对接球队员进行夹击。可在发球时，便让④与①（或③）开始进行包夹；也可在接球者放球推进时，④与①（或③）再迅速逼上前去包夹。也可在边路夹击持球者。

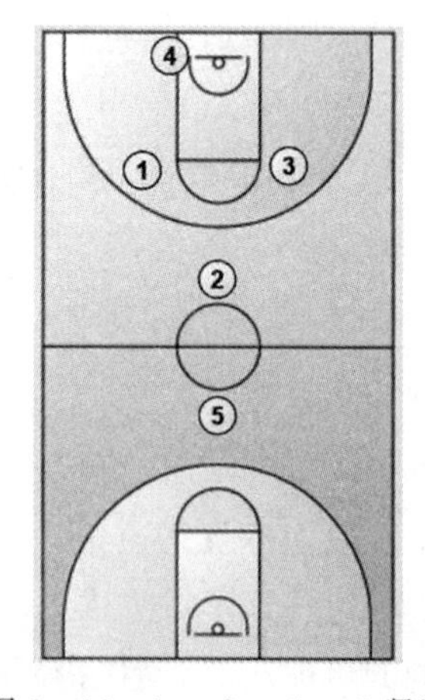

图 3-99 1—2—1—1 紧逼

二、进攻区域紧逼教学与训练方法

(一)进攻区域紧逼概述

进攻区域紧逼战术要根据区域紧逼的一般规律,找出其中的破绽,从而撕开对方的防守,最后得分的一种战术。该战术最初也是依靠球员个人能力将球推进到前场,随后经过20多年的发展与改良,逐步形成了突分接应、中区策应等完整有效的进攻方法,从而结束了面对区域紧逼时不知所措的局面。

(二)进攻区域紧逼战术基本要求

(1)由守转攻时,要迅速发动进攻,争取在对方还未将防守位置落好时便将球推入到前场,让对手措手不及。

(2)进攻时,要保持冷静,不要被对方的多人包夹吓到,从而出现慌乱与失误。

(3)进攻时,要多传短快球,少传长球和高吊球。同时要减少运球,特别注意要少向边角运球,更不要在边角停球,以防被对方围堵。

(4)若球被断,要积极回防,尽可能地将球抢回来。

(三)进攻区域紧逼战术的示例

1. 进攻全场区域紧逼

示例一:运用快攻完成进攻。

(1)当④接到球后,迅速看向四个安排好的传球方向视情况传球(见图3-100)。

第一机会,直接长传给快下的⑧,迅速上篮得分。

第二机会,若无法长传则传给处于中间地区的⑥,⑥迅速突破进攻形成快攻。

第三机会,若⑥遭遇围堵无法传球,则将球传给沿边线向前场移动的⑦。

第四机会,若④自己不能迅速推进,则传球给处于球后面的⑤。

(2)当④传球给⑥,⑥进行运球突破,此时⑦要沿边线快下,⑧向边线拉开,创造出空间。当⑥运球推进到三分线时,⑦和⑧向篮下切入,形成三线进攻,如图3-101所示。

(3)若④无法将球传给⑥、⑦和⑧时,则将球横传给⑤,④横穿球后仍留在原来的一侧,⑥保持在中间位置,⑧上提至中场,⑦沿边线向下移动(见图3-102)。此时,又回到了刚开始的情况,只是换了一个方向,⑤仍按四个传球方向视情况而传球。

(4)当④传给边线⑦时,⑥由中路向篮筐方向迅速推进,与上提的⑧形成交叉后折回移向边线,⑥与⑧准备接⑦的传球,④传球后沿中路向前移动,⑤快速移动到⑧之前的位置(见图 3-103)。

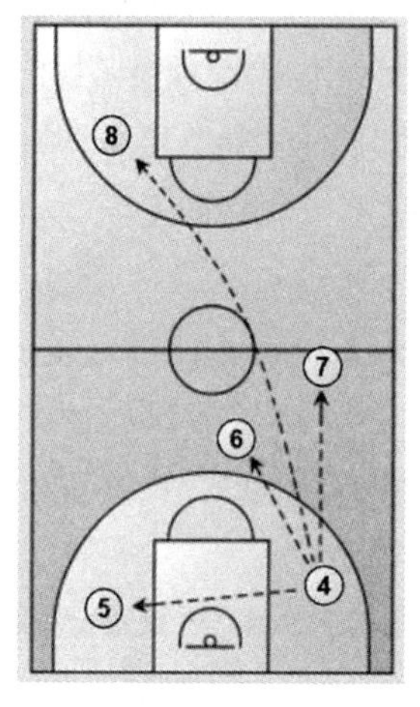

图 3-100　进攻全场区域紧逼 A

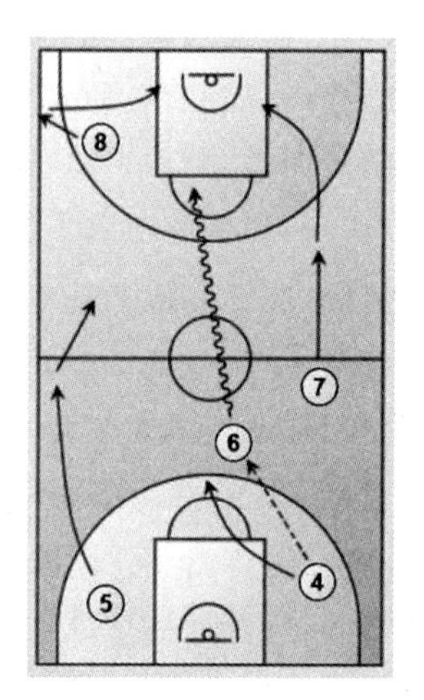

图 3-101　进攻全场区域紧逼 B

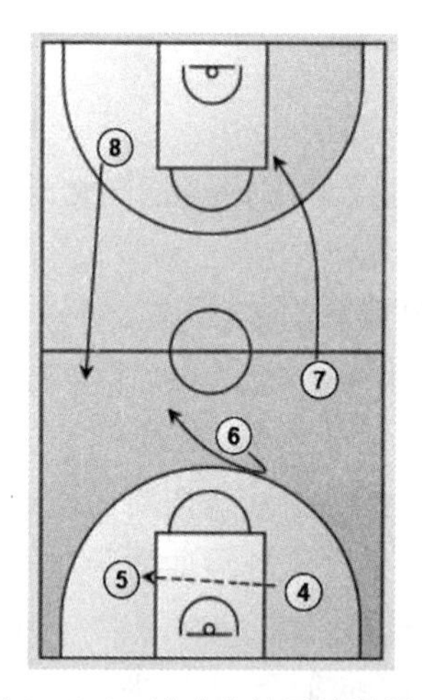

图 3-102　进攻全场区域紧逼 C

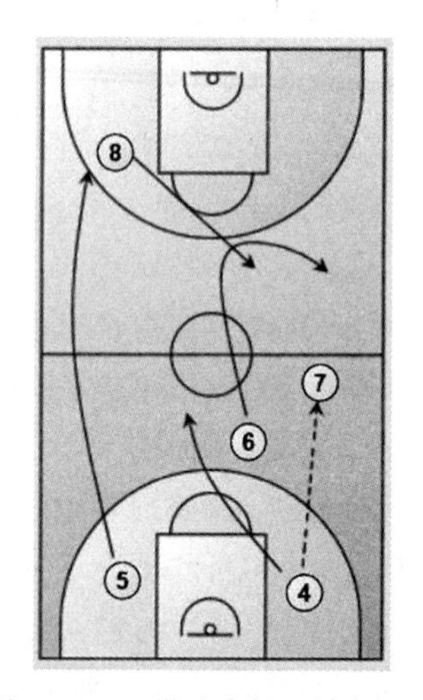

图 3-103　进攻全场区域紧逼 D

示例二:运用掩护、策应等战术相结合的战术完成进攻。

(1)进攻时的阵型(见图 3-104),阵型为 1—2—2,⑤为运球最好的前锋,④和⑥为后卫,⑦为另一个前锋,⑧为中锋。

(2)当⑤将球发给⑥时,④斜插至中路接⑥的传球,接到球后快速运球从中路向前推进，⑦和⑧沿边线快下，形成快攻。如⑤将球传给④，则⑥斜向插中，接④的传球后从中路运球突破(见图 3－104)。

(3)当⑥向中路斜插没有摆脱防守，无法接球时，⑧上提插中来接⑤的传球。这时，⑦插中接⑧的传球并运球从中路突破，⑥和④则沿边线快下(见图 3－105)。

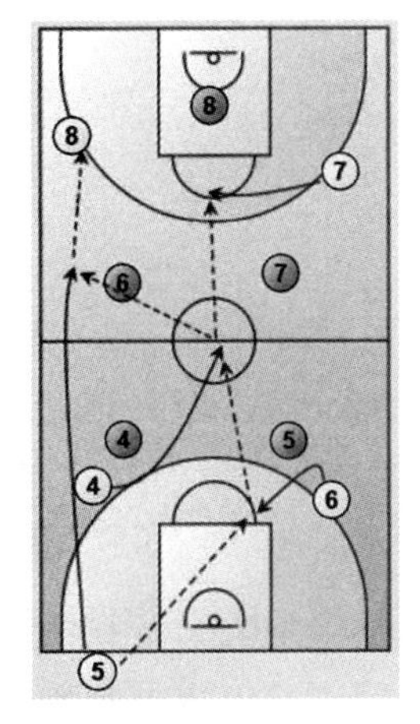

图 3－104　进攻全场区域紧逼 E

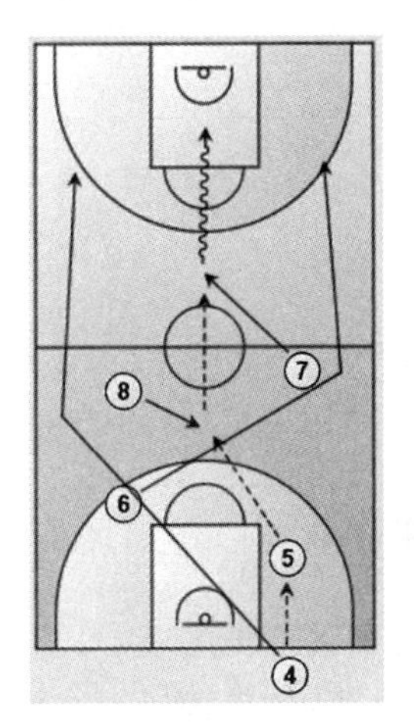

图 3－105　进攻全场区域紧逼 F

(4)当⑧接到⑤的传球，而⑦却未能摆脱防守时，则直接插到另一侧的边线，拉开空间。此时，⑤和⑥利用策应队员⑧做交叉后切向前场(见图 3－106)。

(5)当防守对⑦和⑧逼迫得很紧时，④传球给⑤后，利用⑥做掩护沿边线迅速空切，准备接⑤的长传球，⑥给④做掩护之后立即启动利用⑦或⑧的掩护沿另一边边线空切，准备接⑤的长传球(见图 3－107)。

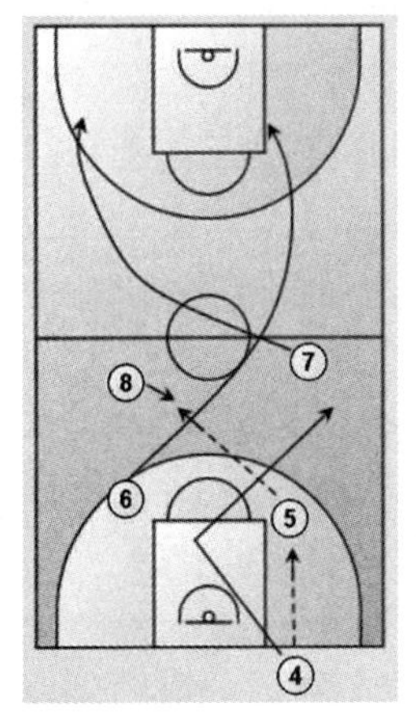

图 3－106　进攻全场区域紧逼 G

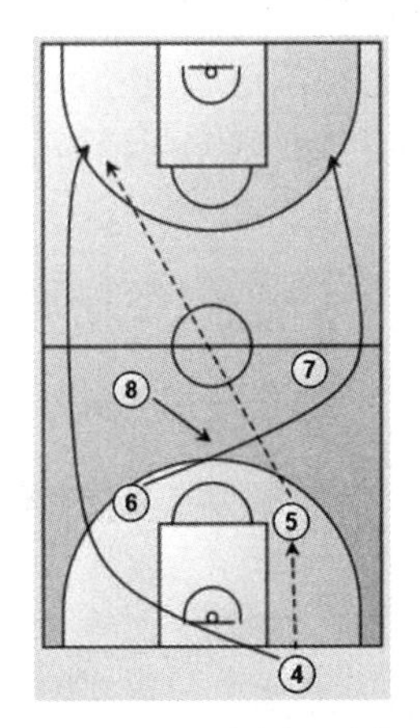

图 3－107　进攻全场区域紧逼 H

2. 进攻半场区域紧逼

(1)进攻时的阵型阵型为 2—1—2(见图 3-108)。

(2)④将球传给⑥做策应配合。④接球后立即启动借⑥的掩护切入篮下，当④切入时，⑤也要快速切入与④在⑥面前形成交叉，这时⑥可视情况选择传球给④或⑤，抑或当④和⑤切入创造出空间后自己进行进攻(见图 3-109)。

图 3-108 进攻半场区域紧逼 A

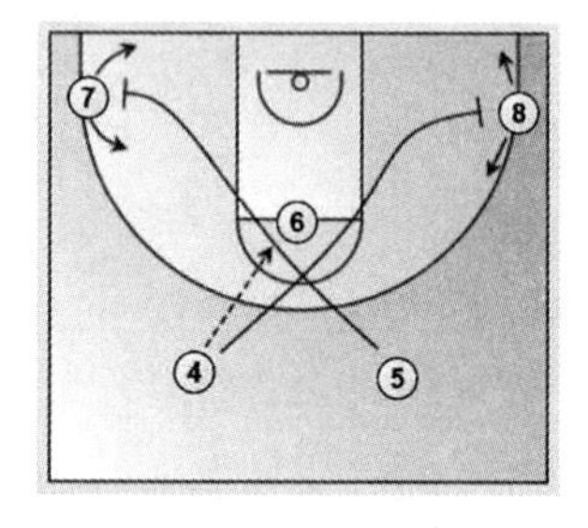

图 3-109 进攻半场区域紧逼 B

(3)进行交叉掩护之后④、⑤、⑥都不能投篮时，④给⑧做掩护，⑧切入篮下接⑥的传球上篮，如果⑧切入后无法接球，则⑥可将球传给向外弹出的④，形成局部"以多打少"。当④和⑧配合时⑦利用⑤的掩护向外线移动。此外，⑦和⑤也能形成④和⑧的配合，只不过这时是⑧向外弹出(见图 3-110)。

(4)当⑥不能接④传球时，④将球传给向内线切入又折回的⑦，④传球后去给⑤做掩护，⑤快速跑向⑦形成策应，⑤可直接跳投；或当⑦接球时，⑥移动到⑦一侧三分区外侧接⑦的传球，⑥与⑦形成策应配合(见图 3-111)。

(5)⑥和⑦都不能接球时，④传球给⑤，⑤传球给上提的⑧，⑤传球后，向弱侧斜切，为在底角的⑦掩护，位于外策应位置的⑥移到三秒区右侧准备接⑧的传球，随后⑧和⑦在策应队员⑥以前做交叉形成⑦或⑧的突破上篮。如果⑦或⑧都未接到⑥的传球，则④斜插至右侧底角接⑥的传球进行投篮(见图 3-112)。

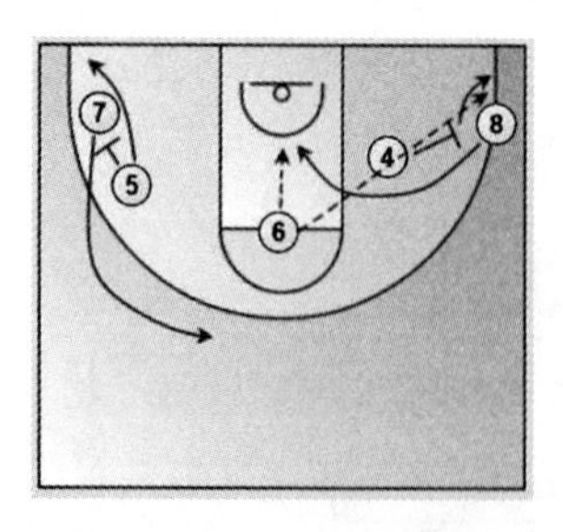

图 3-110 进攻半场区域紧逼 C

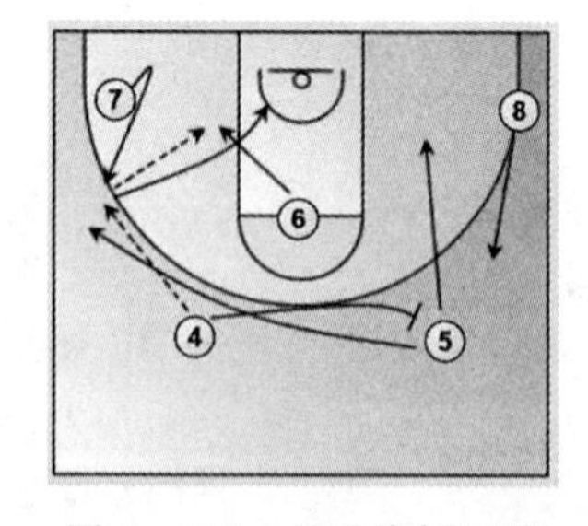

图 3-111 进攻半场区域紧逼 D

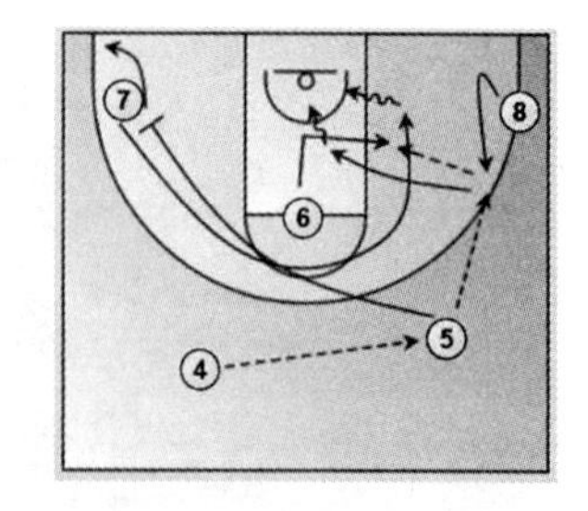

图 3-112 进攻半场区域紧逼 E

第四章 篮球运动员专项身体素质训练

篮球运动员身体素质的训练任务是要全面发展运动员的体能、体质，提高与篮球技术、战术相关的专门素质，挖掘运动员的身体机能潜力，尤其是提高构成篮球技术、战术要素的速度、爆发力、灵敏度、协调反应和平衡能力。从而保证运动员掌握难、新技术的数量和质量，提高运动员的竞技水平，增强篮球比赛的对抗性、应变性能力，延长运动寿命，减少运动创伤，培养优良作风和顽强的意志品质。篮球运动员身体训练是篮球训练内容的重要组成部分。

第一节 篮球专项力量素质训练

力量素质是篮球运动中的首要素质，对其他素质的发展起着重要作用。力量素质的提高，有助于提高其他素质水平，同时，对于提高篮球技术、战术水平也有极大的推动作用。力量素质的发展，对于防止肌肉拉伤和意外事故的发生具有预防作用，对提高心理素质、增强拼搏精神具有保证作用。总之，力量素质对取得优异成绩的作用是非常突出的。

一、篮球运动员力量训练的重要性

力量是指人体肌肉系统工作时克服或对抗阻力的能力，肌肉力量是运动员完成各种动作的源动力。篮球运动员的力量水平对速度、弹跳、灵活性及耐力的水平都有着重要的影响，也是发挥技术水平的重要基础。另外，通过系统的力量训练可以提高运动员肌肉和韧带组织的力量，关节活动范围也会增大，同时也会明显降低运动员受伤的概率，高水平运动员都十分注重力量训练（见图 4－1）。

二、力量素质的种类

按不同的分类标准，可将力量素质分成不同的种类。对于不同类型的力量，训练的原理和方法也有差异。按运动时肌肉克服阻力的表现形式，可把力量素质分成最大力量、速度力量、力量耐力几种。

（1）最大力量：也称绝对力量，是指无论体重大小，身体或身体某一部分肌肉克服最大阻力的能力。若肌肉体积增加，最大力量一般也会得到相应的提高。

（2）速度力量：速度力量是力量和速度有机结合的一种特殊力量素质。要求运动员在尽可能短的时间内爆发出最大的力量。

（3）力量耐力：是指运动时肌肉长时间克服一定阻力的能力。阻力越大，运动的时间越短。只有在克服一定的较小阻力的情况下，才能长时间持续运动，或提高克服阻力的次数。

图 4-1　NBA 球员力量训练

三、力量训练的适应性

力量训练实际上也是一种无氧运动。当一个训练计划开始进行时，会引起肌肉力量、爆发力和肌肉体积等变量的改变，而神经系统的适应作用是使力量提高的主要生理机制。同时，内分泌系统对于适应作用的初期过程也有帮助。因此，了解这些相关因素的适应性变化有助于设计有效且合理的力量训练计划。

（一）神经的适应

神经肌肉的适应作用包含了多种生理系统间的复杂交互作用，这些交互作用与训练计划中力量训练的刺激强度和量紧密相关（见图 4-2）。例如，对受过训练的运动员采用 5RM（repetition maximum，最大重复次数）的高强度负荷且重复次数和组数少的杠铃挺举训练时，可能产生的影响主要是神经方面的因素（如神经的募集、活化和抑制等）。相反地，当运动员进行一个 10RM 的强度负荷且重复次数和组数较多的训练计划时，则适应作用的焦点可能会转移到肌肉质量的生长。有研究显示，这种训练计划可以提高体内同化性荷尔蒙对训练的反应。在这种情况下，肌肉肥大增加的程度可能远大于肌力和爆发力，而神经方面的因素在适应作用上所扮演的角色会减少。

在渐增超负荷抗阻练习期间的前几周，肌力的增加和肌肉质量增加之间的相关性比较小，除了肌肉质量帮助肌肉力量产生的因素外，其他因素还包括对拮抗肌抑制的增加、更好地协同收缩、增加动用协同肌、神经保护机制的抑制和增加运动神经元的可激发性。肌力增加程度可远大于肌肉肥大可解释的范围，这种现象在训练的早期(2～8 周)和训练后期肌肉蛋白到达它最大的尺寸时最为明显。

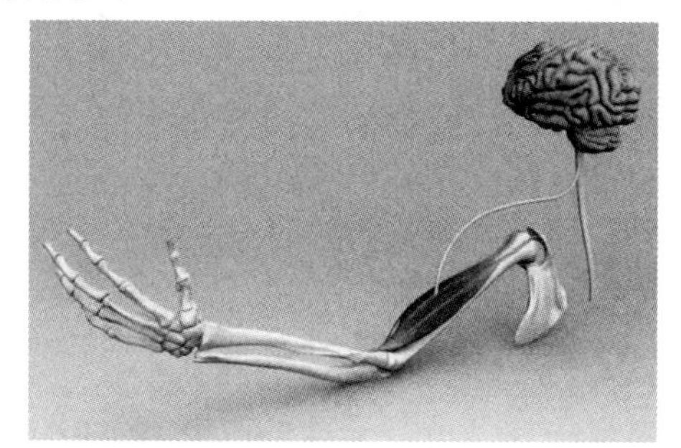

图 4－2　力量训练的神经适应

在超过 90％ 1RM 的极高强度且运动量低(重复次数少)的力量训练计划中，神经方面的因素对于肌肉力量的增加特别重要，而该训练计划可能无法对肌肉组织的生长提供足够的刺激。如果一个训练计划可以促进肌肉组织的生长，就可能降低初期的神经适应作用对于肌力和爆发力增加的帮助力度，然而肌纤维的肥大已经被证实至少需要超过 16 次训练课才会产生显著的增加。按照周数来推算，如果每周进行三次力量训练课，那么就需要五周以上的力量训练才能产生肌肉肥大的效果。

力量训练的研究结果显示，神经的适应作用会随着力量训练周期延长(6～10 周)而急剧地增加；当力量训练周期超过 10 周后，会发生肌肉肥大的现象，而且肌肉肥大对于肌力和爆发力增加的帮助要比神经的适应作用更大。肌肉肥大到达最大限度后会停止。

(二)肌肉的适应

抗阻训练的效果是增加肌肉的体积，而且主要是肌纤维的肥大(见图 4－3)。各种抗阻训练所产生的生理适应作用已经被广泛研究。在设计抗阻训练计划时有五种变量需要考虑：①动作的选择；②动作的顺序；③阻力或强度的使用；④组数；⑤组间和动作练习之间休息时间的长度。在抗阻练习中，生理和心理的立即反应差异与这些计划变量的不同有关，利用特殊形式的抗阻训练计划来产生特殊形式的生理适应是设计和发展力量训练计划的基本原理之一。因为抗阻训练计划可以有不同的安排来满足各种特殊运动的需求，所以训练的适应作用会因训练计划中所使用的运动形式而特殊化，动用特定模式的神经肌肉，同时又会动用身体其他系统，如内分泌系统。因此，内分泌系统又开始发挥作用去支持神经肌肉系统适应的改变。随着抗阻练习计划的开始，在初期几次训练后的肌肉蛋白形式(例如快肌的凝蛋白重链)开始发生变化,当训练持续进行且肌纤维增加肌肉横截面积,收缩蛋白的数量也开始增加。因此,要想达到肌肉肥大的效果就需要给肌肉足够的刺激,这样才能充分地增加肌肉细胞内可收缩蛋白的含量。

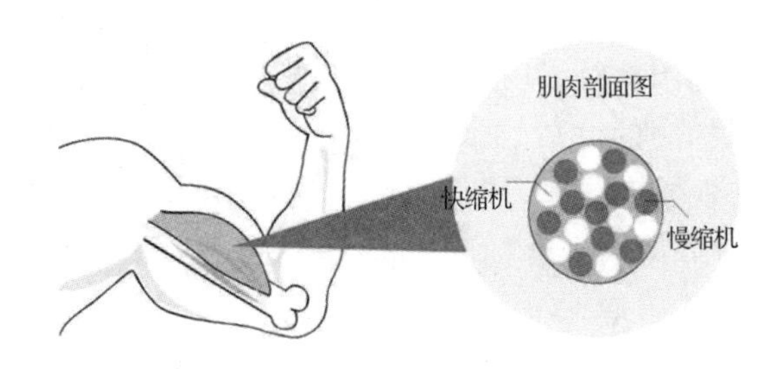

图4-3　肌纤维增粗

四、篮球专项力量素质的特征

篮球运动员的力量素质具有全面发展的特点(见图4-4),不仅要求上肢、下肢、腰背部肌群均衡发展,而且要求肌肉的爆发力、耐久力、最大力量等,在整场比赛时间内跑跳、对抗都应具有很强的能力。因此,在训练中不能单一发展某种力量能力而忽视其他能力。

图4-4　力量素质的全面发展

篮球运动员的技术动作要求比较精细,不仅要求运动员有较敏锐的时空判断能力,而且对用力的大小、方向也有很高的要求。

现代篮球运动要求运动员的身材高而敏捷,体格强壮、对抗力强、瞬时输出功率大。在行进间跑跳过程中力量的冲撞与对抗对在比赛争取主动权、取得比赛胜利起着很重要的作用。

五、篮球专项力量素质训练的要求

(一)最大负荷

在篮球力量素质训练中采用的负荷量与强度及在完成每一组和每一次所承受的力量负荷时都要力求运动员发挥出最大的机能潜力,使参加运动的肌肉,在收缩过程中尽可能力竭。

(二)重复性

篮球运动员在承受大负荷的力量训练中,必须多次数、多组数地反复进行大负荷的练习,以增加对肌肉刺激的深度。大负荷次数或组数不足只能保持原来的水平,不能提高力量素质能力。发展力量素质最根本的目的是使运动员承受大负荷,在数量上不断积累,由增加次数或组数的不适应到适应,再增加重量由不适应到适应,使运动员力量素质得到逐步发展。

(三)符合篮球运动专项特点

这种特点包含两层意思:第一,篮球力量训练过程中要选择与篮球运动技术、结构相一致的动作方法。第二,要把运动员的一般运动素质转化为篮球运动员的专项力量能力,即跑跳能力和对抗能力。

六、篮球专项力量素质训练的主要方法

(一)最大力量素质训练的主要方法

发展最大力量的训练,主要有两条途径:一是通过增大肌肉生理横断面,增加肌肉收缩力量;二是改善肌肉内的协调能力,提高神经系统指挥肌肉工作的能力,动员更多的运动单位参加工作。这两条途径最常用的手段是以动力性向心工作形式进行的。

1. 增加肌肉生理横断面的最大力量训练

为取得增加肌肉生理横断面发展最大力量的训练效果,必须科学地确定负荷强度(即负重量)、练习重复的次数与组数、练习的持续时间及组间的间歇时间。

(1)负荷强度。以负重量为指标,要采用本人最大极限负重量的65%～85%的强度进行重复练习。这样可以促使肌肉功能性肥大,增加肌肉的生理横断面。

(2)练习重复的次数与组数。每组6～10次,可做3～6组。练习的最后几组和次数必须坚持完成,这样肌肉的能量供应才能得到充分改善,才能造成肌肉横断面增大。

(3)练习的持续时间。每次练习的动作和速度要稍慢一些,并使动作做得流畅且不停滞。通常在4秒钟左右完成一次动作,这有利于工作的肌纤维变粗,肌肉横断面增大。

(4)组间的间歇时间。在上一组练习肌肉所产生的疲劳没有完全消除,就可以进行下一组练习。高水平运动员一般2～3分钟即可,力量水平较低的运动员

可适当延长间歇时间。间歇时间里,可做一些轻微活动和放松练习,以加快恢复。

2. 改善肌肉内协调能力的最大力量训练

(1)负荷强度。用本人最大极限负重量的85%以上的强度,这种强度刺激能提高中枢神经系统发放冲动的频率及强度从而动员更多的运动单位参加工作(见图4-5)。

(2)练习的重复次数与组数。每组1~3次,可做3~5组。组数以完成既定强度的次数为准,高水平运动员可根据具体情况适当增加练习的组数。

(3)练习持续时间。每次练习的动作速度要适当加快,带一点"冲劲",通常在2秒钟左右完成一次动作。

(4)组间间歇时间。一般在3分钟左右,或再长一些。如果是局部肌肉参与工作,间歇时间可短一些,反之则长一些。总之,要使负荷的肌肉得到恢复之后,再进行下一组练习。间歇时间里也可做一些轻微活动和放松练习。

图4-5　改善肌肉协调的力量训练

(二)速度力量训练的主要方法

运动员在完成某一个动作时所用的力量大、速度快,则其所表现出的速度力量就大。只有使最大力量和速度两方面都提高,才能取得速度力量训练的最佳效果。在训练中提高力量相对比提高速度容易一些。因此,提高速度力量往往采用发展力量的练习,在力量提高的同时注意发展动作速度。速度力量训练的主要方法有两种:一是负重练习,二是不负重练习。

1. 负重练习发展速度力量的方法

负荷强度要适宜。若负重过大必然影响动作完成的速度,负重过小又难以表现出速度力量。一般采用本人最大力量的40%～60%的强度，这可兼顾力量和速度两方面的发展。通常每组重复练习5～10次，做3～6组。组数的确定应以运动员不降低完成动作的速度为限，若动作速度下降，则可停止练习。组间的间歇时间应较充分，通常为2～3分钟，不宜过长，过长会导致中枢神经系统兴奋性下降，影响下一组练习。练习的动作要协调、流畅、正确，并尽量与专项技术动作结合。

2. *不负重练习发展速度力量的方法*

不负重练习可采用发展下肢速度力量克服自身体重的练习，如单、双足跳台阶和跳深练习等(见图4-6)，也可采用发展上肢和躯干的练习，如投掷重复出手、排球扣球的鞭打练习。用小重量(如垒球、小石块、小哑铃、滑轮拉力器等)以通过发展动作速度发展力量为目的训练也可包括在内。

图4-6　跳跃训练

(三)力量耐力训练的主要方法

由于力量耐力主要是有氧供能，其发展不仅依靠肌肉力量的发展，而且还依靠血液循环、呼吸系统机能的改善和有氧代谢能力的提高，以满足长时间工作的肌肉所需氧气和能源的供给。

最大力量与力量耐力有关，不同运动员在完成同一负重时的重复次数，取决于其最大力量的大小。最大力量大的运动员练习中重复的次数多，表现出的力量耐力好。因此，力量耐力水平的提高，也依赖于最大力量的发展。力量耐力训练的要点如下。

(1)练习的强度。若是发展克服较大阻力的力量耐力，则可采用本人最大力量的75%～80%的负荷进行重复练习；若是发展克服较小阻力的力量耐力，则其最小负荷强度不能小于本人最大负荷强度的35%的负荷强度，否则练习的效果不大。

(2)练习的重复次数与组数。一般要达到极限的重复次数，即坚持做到不能做为止，这样才能改善血液循环和呼吸系统的供氧能力及糖酵解供能机制，保证力量耐力的增长。练习的组数也应视具体情况而定，通常是在保证每组达到极限的重复次数前提下确定练习的组数。

(3)练习的持续时间。若是采用动力性练习,则由练习的次数和组数确定,以完成预定的次数、组数的时间为其练习持续的时间;若是采用静力性练习,则单个动作的持续时间一般是10～30秒钟,这取决于负重的大小,负重大则持续时间短一些,负重小则持续时间长一些。

(4)组间的间歇时间。要在未完全恢复的情况下就进行下一组练习,以达到疲劳积累、发展力量耐力的目的。如果进行几组练习后,运动员已相当疲劳了,就可适当延长组间休息时间。

(四)综合性力量训练法

综合性力量训练法是指不单纯对某一种训练因素起作用,而是具有多种训练目的的训练方法。这些方法能逐步使肌肉发挥最大力量,充分动员肌肉运动单位参加工作,达到最佳状态,并防止因为准备活动不充分而导致运动伤害事故的发生。

1. 塔式训练法

塔式训练法是进行次极限和极限的肌肉收缩,逐渐提高负荷重量,最后采用的练习重量仅仅只能完成一次,然后再减少负荷重量,增加重复练习次数的训练方法。

如最大负荷的全蹲为100公斤,则可选60公斤20次为1组,70公斤12次为1组,80公斤10次为1组,90公斤3次为1组,100公斤1次为1组,然后选择80公斤,直到做不起来最后一个为止。做1组或2组。

2. 混合训练法

混合训练法是采用两种以上力量能力的训练方法,如先做肌肉增粗法3～4组,再做快速力量法4～8组。

3. 循环训练法

循环训练法是设立若干个力量练习点,综合安排不同训练内容,多维地影响不同肌群的力量能力。

4. 结合专项力量素质的训练

(1)利用专门器材进行技术训练。常见的有用加重的篮球练习投篮、传球,穿沙衣进行篮球相关的各种技、战术训练。

(2)结合球的爆发力量训练。常常采用结合球的各种跳跃训练,如中场三级跳投篮、连续抢篮板球、扣篮和抢断球等。

(3)提高身体对抗能力的训练。通过对抗性的练习,强化运动员在移动中的时空感觉,掌握动作用力的时机,使正确的用力方法与比赛的要求一致。

第二节　篮球专项速度素质训练

速度素质是指获得高速度的能力，在特定动作中是应用爆发力的标志。速度耐力是在高速度下能保持较长时间，能使最大加速运动重复更多次的能力。对篮球运动员而言，还有一种速度耐力，叫作专项速度耐力。由于篮球运动是以“运动—休息”相间的模式进行的，比赛中常处于一种持续的低强度运动中穿插高强度运动的状态，或是相间的高强度运动和间歇，这就称为篮球的专项速度耐力。专项速度耐力包含了完成练习或比赛中预定的技术、战术目标的能量供应速率和恢复能力。速度耐力为速度素质提供了代谢基础，即保持速度的能力，使快速能力保持较长时间，也保证了加速运动的重复能力增强。

篮球运动中的速度具有突然性、应变性、多样性的专项特点，速度的表现形式有反应速度、移动速度、动作速度、转换变化速度及各种处理球的速度。篮球运动员的速度训练必须在一般速度发展的基础上，提高适应比赛要求的专项快速技术能力、快速反应能力及速度耐力（见图 4－7）。下面将讨论与速度相关的生物力学因素和生理学因素。

图 4－7　篮球运动员速度训练

一、速度素质的种类

（1）反应速度：指运动员对种种外界刺激（声、光、触等）快速应变的能力，也就是做出反应的潜伏时间。

（2）动作速度：指运动员快速完成某一动作的能力，如铁饼、链球投掷的旋转动作时间，篮球运动员完成转身、持球突破、防守移动的时间。

（3）动作频率：指在单位时间内运动员完成同一动作的次数。

通常所说的移动速度，是指单位时间内运动员通过一定距离的能力，它是上述三种速度素质综合表现的一种快速运动能力，受力量、耐力、柔韧性和动作技术的影响。运动位移的快慢，受起跑的快慢（听到哨声后的反应速度）、动作频率、腿部力量、柔韧性、跑的技术及后程的耐力等诸多因素的影响。

二、篮球专项速度素质的特征

（1）篮球运动员的速度在激烈比赛中主要表现为连续反复的快速度冲刺。

这种基本能力不仅要求CP供能，而且要求糖酵解供能。因此，篮球运动员在临场中表现出起动速度快和长时间的变速能力强等特点。

(2)篮球专项速度要求运动员对复杂的运动过程判断清晰，对篮球技术动作的时空特征熟悉，对对手的动作行为事先就有感知，对球场、球速和个人控制的空间范围都能准确地把握。

(3)篮球运动员的速度素质在动作结构方面的特点是：身体重心低，不断改变运动方向，在短距离内能发挥最大的速度能力。

三、篮球专项速度素质训练的要求

(1)篮球运动员的速度特点是低重心，在没有充分蹬伸的情况下快速移动。在发展速度方面，要特别注意发展动作的频率。

(2)正确安排速度训练的顺序。在周期训练中应尽量安排在前期，在各种素质训练的安排中速度素质应安排在力量和耐力素质的前面，使运动员能在较好的体能和精神状态下完成速度练习。

(3)要培养运动员对时空特征的反应判断能力，并使运动员具有良好的反应起动速度。

(4)篮球运动员的快速跑动应与技术动作协调，使运动员在运用技术过程中不降低跑动速度，或者尽量减少速度损失。

四、篮球专项速度素质训练的方法

(一)局部速度训练法

1.反应起动速度训练

篮球运动员的反应主要有：简单的信号反应，如同伴获得球后，快速起动跑；简单的预测反应，如同伴长传球后迅速起动，根据传球的速度、高度、远度判断接球落点，调整动作速度，有控制、有准备地衔接接球后的动作；复杂的选择反应，如根据对手的变化，不失时机地快速作出正确的判断选择，就像投篮时遇对手封盖，突然变化为传球；复杂的变化反应，这种反应是指运动员根据自己的经验，对动作的时空特征进行判断，做出相应的动作，如进攻运动员向左做假动作通常会向右切入，防守队员不受欺骗，直接堵截右面，迫使对手进攻受阻，达到防守目的。

篮球运动员反应速度的训练，主要通过与专项技术动作结构一致的速度练习，增加信息量，训练运动员感知的能力，对运动员的不同技术动作特点进行判断，并迅速发挥运动过程中的动作速度。因此，篮球运动员反应起动速度的训练方法主要有如下几种。

(1)熟练各种专项动作。增加运动技术动作的信息量,从而提高人体的积极感知能力,缩短动作反应时的潜伏期,如娴熟球感和运球过人技术动作,以及在变化的防守者面前随机应变地起动突破。

(2)缩短动作各环节,尤其是关键环节的反应时间。主要通过各种专项技术动作结构的强化训练提高反应速度,如开始的准备姿势、迅速发力的快速动作。在篮球专项训练手段中,广泛采用追逐球、起动跑、抢篮板球后第一传起动跑、运球起动、各种防守步法和变向起动等。

(3)提高运动员对时空动作相互影响的预测能力。如通过大量的比赛和各种技术动作细微特征的训练,以及一般技术动作规律分析,使运动员对各种动作的结果,能有比较强的预见性,从而主动地预先作出判断,弥补被动判断反应的不及时。

2. 动作速度训练

篮球运动技术动作速度(动作速率和转换动作的速率)主要有单个技术动作速度和组合技术动作速度,单个技术动作速度对组合技术动作速度有决定性影响,篮球运动技术结构关键技术环节的速度都是以快速完成动作为基础的,因此,发展篮球技术动作的速度要重点提高关键技术环节的速度。提高动作速度的训练方法有以下两种。

(1)反复加强单个动作的关键环节和组合动作的衔接动作速度,如运球中变向后的加速、投篮快出手、传球的抖腕和挤过中的跨步移动等。

(2)提高完成动作的频率。在规定的时间内完成动作的次数,或者在规定完成的动作次数中缩短完成的时间。如在距离墙 3 米处 1 分钟内完成传球 60 次以上;又如两点原地运球,运动员两脚开立比肩稍宽,运球至左右脚的外侧,30 秒完成 30 次以上。

3. 移动速度的训练

篮球运动员的位移是非周期性运动,移动速度与运动的频率和各项技术动作的幅度有直接关系。运动频率的快慢和各项技术动作的幅度大小要根据个人的身体条件、技术动作的掌握程度和身体素质情况而定。

(1)动作频率的训练方法:在保证一定动作幅度的情况下,通过改进技术,提高素质,在一定时间内尽量多地完成各种动作次数(同动作速度训练一样),如直线运球往返上篮(28 米)10 秒以内完成等。

(2)动作幅度的训练方法:主要采用改进技术动作,提高肌肉的伸展性、关节的灵活性及肌肉的力量素质,最大限度地利用篮球运动员的身体条件。如中线快速行进间跨步投篮,要求步幅大、投篮动作尽量伸展。

(二)综合速度训练法

综合速度是篮球比赛所需要的整体速度,包括进攻速度、防守速度、攻守转换速度、战术配合速度、各种战术意识的反应速度,以及运动员的技术动作速度等。综合速度的训练方法主要有如下几种。

(1)全面提高运动员的个人快速技术,使运动员的基本功扎实、动作娴熟,并运用自如。训练方法多样,如通过快攻以多打少和三人直线快攻发展运动员的快速技术。进攻中只要出现机会,就做到人到球到,避免因完成技术动作的速度慢而错过战机。

(2)加强配合速度的训练,形成和建立队员之间的默契。如移动进攻速度、交叉配合速度、反跑配合速度和全场人盯人时夹击补位速度等。

(3)战术反应速度的培养。主要通过教练员的严格要求,培养运动员对比赛规律性的认识,熟悉各种配合方法,使运动员战术反应速度提高。如在训练中不断变化防守阵型,使运动员能按照配合路线较快地进入角色;又如通过快攻二打二或三打三培养运动员攻守转换速度,迅速进行两三人间的配合,并使这种配合顺利地与阵地战术衔接。

第三节　篮球专项耐力素质训练

耐力素质是指运动员在运动中长时间抵抗神经、肌肉疲劳的能力。它是篮球运动员的重要素质。疲劳是训练后的必然结果,没有疲劳就没有训练。但疲劳又会使有机体的工作能力下降,从而不能保持长时间的工作,所以疲劳又是训练的障碍。运动员在训练和比赛过程中抗疲劳的能力,反映了他的耐力素质水平。

篮球运动员必须具备很好的耐力素质,才能在比赛中始终保持充沛的精力和旺盛的斗志,才能保证技术、战术水平的正常发挥。运动训练过程中由肌肉工作引起的体力上的疲劳,是耐力素质训练所要克服的主要疲劳。耐力素质的发展对篮球运动成绩的提高有着十分重要的意义。

一、耐力素质的种类

耐力素质从器官系统分类可分为肌肉耐力和心血管系统耐力,从供能特征角度又可将心血管系统耐力分为有氧耐力和无氧耐力。从耐力素质与篮球运动的关系角度分类,其可分为一般耐力和专项耐力。按一般耐力和专项耐力的分类体系研讨的耐力训练方法,更适合于篮球运动训练的实际需要。

(1)发展一般耐力素质。提高一般耐力素质的途径是提高运动员的摄氧、输氧及用氧的能力，保持体内适宜糖原和脂肪的储存量以及提高肌肉、关节、韧带等支撑运动器官对长时间负荷的承受能力。

发展一般耐力，经常采用持续匀速负荷和变速负荷的方法。负荷强度一般应控制在接近无氧阈的强度，心率控制在160次/分左右。训练时应注意正确处理负荷强度、数量及休息三者的关系。

(2)发展专项耐力素质。专项耐力指运动员在其专项比赛或训练中所要求的时间内，坚持高强度工作的能力。运动员的无氧耐力水平也取决于有氧代谢状况、能源物质储存情况及支撑运动器官对长时间高强度工作的承受能力。

篮球运动员在发展专项耐力的训练中，要特别注意专项总体代谢特点，科学合理地安排训练。发展专项速度耐力训练，一般以发展非乳酸性无氧耐力为主，采用95%左右强度、心率可达180次/分的训练方法，重复组数可达5～6组，重复次数比组数少些为宜，如重复3～4次。发展乳酸性无氧耐力时，负荷强度控制在本人可承受最大强度的85%～95%，心率在160～180次/分之间，负荷时间可控制在1～2分钟之间，间歇时间逐渐缩短，如第一次跑与第二次跑之间的休息时间为7～8分钟，第二次与第三次跑之间休息时间为5～6分钟。专项耐力训练中要注意安排长时间专项对抗练习或加大防守和进攻技术训练强度，以提高运动员在疲劳情况下运用技术、战术的能力。

二、篮球专项耐力素质的特征

篮球运动员的耐力素质主要体现在速度耐力方面，所以篮球运动员的耐力素质主要以糖酵解的供能形式为主。因此，在篮球专项耐力的训练安排中，要以最大耐乳酸的能力训练为主，以有氧氧化供能形式的训练为辅，并且要处理好两者之间的训练关系。有氧氧化供能形式的训练是糖酵解供能形式训练的基础，有氧氧化能力强，运动员在比赛和训练中的恢复能力就强，而糖酵解供能是保证篮球运动员在比赛中保持长时间快速能力的物质要素。

篮球运动员的身材高，体重大，通常左心室壁较厚，而且心脏房室的容量大。运动过程中做功多，运动员的心肺功能强，表现出每搏输出量大。许多优秀的篮球运动员在安静时表现为运动性的心跳徐缓，基础代谢率低。快速的运动中，在加快心率的同时，每搏输出量较其他运动项目的运动员更大。

三、篮球专项耐力素质训练的要求

(1)在阶段训练计划中，在准备阶段前期应更多地发展有氧耐力，在准备阶段后期和赛前阶段则应更多地发展无氧耐力。在周训练计划中，每周一般只安排 2～3 次强度大或者持续时间较长的大运动量耐力训练。要充分考虑负荷的指标要求、运动员的营养状况、睡眠情况、身体的恢复情况是否能适应新的刺激等因素，避免产生过度疲劳而影响其他素质和技术、战术的训练。

（2）篮球运动员的耐力训练首先要提高有氧耐力水平。在达到一定的耐力水平后，再采用无氧阈的训练方法，不断提高篮球专项耐力水平。有氧耐力的持续时间，应考虑不同运动员的训练水平，过长时间的连续训练会使耗氧水平下降，组织活动不协调，影响训练效果。在发展无氧耐力时，要根据不同的训练目的，按一定顺序安排运动强度。如果是发展乳酸供能系统并维持较高值，则运动时间可由短变长；否则，如果为了迅速地动员乳酸供能系统，则可安排相反的顺序。

（3）篮球运动员的耐力训练，要突出专项耐力。专项耐力训练要先增加运动量，再增加运动负荷的强度。在每次的训练中，要逐渐增加练习的次数和组数，然后再增加训练的强度要求。合理地分配体力，使运动机能节省化。

（4）耐力训练要长年进行，练习内容要多种多样，逐步提高对各种新异刺激的适应性，避免因练习内容单调而使运动员训练积极性不高，最终导致思想上的厌倦。

篮球运动员耐力素质训练安排，原则上要使每次训练后机体充分恢复再安排下一次耐力训练。然而，在篮球运动实践中，运动员每次进行耐力训练并不一定都能完全恢复，这就要求运动员具有较强的有氧氧化供能的能力，使体力迅速得到恢复。

四、篮球专项耐力素质训练的方法

（1）持续训练法。这种训练的基础是保持最大吸氧量水平，提高人体有氧代谢水平。心率控制在 150 次/分左右。方法是常常采用匀速跑、变速跑和超越跑。如长时间安排快攻、防守步法、趣味性活动，又如折线跑、8 字围绕、连续跑动 28 米折返、连续碰板 100～200 次。

（2）间歇训练法。这种训练的基础是有氧和无氧的混合代谢。负荷采用 50％左右的有氧和 50％左右的无氧进行（速度约为 5 米/秒以上），心率上限为 28 次左右/10 秒，间歇时间是在没有完全恢复（18 次左右/10 秒）的情况下再进行下一次练习的刺激。如 400 米跑、100 米快速跑、100 米放松跑，反复进行；又如采用各种连续跑动 40 秒钟左右的练习，重复进行；再如，3 人直线快攻，以 3 个或 4 个往返为 1 组完成 5～10 组，两点移动快速投篮投中 10 个为 1 组完成 5

组，或者连续篮下一打一或者一打二进 10 个球。

(3)重复训练法。这种训练方法的基础是无氧代谢。负荷最大心率达 28 次以上/10 秒，组间休息 5 分钟左右，心率下降至 15 次左右/10 秒，再进行下一次的负荷刺激。如 400 米做 5～10 组，计时。采用不同的强度安排各种重复性的练习。在篮球训练中常有 3 人直线快攻，可安排 1～5 个往返，然后再安排 5～10 个往返，即每组逐步增加往返次数，然后由最大到最小，强度随重复往返的次数而增减。

第四节　篮球专项柔韧素质训练

扫码观看同步视频

柔韧素质是指人的各个关节的活动幅度、肌肉和韧带的伸展能力。肌肉和韧带的伸展能力对关节的活动幅度有较大影响，但关节的活动幅度更受关节结构的制约。

篮球运动是综合性活动，要求做动作时既能较大幅度地伸展，又能及时地收缩变化；动作既要有力，又要协调。为此，必须注意加强对运动员关节韧带的训练，特别是腰、胯、肩、踝的关节韧带。拉长韧带、加强韧带的弹性，不仅可提高灵活性，而且对提高力量、避免受伤都有重要作用。实践证明，柔韧素质差是因为有的运动员灵活性差，这是目前易受伤的主要原因之一。因此，教练员和运动员必须对提高柔韧素质给予足够的重视，青少年运动员尤其要注意。

一、柔韧素质的种类

柔韧素质通常分为一般柔韧素质和专项柔韧素质两种。

(1)一般柔韧素质是指适应各项目一般身体、技术、战术等训练所需要的柔韧素质。可以说它包括机体各关节的活动幅度和肌肉、韧带的伸展性。

(2)专项柔韧素质是指各专项所需要的特殊柔韧素质。专项柔韧素质是掌握和提高专项技术必不可少的素质。

身体各关节的活动幅度和各部位肌肉、韧带的伸展性在各专项运动中都能表现出来，只是所要求的活动幅度和伸展性的大小不同，所以人们才根据各专项对柔韧性的特殊需要将柔韧素质分为一般和专项两种。专项柔韧素质是建立在一般柔韧素质基础上的。也就是说，一般柔韧素质发展得好，有利于专项柔韧素质的提高。

二、篮球专项柔韧素质的特征

篮球运动要求运动员有较好的柔韧性,特别是手指、手腕、肩、腰、踝及腿部的柔韧性要更好。篮球运动员身材高大、身体健壮、肌肉粗大,但其柔韧性的解剖学特性与一般人群并无差异,它主要受到对抗肌维持姿势的肌紧张、牵拉性条件反射而引起肌肉收缩的限制,以及神经过程的兴奋与抑制对肌肉收缩与舒张(紧张与放松的快速转换)的影响。因此,篮球运动员的柔韧性受到肌肉、肌腱、韧带、关节囊等组织的弹性的影响,与其他运动项目相比稍差,尤其是身材高大的运动员,若缺少柔韧素质训练则会更差。

三、篮球专项柔韧素质训练的要求

篮球专项柔韧素质训练要早期专门化。篮球运动是一项对运动员的灵活性、协调性要求都很高的项目,并且要求运动员身材高大、肌肉健壮。因此,柔韧训练应从篮球运动员少儿时期就开始改善关节的灵活性,提高韧带、肌腱的弹性和肌肉的伸展性。由于少年儿童的软组织质量更有利于柔韧性的发展,因此,早期的柔韧性训练容易取得事半功倍的效果。

篮球专项柔韧素质训练要持之以恒。篮球运动员柔韧性的重要性容易被人忽视,且肌肉韧带的牵拉过程伴有疼痛,所以长期系统的训练要求运动员有较大的意志力。况且柔韧性还受力量、耐力和身体发育的影响,年龄增大,柔韧性也会随之变差。因此,保持和改善篮球运动员的柔韧性是长期且艰苦的过程,运动员在训练中要坚持课课练,经常参与专门的柔韧训练课。篮球柔韧素质训练要与其他素质结合进行,特别是要与力量素质训练相结合,使肌肉和韧带柔而不软、韧而不僵、刚劲有力,使关节的活动幅度掌握自如。

四、篮球专项柔韧素质训练的方法

篮球运动员柔韧性练习主要是为了改善肌肉的伸展性和弹性,提高运动员运动技术的动作幅度和动作灵活性,减少运动伤害事故的发生。常用的训练方法主要有被动性练习法、主动性练习法和混合性练习法。

1. *被动性练习法*

被动性练习法是通过身体的重力、辅助器材和同伴的协助,使肌肉韧带被拉长。

(1)各种负重和不负重的悬垂练习。如利用身体的重力做单杠、双杠、肋木上正反肩关节的悬垂练习;利用器械的重力悬垂,把重物放在直角压腿的膝关节下，使大腿后群肌肉被动拉长；轻负荷的提拉，下放时对脊柱后群肌有拉长作用。

(2)同伴协助或者助力，维持某种动作姿势。如一人平躺在地上挺直，抬举双腿放在另一人肩上，用臂或肩向前下方推压，进行直角压腿练习。

2. 主动性练习法

通过人体肌肉的快速收缩所获得的惯性使肌肉的放松部位获得牵拉。

(1)利用各种摆和振动，如踢腿、绕环、推墙等。

(2)协调发展关节周围小肌群轻力量，使参加完成动作的肌群与放松的对抗肌协调配合，并利用放松的惯性力，使关节的柔韧度达到最大限度。如手腕力量练习，使手背肌群放松，并使手背肌群牵拉，爆发性惯性越大，肌群拉伸越大。

3. 混合性练习法

有外力作用的影响，同时也受自主肌肉收缩的影响，两者共同起作用加大作用效果。如直角悬垂压腿，既通过腹肌的收缩加力，又利用上体的重力下压，使腹后肌群拉长；负重仰卧起坐的前压腿练习，对腹后肌群、脊柱后群肌肉和韧带都有良好的牵拉作用。

五、常用的静态拉伸方法介绍

静态拉伸是指保持特定的姿势并持续一定时间(一般10～30秒)的肢体伸展动作。

1. 颈部伸展

(1)目的：①放松颈部前后侧；②防止拼抢过程中因外力导致颈部损伤。

(2)练习方法：①身体直立，目视前方，双手交叉叠放胸前；②转头抬下颌，保持10～30秒后还原，再反方向练习(见图4-8)。

(3)注意事项：①保持肩部放松，防止在拉伸时上抬；②如果肩锁关节感到不适，即刻停止练习。

图4-8　颈部伸展

2. 手臂体后拉伸

(1)目的:①减小手臂前部和侧部的张力;②增大肩关节的活动范围;③防止对抗过程中肩关节脱臼。

(2)练习方法:①双脚开立与肩同宽,后背挺直,目视前方;②两臂向后伸直,十指相扣,掌心向外;③两臂向后伸展,挺胸抬头,保持伸展状态 10～30 秒(见图4-9)。

(3)注意事项:①避免躯干前倾;②力量适度,避免过度牵拉。

3. 仰卧交叉腿拉伸

(1)目的:①拉伸下背部及臀部肌肉;②改善躯体旋转、臀部外旋及臀部屈曲;③减少急性背部拉伤的发生。

(2)练习方法:①仰卧于垫上,双臂侧平举,两肩着垫;②左腿膝关节弯曲成90°,向右转髋摆腿,膝关节着垫;③保持 10～30 秒,两腿交换(见图 4-10)。

(3)注意事项:①在活动中要保持正常呼吸;②避免髋关节随腿转动;③感到拉伸疼、仰卧交叉腿拉伸痛时即停止。

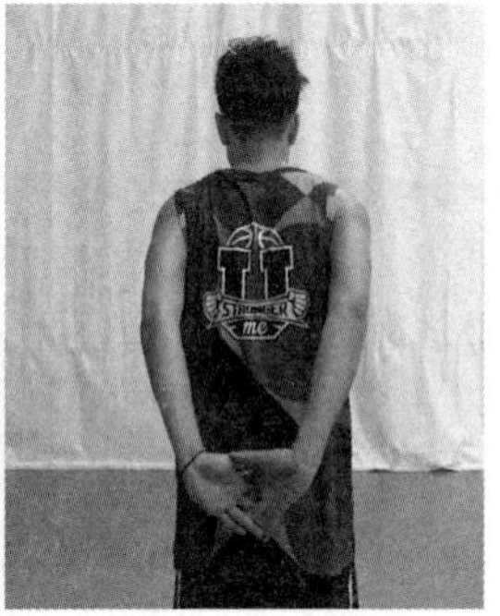

图 4-9　手臂体后拉伸

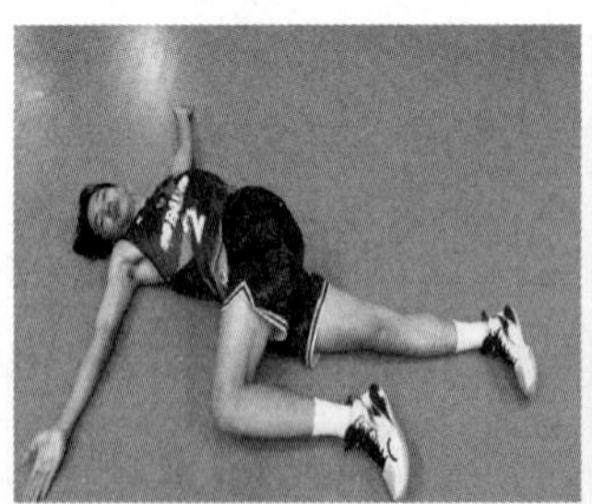

图 4-10　仰卧交叉腿拉伸

4. 单边交叉腿拉伸

(1)目的:①减小臀部后侧、大腿外侧肌肉的张力;②扩大髋关节活动幅度;③增强防守时脚步移动的灵活性。

(2)练习方法:①坐于垫上,右腿伸直,左腿屈膝与右腿交叉,左脚落于右膝外侧;②身体正直向左侧转体,双手撑于身体左侧;③充分拉伸后两腿交换(见图4-11)。

(3)注意事项:①保持支撑脚固定在一点,以保证拉伸充分;②上体要与髋关节交叉扭紧。

5. 俯撑盘腿拉伸

(1)目的:①拉伸大腿外侧肌肉、臀部肌肉;②增强臀部肌肉、下肢肌肉的控制力及提高下肢动作速度。

(2)练习方法:①俯撑于垫上,左腿内收,大腿和小腿外侧紧贴地面;②右腿向后伸直,右脚背紧贴地面;③上体向前俯卧拉伸,下颌尽量触地(见图4-12)。

(3)注意事项:①不要含胸、低头;②注意控制动作幅度,避免受伤。

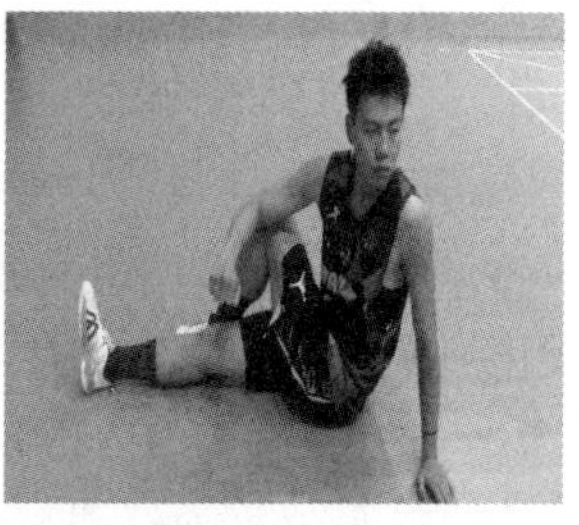

图4-11　单边交叉腿拉伸

图4-12　俯撑盘腿拉伸

6. 俯撑腓肠肌拉伸

(1)目的:①降低腓肠肌、比目鱼肌的黏滞性;②改善跟腱弹性,提高拼抢篮板球的能力。

(2)练习方法:①俯撑姿势开始,右腿支撑,左腿屈膝点地,双脚脚尖均朝向前方(见图4-13);②抬起左腿,身体前倾,拉伸右腿腓肠肌;③保持10～30秒,两腿交换。

(3)注意事项:①后倒过程中双臂要起到支撑作用,避免受伤;②量力而行,控制动作幅度。

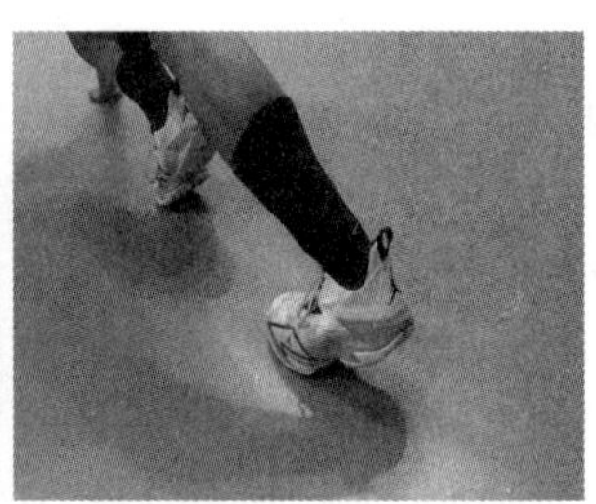

图4-13　俯撑腓肠肌拉伸

第五节　篮球专项灵敏素质训练

灵敏素质是指在各种突然变换的条件下,运动员能够迅速、准确、协调地完成动作的能力。它是一种典型的复合素质,是运动技能、专门的运动感觉和各种素质在运动中的综合表现。篮球运动员宽阔的视野是迅速、准确、协调地改变身体运动能力的基础。篮球运动员的灵敏素质实质上是经过视觉感受在大脑皮层神经过程的转换,使已形成的各种准确有效的动作、动力定型等适应突然变化的运动情况。也就是说,篮球运动员的灵敏素质包含快速的反应过程和较准确的运动过程。灵敏素质有助于掌握、运用各种复杂技术、战术和提高场上的应变能力,对篮球运动有着重要作用。

一、灵敏素质的种类

1. 一般灵敏素质

灵敏素质是由力量、反应、速度、协调性等多种素质组合而成的。提高灵敏素质水平的基础是全面发展各种运动素质,因此要加强全面身体素质训练。

2. 专项灵敏素质

篮球运动员发展灵敏素质应从培养运动员视觉判断等各种能力入手,其中包括视觉反应能力、掌握动作的能力、平衡能力和节奏感等。这就要求在结合技术训练和其他专门训练的过程中,运用各种信号和手段,加强反应速度的练习。提高运动员神经系统迅速集中和分散的能力,使大脑皮层的灵活性与神经过程的转换能力都得到进一步提高。同时要熟练掌握各种攻守技术和战术，不断提高机动灵活的战术意识和运用能力。

二、篮球专项灵敏素质的特征

1. 精确性高，动作反应快

篮球运动员专项灵敏素质的精确性反映其自身运动与周围环境的感知能力，不仅要求视野宽阔和锁定目标的准确性，而且要求反应快速，表现为准确的投篮得分。

2. 运动时空感觉强

篮球运动的灵活性要求运动员能感觉得到内在结构和由此而产生的快速协调与精确性的协调，即在精确地完成动作的同时不降低速度。通过人体的本体感觉控制篮球运动员的身体姿势和平衡能力，如在行进间急停跳投中，速度快、控制平衡能力强是投篮命中率高的重要保证。另外，篮球运动员的空间感觉好。优秀的篮球运动员对球场的位置感、距离感、球感、节奏感、灵敏感都很强，能感知球的落点、同伴和对手的位置、同伴和对手所能到达的空间高度和远度。

一般而言，篮球运动员的灵活性存在个性差异。中锋、前锋和后卫，在时间和空间的灵活性要求上侧重点不同，这是篮球运动员的特殊体型所决定的。

三、篮球专项灵敏素质训练的要求

篮球运动员的灵敏素质训练要全面提高与灵敏素质相关的反应速度、柔韧度、爆发力，改善肌肉的弹性和关节、韧带的伸展性，使篮球运动员的素质能力均衡、协调地发展。

(1)灵敏素质的负荷强度较大，持续时间不宜过长。练习安排应放在运动员精力最充沛的阶段，避免在其身体疲劳和大脑不兴奋的状态下安排练习，以便提高练习的效果。

(2)儿童和青少年应加强灵敏素质的训练，特别要大力发展与灵敏相关的某些专项素质，如速度、柔韧、协调、弹跳等，为篮球训练的专项化打好全面基础。但也不宜过早地进行专门化训练，如果为了发展速度而过早地进行大力量训练，反而会影响运动员灵敏素质的发展。

(3)篮球运动员的灵敏素质要求特别重视专项灵敏素质的发展，应使运动员参加各种形式的比赛，了解篮球运动技术、战术的时空特征，从而能在复杂的条件下随机应变。

(4)经常进行篮球专项的脚步动作练习，提高身体重心的转换能力，从而提高神经过程的转换速度，在神经中枢的参与下使手脚协调配合，完成各种高难动作。另外，还要加强弹跳训练，并提高人体在空中的控制能力。

四、篮球专项灵敏素质训练的方法

(1)分解。通过各种基本技术动作、战术配合的分解和完整组合的训练，提高运动员的各种感觉能力(球感、用力感、动作感、距离感、速度感等)。如各种基本技术和基础配合训练。

(2)形成最有利的篮球专项移动动作的姿势，提高各种运动动作的平衡和身体重心转移的能力。如持球的基本姿势，防守的基本姿势，采用滑步、交叉步、抢断球、变向跑、变速跑等发展身体重心转移的能力。

(3)全面发展各项身体素质，特别是对形成灵敏素质有重要影响的相关素质，如快速的反应起动速度、协调的手脚配合和良好的爆发性弹跳速度等。

(4)通过换项训练培养运动员在新异和复杂环境下的主动性和创造性，发展灵活机动的能力。如采用足球训练发展脚步的灵活性，采用排球训练发展各种爆发弹跳速度。

五、无球一般灵敏素质训练

1. 侧向“Z”形进退跑

(1)目的：①提高运动员脚步前后移动的速度；②增强运动员脚步的灵活性。

(2)练习方法：①以向左侧移动为例，左脚迈入第一个格子，右脚跟进；②左脚继续向前迈到第一个格子的上边框外，右脚跟进；③左右脚依次后退进入第二个格子，左右脚依次后退到第二个格子下边框外；④左脚迈入第三个格子，右脚跟进，依次循环向左侧移动(见图 4－14)。

(3)注意事项：①应尽可能减少脚与地面的接触时间；②身体应自然放松，动作应连贯、协调。

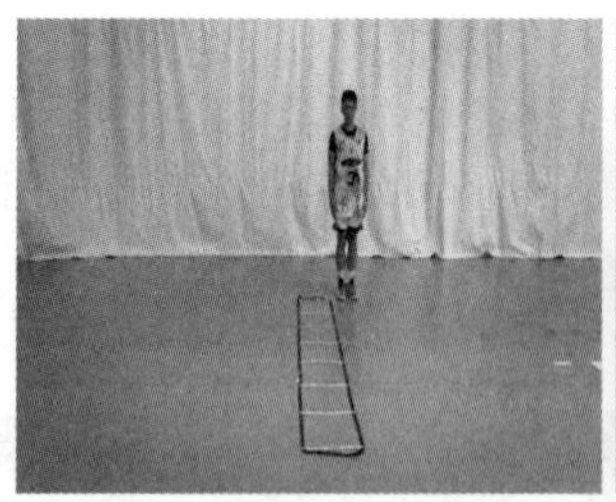

图 4－14　侧向“Z”形进退跑

2. 正向框内框外前移

(1)目的：①提高运动员的变向能力；②提高运动员急停、急起的能力；③提高运动员的步频和增强节奏感。

(2)练习方法:①正对软梯站立,双脚依次迈到第一个格子内;②右脚移出到右边框外,左脚移出到左边框外;③右脚左脚依次迈入第二个格子内,依次循环向前移动(见图 4－15)。

(3)注意事项:①整个动作过程要求连贯、节奏清晰;②应尽可能减少脚与地面的接触时间;③熟练掌握动作时可提高练习的速度。

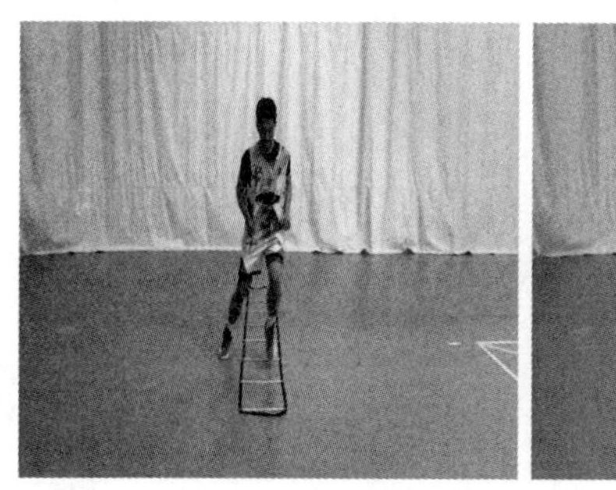

图 4－15　正向框内框外前移

3. 滑步前移

(1)目的:提高运动员的滑步速度。

(2)练习方法:①正对软梯站立,双脚依次进入第一个格子;②触地瞬间,右脚、左脚依次移到右边框外;③左脚、右脚依次迈入下一格子内,依次循环向前移动(见图 4－16)。

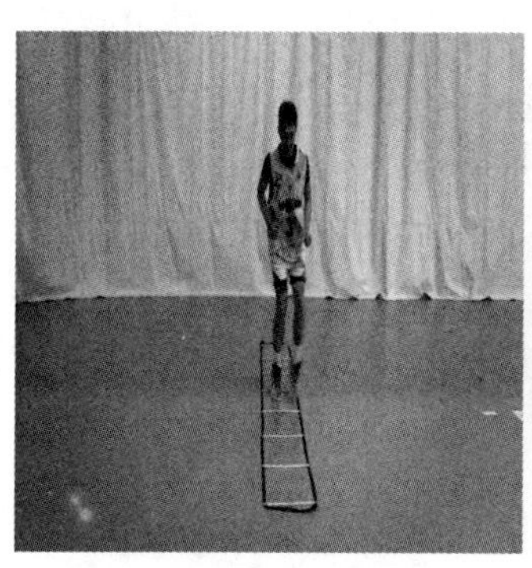

图 4－16　滑步前移

(3)注意事项:①身体应自然放松,动作应连贯、协调;②重复练习时双脚的位置应该准确;③熟练掌握动作后可通过变换方向与增加速度来进行练习。

六、有球一般灵敏素质训练

1. 四角运球

(1)目的:①提高篮球运动员的控球及运球变向能力;②提高篮球运动员的协调性、方向感;③提高篮球运动员在跑动中对身体的控制能力。

(2)练习方法:运动员以预备姿势站在标志桶①的外侧,准备完毕后运球快速跑向标志桶②,然后绕过标志桶②并运球冲向标志桶③;接着运球绕过标志桶③,然后迅速运球跑向标志桶④后再次运球绕过标志桶④,然后运球跑向标志桶①,依次循环进行练习(见图 4-17)。

图 4-17　四角运球

(3)注意事项:①相邻标志桶间距大约 10 米;②在保持动作规范性的前提下尽量提高运球速度;③在每个标志桶处,运动员可以自由选择使用胯下运球、背后运球、转身运球或体前变向运球等技术。

2. 后退运球

(1)目的:①提高篮球运动员的协调性;②提高篮球运动员运球变向速度和运球后退能力。

(2)练习方法:运动员拿球站在标志桶①的外侧,准备完毕或听到命令后,运球快速跑向标志桶②;后退运球绕过标志桶②,再后退运球到标志桶④,然后后退运球绕过标志桶④;加速运球跑向标志桶③,然后后退运球绕过标志桶③,接着后退运球到标志桶①处,依次循环进行(见图 4-18)。

图 4-18　后退运球

(3)注意事项:①相邻标志桶间距大约10米;②后退运球时尽量不要掉球;③后退运球时应保持重心平稳。

3. 侧向运球

(1)目的:提高篮球运动员在运球时的侧向移动能力。

(2)练习方法:①每隔60厘米放置一个标志桶;②运球的同时,双脚侧向依次跨过标志桶;③到达最后一个标志桶后,向相反方向移动(见图4-19)。

(3)注意事项:①左手运球或右手运球都可以,但应注意练习的均衡性;②注意不要踩到标志桶。

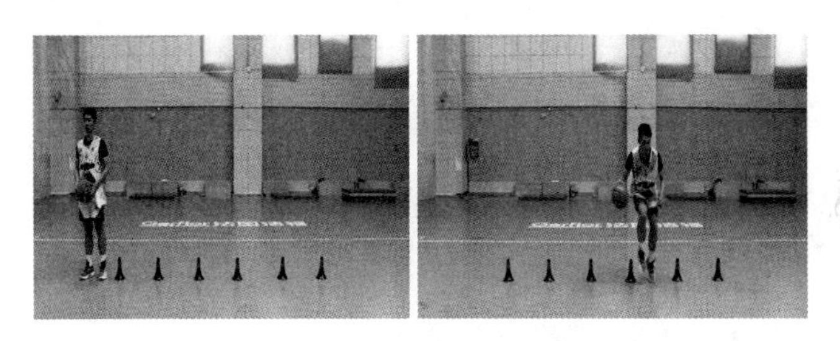

图4-19　侧向运球

第五章　篮球竞赛裁判法

第一节　学生篮球裁判员的基本要求

一、思想品德的要求

(一)热爱篮球运动及裁判工作

篮球裁判工作是一项平凡而辛苦的工作,同时又是广为社会各方面关注的重要工作。作为学生裁判员,首先要对篮球运动有浓厚的兴趣,这可以激励学生积极地参与裁判工作,并从裁判工作中获得成就感。任劳任怨、甘于奉献是裁判工作中最高尚的优秀品德。校园中的学生裁判员,是靠自觉性来坚持裁判方面的学习和工作的。校园篮球赛事越来越多,势必会挤占学生的课余时间,分散其学习精力,这意味着学生的投入和付出会更多。因此,需要有个人的奉献精神和对篮球运动发自内心的喜爱来支撑学生裁判员在这条道路上走下去。

(二)具备良好的职业道德修养

篮球裁判员作为竞赛场上的"执法者",其高尚的职业道德体现在严格履行裁判员职责的过程中,要做到严肃、认真、公正、准确、作风正派、不徇私情、坚持原则。《中华人民共和国体育法》和《中国篮球协会裁判员管理办法暨实施细则》都对裁判员的职业道德方面提出了基本要求和处罚办法。在实际比赛过程中常出现的违背裁判员职业道德的行为主要表现在"君子协议""裁判通融""有意偏袒"等,更为严重的是个别裁判员以"职业杀手"为荣,主宰比赛的胜负,完全背离了体育公平竞争这一起码的原则。校园篮球的参与者都是大学生而非职业球员,参与比赛的初心都是对篮球运动的热爱,所以要求学生裁判员更应该恪守裁判员职业道德底线,为校园篮球创造一个公平、干净、纯洁的竞赛环境。

二、业务能力的要求

(一)篮球裁判员执裁行为规范的意义

篮球裁判员执裁行为规范,是衡量高水平优秀裁判员的重要内容和环节。它反映裁判员的气质,是裁判员综合素质与职业精神的体现,是裁判员移动、判罚、管理及控制比赛能够及时到位、准确平稳、得体有效、疏而不漏的基本保证,是高质量执裁比赛的基本前提。

(二)熟练掌握篮球规则及裁判法

篮球规则和裁判法是每一位临场裁判员都必须掌握的理论知识,是裁判员判罚的依据,是裁判员临场赖以生存的法宝。如果把比赛比作一场战争,那规则和裁判法就是裁判员的武器。只有熟练掌握篮球规则,才能知道什么是犯规,什么是违例。裁判法是裁判员临场的工作方法,如何移动和轮转、移动的区域是哪里、如何占位、站在何处、该做何种手势、监控的区域、观察的角度选择等,都应严格按照裁判法中的要求执行。是否熟练掌握篮球规则和裁判法是衡量一名裁判员是否合格的标准,也是衡量一名裁判员是否可执裁比赛的标准。

(三)了解基本的篮球技、战术知识

篮球技、战术是每支队伍比赛的核心内容,场上每时每刻都在进行着篮球技、战术的应用。例如:一起掩护战术配合后,有球和无球的两对矛盾将采取何种攻守策略;比赛最后时刻,比分落后的队伍将采取迅速犯规战术以暂停比赛,为自己留出更多的比赛时间来反超比分;等等。裁判员了解基本的篮球技、战术知识和比赛的方式后,可以帮助裁判员预测可能发生的情况,从而更好地分析比赛情况,并做出更为正确的判罚。

(四)掌握竞赛的相关规律和特点

裁判员应了解基本的篮球竞赛规律和特点,尤其是小组赛过程中的名次排位对球队后续交叉淘汰赛的重要性。小组排位越高,在淘汰赛中遇到强队的时间越晚,最终名次就越靠前。还应了解小组两支队伍或三支队伍积分相同是如何排列名次等规律。因此,裁判员只有掌握了竞赛规律,才能提前分析每场比赛的重要程度,提前做好相关准备,更好地完成比赛执裁任务。

扫码观看同步视频

(五)裁判员基本功

裁判员基本功的强弱和对规范的掌握程度,彰显着个人业务能力和裁判员的威严。裁判员基本功包括:站立、走、快

走、交叉步、侧身跑、轮转、快攻和紧逼时的配合、裁判员手势等。裁判员临场过程中的一举一动、一言一行都应按照国际篮联规则和裁判法的要求完成。

三、心理素质的要求

所谓心理素质，就是人的自控能力，一个人的心理素质与先天遗传和后天生活环境关系密切。人的性情、气质、能力、兴趣、生活习惯、工作环境等的不同，会导致不同的心理状态，长此以往就形成了人的个性特征，从而产生了心理素质的差异。作为裁判员，要具备良好的职业道德，坚定战胜困难的信念，敏捷灵活的思维，精确的运动感观，良好的运动表现能力，长时间集中精神和注意力的能力，快速转移的定向能力和在复杂的赛场上抗干扰、抗高压的自我情绪调控能力，所有这些都是在良好的心理素质状态下完成的。

(一)建立自信，调整状态

为了更好地完成裁判工作任务，裁判员在临场前要提前进入角色，要明确本次裁判工作的分量，建立完成任务的心理定向和信心，激发出良好的心理状态，同时还应熟悉和了解参赛双方的有关情况，对场上将要发生的情况有充足的心理准备，增强解决比赛突发性问题的信心，坚定信念，充分相信自己的执裁能力能够顺利完成比赛任务。

(二)稳定心态，排除杂念

裁判员在接到执裁任务和通知后（特别是关键且重要的比赛），心理都会发生一些变化，并可能由此引发大脑皮层兴奋、高感神经活动增强，呼吸、心率、血压、血糖等发生变化。这些变化若调控合理，会有利于临场裁判工作，否则可能会因心态和情绪不稳而造成判罚失误，给自己带来不必要的心理压力，从而使比赛失去原有的魅力。

因此，裁判员在临场前要稳定心态，除去思想杂念，摆正自己的位置，秉持公平公正的信念，随着比赛激烈程度的变化，不断调节自己的心理状态，超越自我，让比赛自始至终都在公平合理竞争的气氛中进行。

(三)自我调节，抗压能力强

在赛前、赛中随时会出现各种各样的干扰，为消除一些不必要的干扰，裁判员在赛前要保持平静的心态，消除杂念，避免与有关人员接触，减少干扰源。运用自我暗示和自我调节的心理训练方法，降低心理紧张状态，消除由于神经紧张而造成的疲劳，使自己处于精神振奋、积极性高且适度的良好心理状态中。赛中面对主场观众的呐喊助威、教练和球员对判罚的质疑、自己的判罚出现失误、比分焦灼导致需要最后一投决定胜负等各种突发情况时，要能顶住巨大压力，处乱不惊，合规合法、有礼有节地做出正确的管理和宣判，以确保比赛的顺利进行。

一名合格的裁判员不仅应有高水平的执裁技能，还应具备坚强的意志品质，即良好的心理素质，只有这样才能在瞬息万变的赛场上沉着应战，以不变应万变。总之，随着篮球运动的不断发展，对裁判员的要求也越来越高，这就给裁判工作提出了新的研究课题，那就是如何提高裁判员的综合素质，即体能、技能、思想品德、心理素质等。只有全面提高裁判员的综合素质，才能满足多变的赛场裁判需要，从而促进篮球运动的不断发展。

四、身体素质的要求

（一）速度素质

现代篮球比赛的攻守转换速度快、战术变化快，《国际篮联裁判员手册》中要求前导裁判员要始终位于比赛的前方，在一次攻守转换中，原来的追踪裁判员变为前导裁判员时，裁判法要求从一侧半场的三分线至另一侧半场的端线需要 4 秒钟。因此，篮球比赛对裁判员的加速奔跑能力有非常高的要求，只有跑到比赛的前方，才能更好地选择观察位置并做出准确的判断。裁判员平时可进行 20 米全力加速跑的针对性练习，以适应比赛场上的攻守转换节奏。

（二）耐力素质

国际篮联的正式比赛时间为 4 节，每节 10 分钟。国内职业联赛的比赛时间为 4 节，每节 12 分钟。再叠加比赛中的犯规、违例、节间休息等时间中断情况，一场正式比赛至少需要一个半小时的时间。据统计，裁判员在一场篮球比赛中奔跑距离可达 3 000 米左右。队员可以随时替换休息，但裁判员始终无法进行替换（受伤情况除外），在场上还要始终保持高速奔跑的状态。因此，裁判员应具有良好的耐力素质，如果耐力不足，就会出现反应迟钝，跟不上比赛节奏的现象，从而影响比赛的正确判罚。平日可进行 3 000 米的匀速耐力跑练习，或者采用裁判员体能测试专用的莱格尔跑（男子 86 趟，女子 66 趟）和 YOYO 跑等进行耐力素质训练。

（三）灵敏素质

裁判员在比赛临场执裁跑动过程中常用到急起急停、侧身跑、交叉步接加速跑、转身接加速跑等跑动方法，还要随时对场上的所有情况做出及时正确的宣判。这就要求裁判员具有良好的灵敏素质和步法，裁判员临场执裁的灵敏身姿，也是裁判员精气神的良好展现。裁判员平日可进行敏捷梯或上文中提到的几种专项跑动方法进行练习，来提高自身的步法灵活性和灵敏移动的能力。

第二节　比赛前后裁判员的工作

一、赛前

(一)赛前准备会

赛前准备会是裁判员临场工作中非常重要的准备环节之一,是应对比赛各个环节和分析球队情况的基础工作,是保证比赛顺利进行的前提。若时间充裕,赛前准备会可以在未到达比赛场地时进行;若比赛安排紧密,时间紧迫,也可以在到达场地后的裁判员休息室进行。赛前准备会应涵盖如下内容和程序。

技术代表主持,主裁判员主讲,第一副裁判(U1)、第二副裁判(U2)补充,三位裁判员讨论沟通,技术代表提供建议,领导提出要求。

讨论的主要内容如下。

(1)比赛分析:比赛性质及重要性、该场比赛的焦点、双方球队情况、战绩、人员配置、战术特点等。

(2)最新规则、违例、犯规的主要条款和特殊犯规。

(3)对比赛的感觉及有利/无利原则。

(4)特殊情况:跳球情况和程序、技术犯规、罚球、电视暂停等。

(5)裁判法运用:覆盖区域与责任区的监控、无球区域、共管区域、全场紧逼、三分投篮、轮转、进攻时间、一节或决胜期比赛时间终了的配合。

(6)合作与配合:两人或三人同时鸣哨时的配合、记住罚球球员和掷球地点(特别是暂停后)。

(7)管理比赛:暂停与替换、记录台与计时钟、球队席、球员与教练员、对双方的一致性。

(8)联络与交流:同伴之间目光联络与讲话发声、有效的手势、间歇时的沟通、与记录台人员和技术代表(如到场)的联络。

(二)到达场地时间

裁判团队应按时到达场馆,无论从何地出发,都应按照比赛开始时间预留出提前到达场地的时间。国内大型正式比赛通常要求裁判员至少在开赛前40～60分钟到达场馆,一般应在比赛开始前就在休息室提前换好裁判装备,为比赛做好相关准备。

(三)心理与身体的准备

裁判员换好服装后,应为比赛做些准备活动。应在赛前提醒裁判员,现代篮球比赛要求运动员和裁判员都要有一流的表现。无论裁判员的年龄和经验如何，赛前的身体准备活动都是不可缺少的。建议裁判员做各种形式的伸展练习，以防止或至少降低受伤的可能性。这也有心理上的好处，能够使裁判员感到精神振奋并保持良好的工作状态。高度的自我激励和热情也是必须的，它只能来自于裁判员本身。

二、赛中

（一）比赛进行中

从赛前20分钟裁判员团队进入场地开始，直至比赛结束主裁判在记录表上签字前，都属于比赛进行中的时段。要求裁判员严格按照国际篮联制定的《篮球规则》和《裁判员手册》中的所有要求，认认真真、一丝不苟地对场上发生的所有情况进行合理合规的管理及判罚，以保证每场比赛的顺利进行。

（二）对比赛的管理

有情况需要管理球员和球队席或需要与他们进行沟通时，裁判员应使用简单的手势和口语。遵循的原则是：言辞简练，不卑不亢，举止有度，不失尊严；可和蔼，可严肃，和蔼不是屈卑，严肃不等于愤怒和凶蛮；不说不该说的话，不做不该做的动作；注重文明用语，有礼有节，恰到好处。

（三）特殊情况的处理

比赛中除去常见的违例、犯规情况外，还会有很多特殊情况出现，例如：球员打架、双方发生口角、计分计时出现错误、球员罢赛、连续多个不同性质的判罚交织在一起等。出现以上情况时，裁判员应立即鸣哨停止比赛，如果双方有可能发生打架的情况，应第一时间将矛盾双方隔开，等双方队员平静后再做相应处罚。如果遇到其他特殊情况，停止比赛后，临场裁判员一起回顾先前发生的情况，快速拿出处理办法，如有不确定的，也可请求技术代表（如到场）和记录台人员的协助，做出最终的宣判。总的处理原则为“停止比赛—化解矛盾—分析情况—做出宣判—恢复比赛”。

三、赛后

（一）完善记录台工作

当比赛最后一节或加时赛结束比赛的计时钟响时，并不意味着比赛的结束。临场裁判员还应回到记录台前，与双方球队主教练握手致意，核对记录表上的所有信息，确认无误后，第二副裁判和第一副裁判先后签字，主裁判最终签字，此时才意味着本场比赛正式结束。三名裁判员应一起离开场地。如果在裁判员签字之前，某队对另一方球员的资格问题、记录、计时出现错误没有没纠正等情况有异议，队长可以在记录表上的球队抗议栏中签字，并按《篮球规则》相关要求向仲裁委员会提起书面申诉。若失败的球队做出不理智的辱骂、殴打裁判、破坏场地器材等恶劣行为，主裁判还应在记录表的背面写明事件发生的情况，并向竞赛组织部门提交详细报告。

(二)身体恢复

高强度的执裁工作束后，尤其是赛会制的比赛，一天可能会接到一至两场的执裁任务。裁判员应养成良好的身体恢复习惯，以避免受伤的风险。由于裁判员场上的跑动姿势和球员不同，并不断做蹬地折返跑，因此小腿肌肉和跟腱的拉伤、膝关节和踝关节的伤病占了裁判员伤病的 90%以上。裁判员赛后可以通过冰敷、热敷、各种拉伸动作、按摩、泡沫轴、筋膜枪等方式，对紧张的肌肉和伤病部位进行放松和恢复，以保持最佳的身体状态。

(三)赛后小结会

赛后小结会是临场裁判员对结束的比赛进行总结和复盘的会议，可以比赛后在裁判员休息室进行，也可以回到住处后进行。赛后小结会的主要内容包括：比赛完成情况总结、复盘比赛录像、截取错漏判视频、特殊战例的讨论等。赛后小结会旨在总结自身出现的问题，提高业务能力，尽可能避免类似的问题在比赛中再次发生，对后续比赛有非常重要的促进作用。

第三节　临场裁判员的分工与配合

根据赛事级别不同以及受到办赛条件的限制，高级别比赛通常采用 3 人制执裁，低级别基层比赛通常采用 2 人制执裁。根据临场裁判员的等级和经验，可将其分为：主裁判(CC)，第一副裁判(U1)，第二副裁判(U2)。根据临场裁判员的场上位置又可将其分为：前导裁判员(L)，追踪裁判员(T)，中央裁判员(C)(见图 5－1)。

一、裁判员的占位

(一)比赛开始前的占位

开赛前 20 分钟，主裁判和两位副裁判应占据记录台对侧的边线位置。主裁判站立在中线和边线交界处(如图 5－2)。第一副裁判(U1)站在主裁判左侧大约三米处,并观察赛场左端的球队热身情况。第二副裁判(U2)站在主裁判右侧大约三米处,并观察赛场右端的球队热身情况。此时三名裁判员仍可在边线处进行跑动热身,但必须有一名裁判员监控热身情况(如图 5-3)。比赛开始前 10 分钟,主裁判应去记录台查看记录表相关内容和首发队员是否正确登记完毕,并确认比赛用球已准备好,然后返回记录台对侧。比赛前 6 分钟,开始球员入场仪式,主裁判鸣哨并确保所有运动员回到各自球队席。比赛开始前 3 分钟,主裁判鸣哨做出距离比赛开始还有 3 分钟的手势后,可与同伴一起回到记录台进行开赛准备。赛前 1 分 30 秒,主裁判鸣哨确保所有运动员停止热身回到球队席。此时,三名裁判员与技术代表握手,三人之间击掌鼓励后,主裁判持球进入场地准备跳球开始比赛。

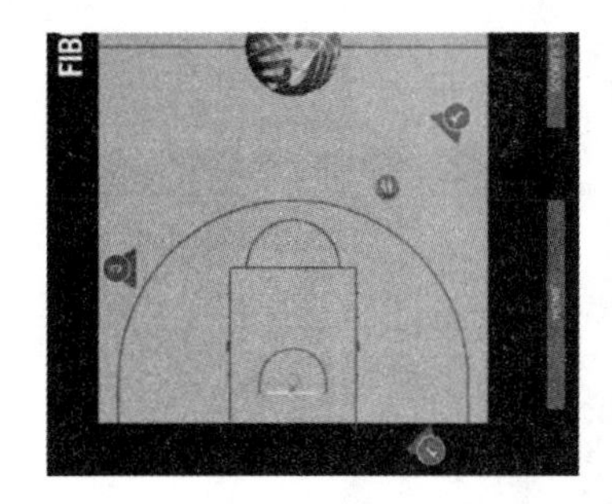
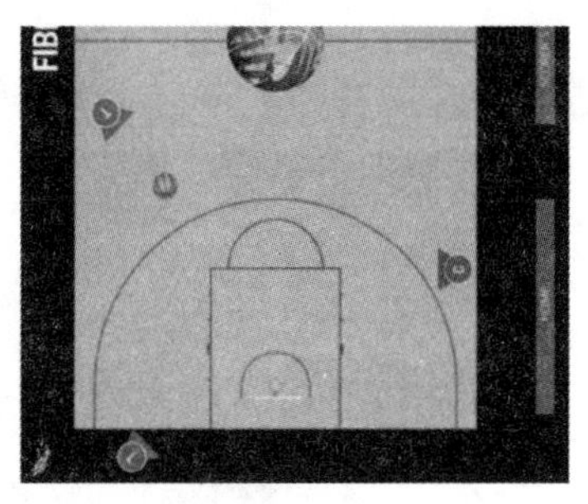

图 5-1　3 人制裁判员初始占位

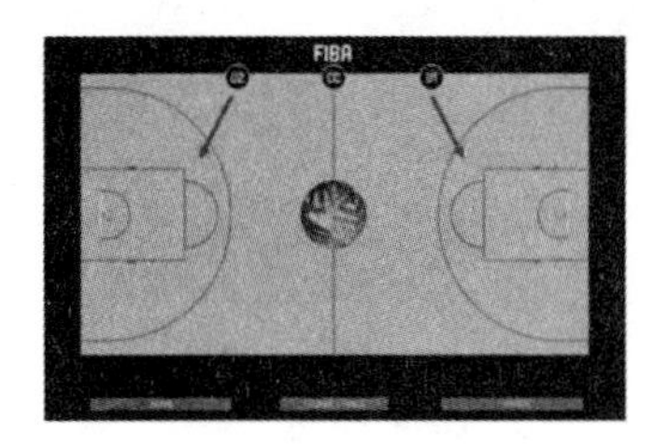

图 5-2　赛前占位

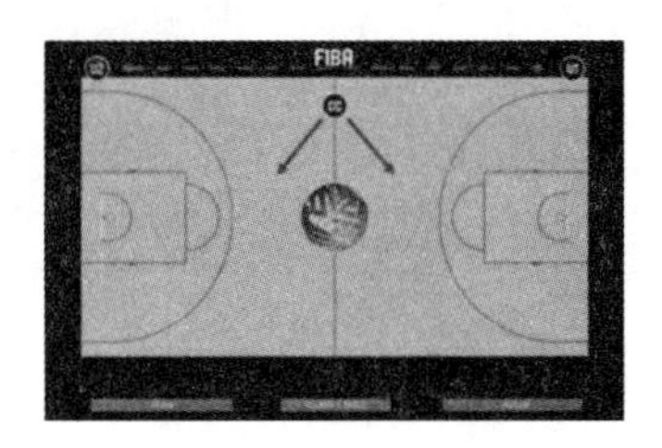

图 5-3　赛前热身

(二)跳球及跳球后的占位

1. 跳球

主裁判应在面向记录台的中圈外持球站立,第一副裁判在记录台一侧,站在球队席区域边界与中线之间。第二副裁判站在记录台对侧掷球入界线处(见图 5-4)。主裁判鸣哨后进入中圈跳球(口中不含哨),第一副裁判负责观察跳球队员是否发生违例。第二副裁判观察 8 名非跳球队员是否有违例情况。

2. 跳球开始后—比赛向主裁判右侧推进(见图 5 - 5)

第二副裁判应跑至左侧端线外成为前导裁判员，第一副裁判应跑至罚球线下 1 米的边线处成为中央裁判员。

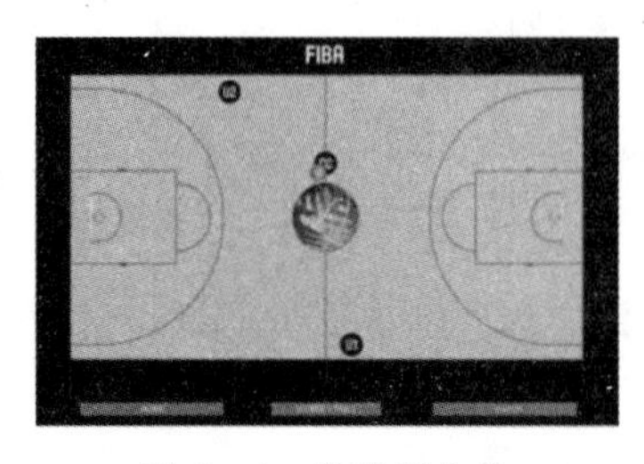

图 5 - 4 跳球时占位

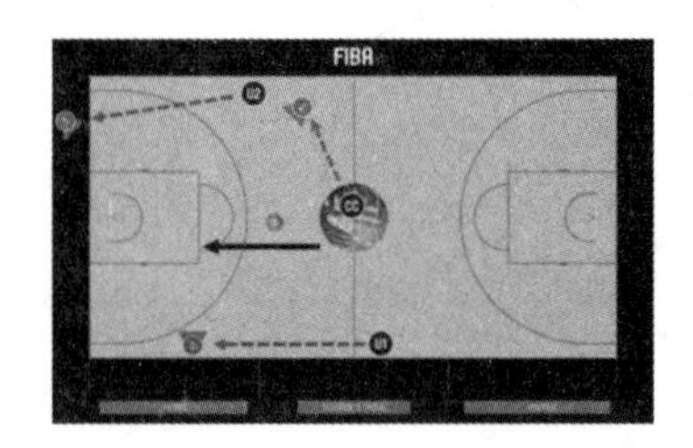

图 5 - 5 跳球后向右侧推进占位

3. 跳球开始后—比赛向主裁判左侧推进(见图 5 - 6)

第一副裁判应跑至右侧端线外成为前导裁判员，第二副裁判应跑至罚球线下 2 米的边线处成为中央裁判员。

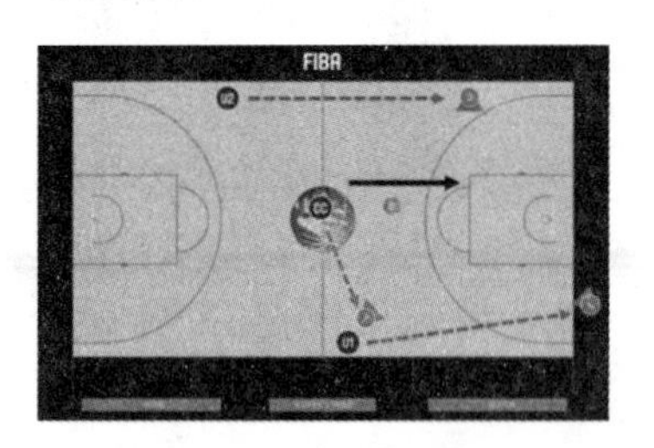

图 5 - 6 跳球后向左侧推进占位

无论朝向哪个方向进攻，主裁判都应成为追踪裁判员，并等所有队员都进入前场后，再含哨子移动到追踪位置开始执裁。

(三)掷球入界时的程序

任何掷球入界时，负责掷球入界的裁判员都应站在发球队员的外侧(距离队员大约 3～5 米)，给队员递交球前，应首先与记录台的两名同伴建立目光联系，观察是否有暂停换人情况及同伴是否已准备好。掷球入界的基本程序为：指定掷球入界地点—含哨子—将球反弹或直接传给队员—做 5 秒违例计时手势—球接触场上任一队员时做开表手势。其中在前场端线掷球入界时，递交球前还要鸣哨(提醒哨)一次。在第四节或加时赛最后两分钟，每一次掷球入界都应做一次防止越线违例手势(劈砍)，此手势相当于一次越线警告。无论在何处掷球入界，掷球入界地点一侧应始终保持两名裁判员占位(见图 5 - 7)。

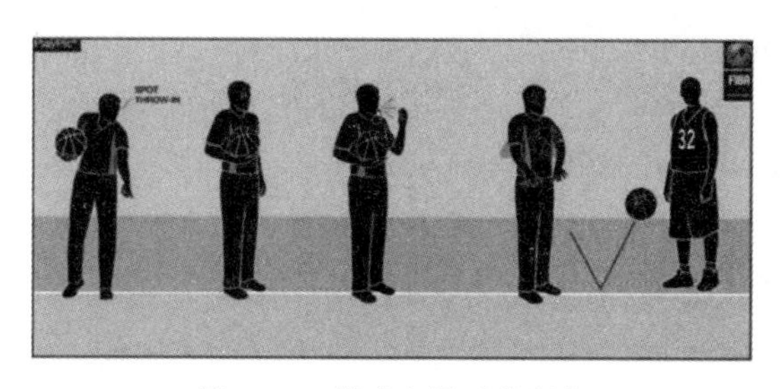

图 5-7　掷球入界时的程序

(四)罚球时的占位

1. 前导裁判员

应持球和用手势指明罚球次数,必须反弹将球传给罚球队员。第一次罚球递交后,应迅速退至记录台对侧三秒区线上占位(与抢篮板球队员平行),队员第一次罚球球出手后,立即进入拿球,开始第二次罚球(见图 5-8)。第二次罚球递交后,应迅速退至记录台对侧端线外的初始位置,注视沿限制区对侧的队员违例情况。若球中篮,掷球入界后还应做开表手势(见图 5-9)。

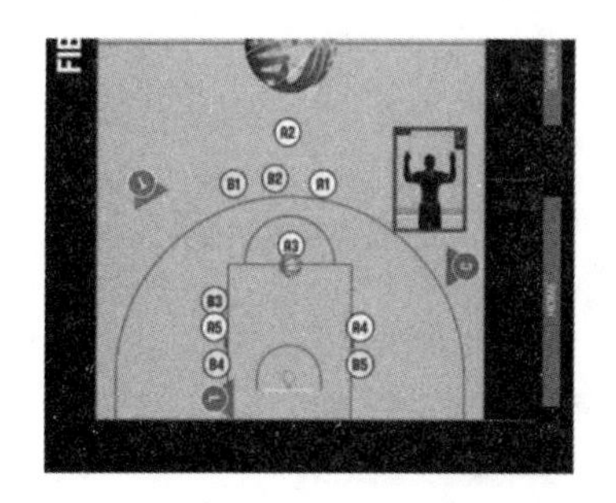

图 5-8　第一次罚球时的占位

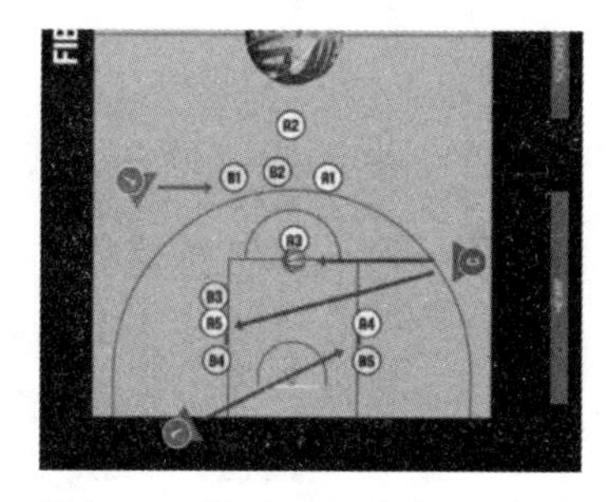

图 5-9　最后一次罚球时的占位

2. 中央裁判员

应始终站在记录台一侧的罚球线延长线和三分线交点处,做出罚球次数手势,如中篮应做 1 分命中手势。注视罚球队员、沿限制区对侧的队员和三分线外队员的违例情况。

3. 追踪裁判员

应在记录台对侧边线处占位(一定是先前宣判犯规的裁判员),协助中央裁判员观察三分线外队员的违例情况,如果罚球后该队还有进一步的罚则(例如边线掷球入界),他应管理掷球入界。

4. 吹罚犯规后的报号程序与换位

犯规是比赛中最常见的执裁情况,每一次犯规吹罚都应按照规定程序向记录台进行报号，并同时进行三人位置轮换。根据自己所处的前导、追踪、中央位置和在记录台同侧还是对侧，吹罚犯规后相应的移动和报号位置均有所不同。我们可以简单地理解并坚持如下原则：裁判员报号结束后始终要回到记录台对侧进行占位（除非他已经在对侧时），原来在对侧的裁判员应去占据报号裁判员原先的位置，最终三名裁判员形成一个新的初始落位占位。

5. 吹罚违例后的程序

当场上出现任何违例的情况时，临场裁判员应立即鸣哨，并做出违例停表手势—违例的性质手势—指出非违例球队的进攻方向—在违例的就近地点掷球入界。

6. 替换和暂停的程序

替换：当一次替换机会开始时，记录员用他的信号通知裁判员已提出了一次替换，最靠近记录台的裁判员以鸣哨、给出替换手势来认可替换的请求，并招呼新的队员进场（见图 5 - 10）。裁判员应时刻记住比赛应尽可能快地重新开始。

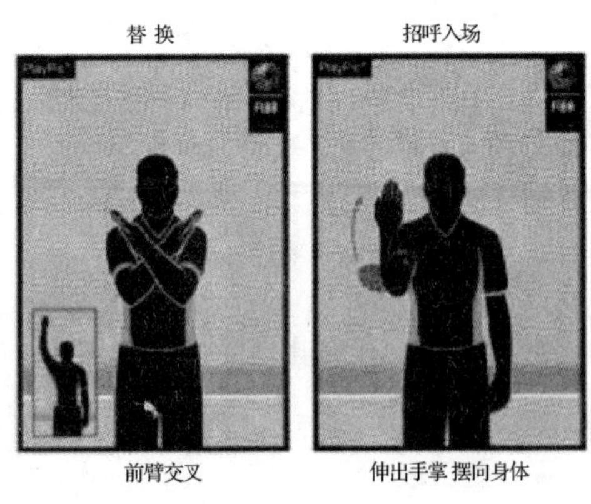

图 5 - 10　替换手势

暂停：每支球队上半场拥有 2 次暂停，下半场拥有 3 次暂停，每一个加时赛拥有 1 次暂停（FIBA 规则中没有 30 秒短暂停）。当一次暂停机会开始时，记录员用他的信号通知裁判员已提出了一次暂停，最靠近记录台的裁判员鸣哨、给出暂停手势来认可暂停的请求（见图 5 - 11），然后两位裁判员移动到记录台对侧中线延长线或靠近掷球入界地点半场的罚球线附近，以便观察双方队员、替补队员和教练员，并与记录台保持目光联系，此时还可以与同伴对比赛情况进行简短分析和交流（见图 5 - 12、图 5 - 13）。当暂停走过 50 秒时，计时员应发出信号，主裁判员鸣哨，招呼两队重新开始比赛，裁判员应回到原先的位置。

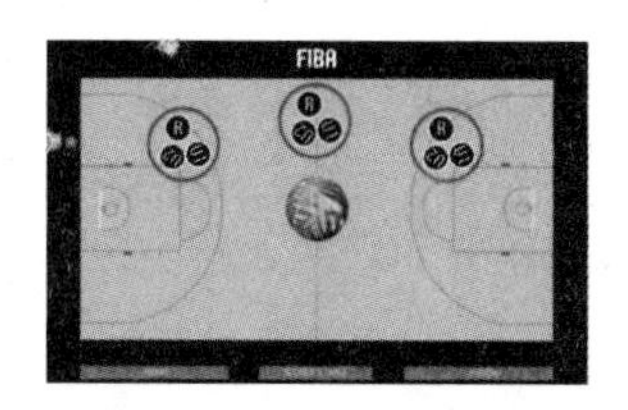

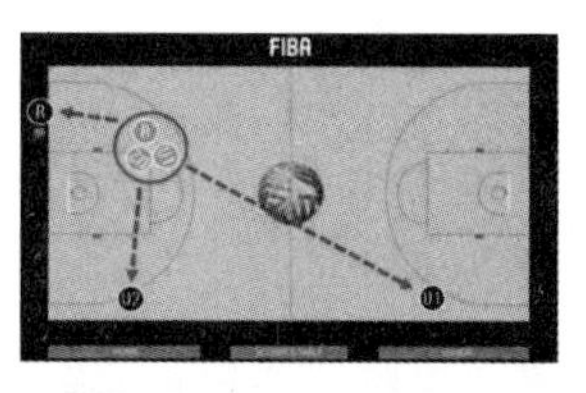

图 5-11　暂停手势　　图 5-12　暂停占位　　图 5-13　暂停后恢复比赛

二、裁判员的分工与配合

(一)基本区域分工

图 5-14 中红黄绿分别为前导裁判员、中央裁判员和追踪裁判员的负责区域。当球在某裁判员的区域内时,他主要负责球周围的情况(有球区)。其他两名裁判员负责无球区的队员情况。三个区域的交界处为共管区域,同侧的两名裁判员可同时鸣哨进行宣判。前导裁判负责篮下情况,中央裁判员负责罚球线的投篮和抢篮板球情况,追踪裁判员负责三分线以外及同侧的上篮和抢篮板球的情况。原则上每位裁判员只负责自己所在区域的情况,无论球是否在自己的区域。除非同伴位置或观察角度不好时,可视情况给予相应的支持吹罚。

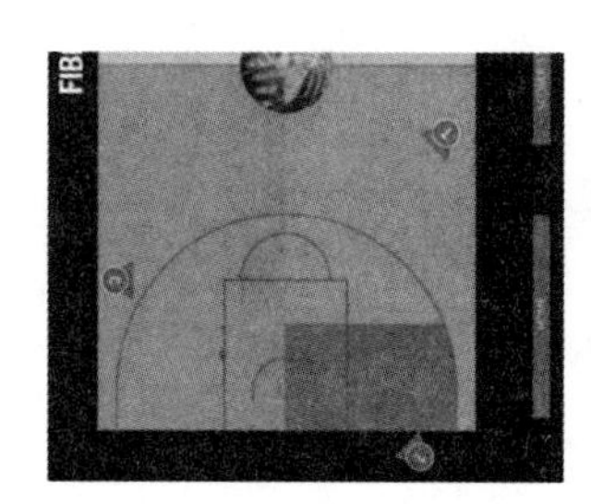

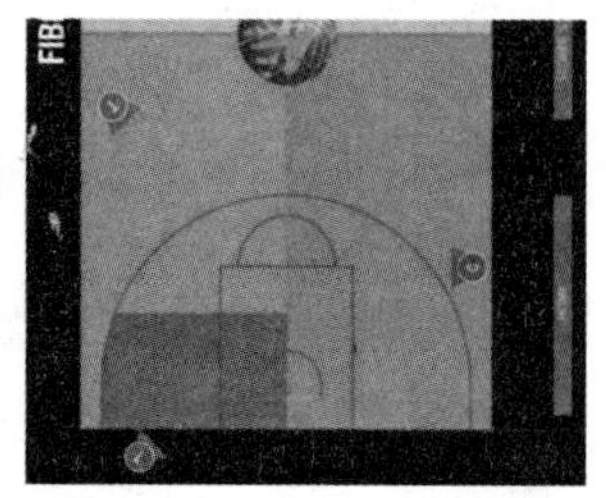

图 5-14　区域分工图

(二)两人同时鸣哨时的配合

比赛当中有两名裁判员同时对一起犯规鸣哨时,首先两名裁判员应建立目光联系，确认吹罚犯规的性质是否一致。如果吹罚一致，应由最靠近犯规发生地点的裁判员进行报号宣判，裁判法规定，当追踪裁判和中央裁判同时鸣哨时，应由记录台对侧的裁判员进行报号程序，进而减少轮转，尽快开始比赛。当吹罚不一致时，例如前导吹了阻挡防守犯规，追踪吹了撞人进攻犯规。两名裁判员应立即走到一起进行简短商量，确定哪个犯规发生在先，哪名裁判员进行报号宣判。若双方各持己见，可分别进行报号宣判，罚则抵消，比赛按鸣哨停止时的状态重新恢复比赛。

(三)全场紧逼时的配合

当防守球队执行全场紧逼防守战术时，裁判员必须在他们的活动区域内分工负责比赛(见图5－15、图5－16)。追踪裁判员负责后场8秒的计算和观察，中央裁判和前导裁判随球的速度移动。中央裁判协助观察中线处的违例，前导裁判应在中线附近占据位置或保持与比赛最前方的一对攻守矛盾平行的位置进行观察，并时刻注视快速突破或长传球，不应提前快下至前场端线位置，距离比赛过远。一般有两种常见的紧逼情况占位：①所有队员都在后场时(见图5－15)；②超过4名队员在后场时(见图5－16)。

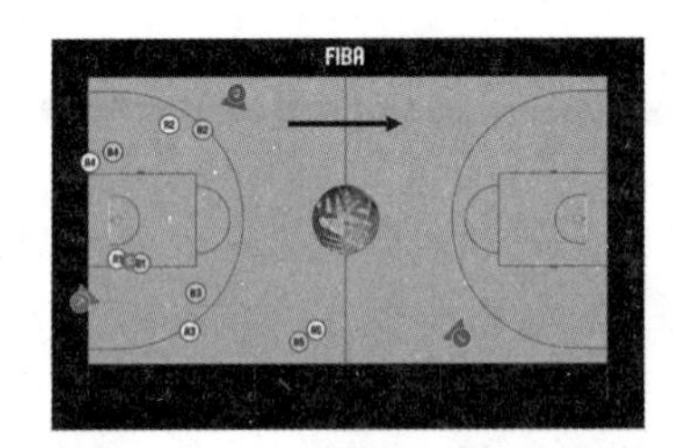

图5－15　所有队员都在后场

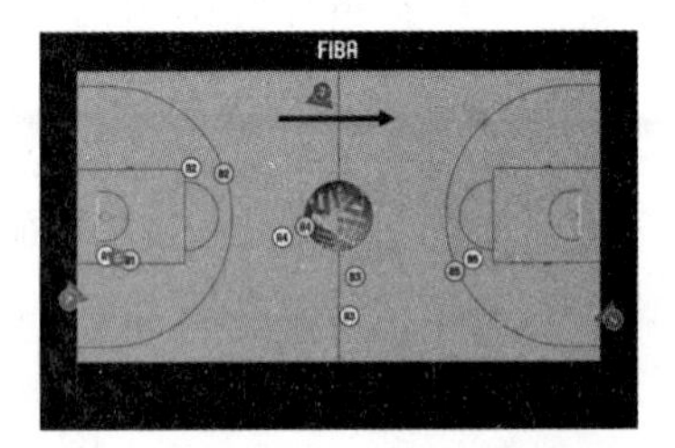

图5－16　超过4名队员在后场

(四)警告后的配合

当某队队员因为质疑判罚、球中篮后动球、伪造犯规(假摔)等场上行为而得到裁判员一次警告时，就近的裁判员应对违犯队员进行口头警告，然后还要将该警告通知该队教练员。如果该队任一球员再次发生类似行为，将会被判罚技术犯规。当警告场上队员的地点距离他的球队席较远的时候，靠近球队席的裁判员应代替同伴对教练员和球队席进行警告程序。

(五)快攻时的配合

当某队抢断或抢到防守篮板而发动快攻时，进攻方向改变，三名裁判员应执行分段管理的原则。控球队员如果在前场，新的前导裁判员应尽全力跑在比赛的前面，监控球附近可能发生的犯规，新的中央裁判员也应紧随其后，协助前导进行判罚和观察可能发生的干扰和干涉得分的情况。如果前场已有快下队员，但球仍在中场附近发动快攻时，此时中央裁判员应负主要责任，所有犯规都应由中央裁判员进行宣判。

(六)比赛最后一次投篮时的配合

当比赛临近结束，比分焦灼，任一队需通过最后一次投篮来决定比赛胜负的时候，三名裁判员如何通过有效配合，各司其职，做出准确宣判就变得尤为重要。比赛最后一投之前，进攻队往往会通过一次暂停来进行战术安排。暂停期间，三名裁判员就应当按照赛前准备会时的要求，进行相互提醒。当进攻队员进行突破上篮或投篮时，最靠近球的裁判员主要负责吹罚，积极移动寻找开角，做出正确判断。他同侧的裁判员协助其判罚，远端的裁判员则应关注比赛计时钟，确保投篮出手在比赛时间之内以及关注可能发生的篮板球情况(见图 5－17)。

图 5－17　最后一次投篮配合

(七)出现特殊情况时的配合

当场上某一时间段出现连续的多次犯规或可能发生冲突甚至难以立即解决的情况时。例如，吹罚一次防守犯规动作过大时，被侵犯队员情绪激动辱骂或推搡了对方，场上队员或替补席队员进场试图参与可能发生的冲突。此时，距离犯规最近的裁判员，应立即跑至主要矛盾双方球员之间，将其隔挡开，尤其应将首先发生防守犯规的队员挡在自己身后，面对被侵犯队员，并及时劝阻，防止事态升级。距离球队席最近的裁判员同伴应立即观察球队席情况，发现有试图进场的替补队员时，应立即做出制止。另一名同伴应观察场上其他队员是否有过激行为，并及时劝阻以协助同伴平息场上矛盾。当场上情况得以缓解时，三名裁判员一起复盘冲突发生的先后顺序，必要时可寻求技术代表和记录台的协助，找出主要参与队员，依据规则进行顺序判罚，并及时恢复比赛。比赛恢复后，吹罚尺度上应略紧，防止双方怒气未消而可能再次发生冲突的情况出现。

第四节　判断和处理违例

一、队员出界和球出界违例

扫码观看同步视频

定义：当队员身体的任何部分与界线上、界线上方或界线外的地面，或除队员以外的任何物体接触时，即是队员出界。

当球触及以下范围的地面、物体或人即为球出界：①界外的队员或任何其他人员；②界线上、界线上方或界线外的地面、物体或人；③篮板的支柱或篮板背面。

常见案例：①持球或运球队员脚踩到了界线；②球触及到了界外的地面、观众、裁判等任何人或物体。

罚则：将球判给对方队员在最靠近发生违例的地点掷球入界，但正好在篮板下方的地点除外。

二、带球走违例

定义：当队员在场上持着一个活球，其一脚或双脚超出本条款所述的限制，向任一方向非法的运动是带球走。

在场上正持着一个活球的队员用一脚（称为中枢脚）始终接触着该脚与地面接触的那个点，而另一只脚向任一方向踏出一次或多次的合法运动是旋转。

中枢脚的确立方式如下。

(1)静止的队员确立中枢脚。一名队员接住球时，双脚站在地面上，一只脚抬起的瞬间，另一只脚成为中枢脚；开始运球时，在球离手前中枢脚不得离开地面（案例：交叉步突破时违例）；队员可以跳起中枢脚传球或投篮，但在球离手前，任意一只脚不得落回地面（案例：SOMA 步合法上篮）。

(2)移动中和结束运球时的队员确立中枢脚（0－1－2 原则）。一名队员在行进中或在结束运球时拿球，他可以行进两步以完成停步、进行传球或者投篮。

1)如果接到球的队员要开始运球，他应在行进第二步之前将球离手。

2)当队员获得控制球，随后在他的一只脚接触地面或双脚同时接触地面时，就视为是第一步。

3)在队员确立了第一步后，当他的另一只脚接触地面或双脚同时接触地面时，就视为是第二步。

4)如果队员在第一步就完成了停步，此时他双脚站在地面上时，或是两脚同时接触地面时,他可以用他的任一只脚作为中枢脚进行旋转。如果随后他双脚跳起,那么在他球离手之前,任一只脚都不得落回地面。

5)如果队员是脚分先后落地完成(合法)停步时,他仅可以用那只先着地的脚作为中枢脚进行旋转。

6)如果队员第一步是一只脚落地,随即又跳起该脚,他可以双脚同时落地作为他的第二步。在这种情况下,该队员不可以再用任一只脚为中枢脚进行旋转。如果随后他的一脚或双脚离开地面,那么,在球离手前哪一只脚都不得落回地面。

7)如果队员双脚离开地面后又双脚同时落地作为第一步时,那么在一只脚抬离地面的瞬间,另一只脚就成为中枢脚。

8)队员结束运球或获得控制球后,他不得用同一只脚或双脚连续地接触地面行进。

(3)跌倒、躺在或坐在地面上的队员。当一名队员持着球跌倒并在地面上滑行,或躺在地面上或坐在地面上时获得了控制球,这是合法的;如果随后该队员持球滚动或持着球尝试站起来,这是违例。

罚则:将球判给对方队员在最靠近发生违例的地点掷球入界,但正好在篮板下方的地点除外。

三、运球违例

定义:运球是指一名队员控制一个活球的一系列动作,如在地面上掷、拍、滚运或弹在地面上。

当在场上已获得控制活球的队员将球掷、拍、滚、运在地面上,或故意将球掷向篮板并在球触及另一队员之前再次触及球为运球开始。当队员双手同时触及球或允许球在一手或双手中停留时运球结束。

常见案例:①运球队员停止运球后,再次运球,两次运球违例。②运球队员在组织进攻时,单手将球瞬间拖于手中(掌心向上)后再次运球,携带球违例(俗称翻腕)。③运球队员试图结束运球(双手合球)时,没有控制住球,导致球从双手中滑落,此时该队员可以再次拿球,但不能再次运球;当场上队员试图接住同伴的传球时,没有接稳,从双手中滑落,该队员可以再次拿球,并可以运球。这两种情况属于漏接球,没有违例情况发生。

罚则:将球判给对方队员在最靠近发生违例的地点掷球入界,但正好在篮板下方的地点除外。

四、8 秒违例和球回后场违例

规定:一名在后场的队员获得控制活球时。该队必须在 8 秒钟内使球进入该队的前场。

判断球是否回后场违例的先决条件是球已经进入了前场。

球进入前场的条件为：

1)没有被任何队员控制，球触及前场地面时。

2)球触及或者被双脚完全在他前场的同队队员合法触及时。

3)球触及或者被有部分身体在他后场的对方队员合法触及时。

4)球触及有部分身体在前场的裁判员时。

5)运球队员在后场往前场运球的过程中，球和双脚完全进入前场时。控球队员骑跨中线运球时，球没有进入前场。

判断球回后场违例的原则：

(1)已经进入前场的进攻队员使球触及中线或身体任何部位触及中线。

(2)进攻球队的队员在前场最后触及球，使球回到后场，他的同队队员在后场又首先触及球。

常见案例：①进攻队的控球队员被对方紧逼防守，进攻计时钟 16 秒时仍未使球进入该队前场；②控球队员在其后场运球已达 7 秒，为防止违例，他将球传向前场的同伴，当球在前场的空中飞行时，进攻计时钟显示 16 秒，此时应判罚 8 秒违例。③前场运球队员身体任何部位触及中长线时，回场违例。④A 队进攻，该队 5 号球员不慎将球运球到自己脚上滚回后场，此时 A 队的任何球员都不能首先触及球，否则回场违例(除非对方队员首先触及后可合法触及)。

罚则：将球判给对方队员在最靠近发生违例的地点掷球入界，但正好在篮板下方的地点除外。

五、掷球入界违例

定义：由界外掷球入界队员将球传入比赛场地内时，掷球入界发生。

规定执行掷球入界的队员不应有以下行为：

1)超过 5 秒钟球才离手。

2)球在手中时步入比赛场地内。

3)掷球入界的球离手后，使球触及界外(球碰篮板背面)。

4)在球触及另一队员前，在场上触及球。

5)直接使球进入球篮(界外直接投篮)。

6)在球离手前，从界外指定的掷球入界地点 ，在一个或两个方向上横向移动总距离超过 1 米 。然而，只要情况许可，执行掷球入界的队员从界线后退多远都可以(有裁判员递交球后的掷球入界受 1 米距离限制，球中篮后的掷球入界没有横向移动距离限制)。

常见案例:①掷球入界队员在界外运球一次后将球传给场内同伴,合法。②掷球入界队员的脚踩到部分界线的外沿,合法,因为场地是以界线的内沿为准的。③前场端线掷球入界的队员将球传向场内防守队员的背部反弹后,快速步入场地接球上篮得分,合法,前提是该队员必须有一脚或双脚步入场地后方可拿球,从界外跳起在空中接球是违例。④掷球入界队员向场内传球时,没有任何队员触碰球,球直接从对侧界线出界,应由对方球队在原掷球入界地点重新开始比赛。

罚则:将球判给对方队员在最靠近发生违例的地点掷球入界,但正好在篮板下方的地点除外。

六、干扰和干涉得分违例

干涉得分规定在一次投篮中,当一名队员触及完全在篮圈水平面之上的球时,并且:

1)球是下落飞向球篮中;

2)在球已碰击篮板后。

常见案例:①投篮队员球出手后,球在空中已经达到最高点后开始下落,快接近篮圈时被防守队员触碰。②上篮队员球出手后球已经触及篮板并向篮圈进入时,防守队员触及球。

干扰得分规定:

1)在一次投篮、最后一次或者仅有的一次罚球中,当球与篮圈接触时,队员触及球篮或篮板;

2)在一次罚球(随后还有进一步的罚球)后,球有进入球篮的可能性时,一名队员触及球、球篮或篮板时;

3)队员从下方伸手穿过球篮并触及球时;

4)当球在球篮中,防守队员触及球或球篮从而阻止球穿过球篮时;

5)队员使篮板颤动或者抓球篮,根据裁判员的判定,这种手段已妨碍球进入球篮或者使球进入球篮时;

6)队员抓球篮打球时。

常见案例:①球在篮圈中滚动,防守队员从篮圈下方将球打出。②队员抓篮网或篮圈、拍击篮板导致球无法进入篮圈。③队员扣篮未中后,一手抓住篮圈,另一只手触及球试图使球进入球篮。

罚则:进攻队员违例,中篮无效;防守队员违例,中篮有效。将球判给对方队员在最靠近发生违例的地点掷球入界,但正好在篮板下方的地点除外。

七、被严密防守时的违例

定义：一名队员在场上正持着一个活球，一名对方队员在距离他不超过1米处，并采取积极的、合法防守的姿势时，该持球队员是在被严密防守。此时持球队员必须在5秒钟内传、投或运球。

常见案例：进攻队员结束运球后，被防守队员贴身严密防守，5秒钟后进攻队员仍未将球传出或投篮。

罚则：将球判给对方队员在最靠近发生违例的地点掷球入界，但正好在篮板下方的地点除外。

八、3秒违例

规定：某队在前场控制活球并且比赛计时钟正在运行时，该队的队员不得在对方队的限制区(俗称3秒区)内停留超过持续的3秒钟。

队员在下列情况中3秒违例应被忽略：

1)队员已经意识到他要构成3秒违例时，他正试图离开限制区。

2)队员在限制区内已达3秒，他的同队队员开始做投篮动作时。

3)队员在限制区内已接近3秒钟时开始运球或投篮。

为证实队员自身位于限制区外，他必须将双脚置于限制区外的地面上。

国际篮联规则中只有进攻队3秒违例，没有防守队3秒违例的规定。

常见案例：进攻队中锋在限制区内要位进行低位单打，卡位的过程中已经达到3秒，或接到同伴传球的一瞬间恰好达到3秒钟。

九、5秒违例

5秒违例的情况有如下三种：①掷球入界。②被严密防守的队员。③罚球队员。

常见案例：①掷球入界队员5秒钟内没有将球掷入界内。②结束运球后被对方严密防守5秒钟内没有传球或投篮。③罚球队员5秒内没有完成出手投篮。

罚则：将球判给对方队员在最靠近发生违例的地点掷球入界，但正好在篮板下方的地点除外。

十、24秒违例

规定：

1)一名队员在场上获得控制活球时。

2)在掷球入界中,球接触场上的任何队员或被场上的任何队员合法触及,并且掷球入界队员的球队仍然控制球时,该队必须在24秒钟内尝试投篮。

一次24秒钟内投篮的构成:

1)在进攻计时钟的信号发出前,球必须离开队员的手。

2)球离开了队员的手后,必须触及篮圈或进入球篮。

在临近24秒钟结束时尝试了一次投篮,并且球在空中时进攻计时钟信号响:

1)如果球进入球篮,没有违例发生,信号应被忽略并且计中篮得分。

2)如果球触及篮圈但未进入球篮,没有违例发生,信号应被忽略并且比赛应继续。

3)如果球未碰篮圈,一次违例发生。然而,如果对方队员立即且清晰地获得了控制球,信号应被忽略并且比赛应继续。

常见案例:①24秒进攻计时器响,进攻队员未出手投篮。②投篮的球在空中,24秒进攻计时钟响,随后球没有触及篮圈,违例。③投篮的球在空中,24秒进攻计时钟响,随后球没有触及篮圈,但球清楚地落入防守队员的手中,24秒违例应忽略,比赛继续。

十一、24秒回表情况

比赛中每一次防守球队的违犯都应回表,回表时间有24秒、14秒和保持进攻时间不变三种情况。

常见案例:①进攻队员在自己后场运球推进过程中被对方犯规或违例,回24秒。②进攻队员在自己的前场被对方犯规或违例,进攻时间大于14秒时,时间保持不动;少于14秒时回到14秒。③球无论因任何原因触及篮圈时,都应回表,如果进攻队继续获得球(前场篮板),回14秒,防守队获得球,回24秒。

第五节　判断和处理犯规

犯规是比赛中最常见的情况,对球员犯规的判罚也是裁判员临场执裁过程中最重要的环节。

定义:犯规是对规则的违犯,含有与对方队员的非法身体接触或违反体育运动精神的举止。可宣判一个队任何数量的犯规,不管罚则是什么,都要登记犯规者的每一次犯规,记入记录表并且按照相应的罚则进行处罚。

扫码观看同步视频

扫码观看同步视频

扫码观看同步视频

一、处理犯规的原则和要素

判罚什么情况是犯规，我们首先要掌握判罚的三个原则和四个要素，在此基础之上，再对场上发生的身体接触进行判断和判罚。

(一)判断犯规的三个原则

1. 圆柱体原则

圆柱体原则定义为一名站在地面上的队员占据一个假想的圆柱体的空间。双脚之间的尺寸和距离应根据他的身高和体型有所不同。该空间包括该队员上面的空间，防守队员或无球进攻队员的圆柱体边界限定(见图 5 - 18)。

前至手的双掌，后至臀部，以及两侧至双臂和双腿的外侧。双手和双臂可以在躯干前面伸展，但不超过双脚和双膝的位置，因此两前臂和双手在合法的防守位置中是举起的。防守队员不可以进入一名持球进攻队员的圆柱体并在进攻队员在他的圆柱体内试图做一个正常的篮球动作时造成非法身体接触。

持球进攻队员的圆柱体边界限制(见图 5 - 19)：前至双脚、弯曲的膝盖和手臂，持球在臀部以上。后至臀部，及两侧至双肘和双腿的外侧。持球进攻队员应被允许在其圆柱体内有足够的空间完成正常的篮球动作。正常的篮球动作包括开始运球、旋转、投篮或传球。

图 5 - 18　无球进攻队员的圆柱体

图 5 - 19　持球进攻队员的圆柱体

2. 垂直原则

垂直原则是基于圆柱体原则之上，保护队员所占据的地面空间和当他在此空间内垂直跳起时的上方空间。

队员一旦离开他的垂直位置(圆柱体)，并与已经建立了自己的垂直位置(圆柱体)的对方队员发生身体接触，则离开他的垂直位置(圆柱体)的队员须对此接触负责。

3. 合法防守位置原则

当一名防守队员面对对手，并且双脚着地时。他就建立了最初的合法防守位置。合法的防守位置从地面到天花板，垂直地伸展到他(圆柱体)的上方。他可将他的双臂和双手举过头或垂直跳起，但是他必须在假想的圆柱体内使手和臂保持垂直的姿势。合法防守位置的核心是要求正面面对进攻人。

4. 判断犯规的四个要素(RBQS)

(1)速度要素(speed)：速度要素包括跑动速度、运球速度、投篮速度、传球速度等。攻防双方的队员，都有权利在有球和无球的移动中保持一个正常的、符合场上情况的位移速度。当这个正常的速度被对方从不合法的位置上，通过拉拽、顶撞、贴靠等接触而被影响时，打破这个速度平衡的一方将对这起接触负责。

(2)加速度要素(quickness)：球员在跑动和持球突破的过程中，往往要利用加速度来摆脱对手的防守。这个加速度应该是线性的、连贯的。因防守球员的非法身体接触而造成进攻队员的加速度中断或片刻停滞，这个接触就可定义为犯规。

常见案例：进攻队员持球突破时，防守队员用手推挡犯规；无球进攻队员加速摆脱防守时，防守队员用躯干或手臂阻止其移动，使突破队员出现瞬间停滞。

(3)平衡要素(balance)：人体无论在做任何运动时，都会通过全身各部位协调作用，保持身体姿态的相对平衡和稳定。篮球运动速度快、强度高，队员在跑动、运球、跳起上篮或投篮时，更需要运用核心力量来维持身体的平衡姿态，保证技术动作能够正确有效地完成。当这个应有的平衡状态被防守队员非法接触而破坏时，往往就是一起犯规的发生。队员身体对抗过程中的顶撞、推拉、贴靠等接触，都是造成平衡失去的常见情况。

常见案例：进攻队员跳起上篮或投篮位于空中时，防守队员用身体贴靠、顶撞该队员，使其失去平衡。

(4)节奏要素(rhythm)：篮球运动中的节奏，宏观上可分为进攻节奏(快与慢)和防守节奏(紧与松)，微观上可分为投篮节奏、传球节奏、运球节奏、跑动节奏。狭义上我们可以理解为无论哪一类的节奏都离不开快与慢的结合。根据场上的复杂情况，通过快慢的节奏变化，运用自己擅长的节奏，打乱对方的节奏，从而获得有效进攻和制约对手的效果。在场上技术方面的各种节奏中,任何一方非正常的接触打破了对方的常规节奏,便可以作为判断犯规的依据之一。

我们可以看到,在判断一次身体接触是否为犯规的时候,圆柱体原则、合法防守位置原则是核心和基础,再根据裁判员的判断,结合垂直原则、圆柱体原则和四个要素,综合考虑做出正确的判罚。

二、侵人犯规

定义:无论在活球或死球的情况下,攻守双方队员发生的非法身体接触的犯规就是侵人犯规。队员不应通过伸展手、臂、肘、肩、髋、腿、膝、脚或将身体弯曲成“不正常的姿势”(超出他的圆柱体)去拉、阻挡、推、撞、绊对方队员,或阻止对方队员行进,也不得放纵任何粗野或猛烈的动作去这样做。

常见的侵人犯规有:非法用手(打手)、用手推挡、拉人、阻挡、推人、点手腕、勾人、击头、过分挥肘、带球撞人。

罚则:登记该队员的侵人犯规(P1/P2/P3)。

对于投篮动作,根据投篮出手位置给予罚球 2 次或罚球 3 次。若投篮命中,得分有效且追加罚球 1 次。

对于非投篮动作,给予对方球权并按实际情况回表;当达到全队犯规次数时,根据投篮出手位置给予罚球 2 次或罚球 3 次。

三、全队犯规

定义:全队犯规是指该队队员被判罚的侵人犯规、技术犯规、违反体育运动精神的犯规或取消比赛资格的犯规。在一节中某队全队犯规已发生了 4 次时,该队处于全队犯规处罚状态。

在比赛休息期间发生的所有全队犯规,应被认为是随后一节或决胜期比赛中的犯规。在决胜期内发生的所有全队犯规应被认为是发生在第 4 节内的。

规定:当某队处于全队犯规处罚状态时,所有随后发生的对未做投篮动作的队员的侵人犯规应被判 2 次罚球,代替掷球入界,由被犯规的队员执行罚球。如果进攻球队的队员发生了一次侵人犯规,这样的犯规应判对方队员掷球入界,不判给罚球(控制球队的侵人犯规只失去球权,不产生罚球)。

四、双方犯规

定义:双方犯规是两名互为双方的队员大约同时相互发生侵人犯规、违反体育运动精神犯规或取消比赛资格犯规的情况。

如果两个犯规被视为一起双方犯规,应该具备以下 4 个条件:

1)两个犯规都是场上队员犯规；

2)两个犯规都必须有身体接触(几乎同时发生)；

3)两个犯规是双方球员的相互犯规；

4)两个犯规可以是侵人犯规或违反体育运动精神的犯规和取消比赛资格的犯规组合(罚则相同时才可以抵消)。

罚则:登记队员的犯规,犯规的性质相同时直接抵消;犯规性质不同但罚则相同时也可抵消。

常见案例:①一名进攻队员上篮时被对方队员打手犯规(侵人犯规),几乎同时上篮队员挥动手臂打到防守队员的脸部(违体犯规)。两个犯规的罚则不相同,不能抵消,应分别依据相应罚则进行处理。②双方球员在限制区要位单打时,进攻和防守队员为抢占有利位置相互推搡,双方手臂纠缠在一起,两个犯规性质和罚则均相同,相互抵消。

五、技术犯规

每支球队应尽最大的努力去获取胜利,但胜利的取得必须符合体育运动精神和公平竞赛的要求。任何故意的或再三的不合作,或不遵守规则的精神,应被认为是一次技术犯规。裁判员可以通过警告或甚至宽容那些明显是无意的并不直接影响比赛的、轻微的违纪来预防技术犯规的发生,除非在警告后又重复出现同样的违犯。

定义:技术犯规是没有身体接触的犯规。

技术犯规行为种类包括:

1)无视裁判员的警告(警告后再次违犯)。

2)不尊重裁判员、技术代表、记录台人员或球队席人员的行为。

3)与裁判员、技术代表、记录台人员或对方队员交流中没有礼貌。

4)使用很可能冒犯或煽动观众的粗话或手势。

5)戏弄或嘲讽对方队员,在对方队员眼睛附近挥手干扰对方视线。

6)过分挥肘拓展传球空间(常见于抢篮板球后)。

7)球中篮之后故意地触及球或阻碍对方迅速地掷球入界以延误比赛。

8)伪造被犯规(假摔)。

9)悬吊在篮圈上(扣篮后的夸张表演)。

10)在最后一次的罚球中防守队员干涉得分,应判给进攻队得 1 分,随后登记该防守队员名下的技术犯规。

当登记了一名队员 2 次技术犯规或 1 次技术犯规和 1 次违反体育运动精神

的犯规时,应该取消该队员本场比赛的资格。

当教练员因为自身的违犯被登记 2 次技术犯规或由于替补席人员的违犯累积登记了 3 次技术犯规,应取消教练员剩余比赛的资格。

罚则:登记该队员一次技术犯规(T1),并累计入全队犯规中。

判罚球队席人员,应登记在教练员名下,并不累计入全队犯规次数中。

应判给对方队员 1 次罚球(对方教练员可指定任意球员进行罚球),并立即执行,随后按如下情况开始比赛:

1)在违犯的就近地点掷球入界。如果双方都没有控制球(投篮出手后),一次跳球情况,依据交替拥有箭头方向判给球权。

2)在中圈跳球开始第 1 节(第一节比赛前判罚技术犯规)。无论判罚技术犯规之前或之后是否有其他宣判的犯规发生,都应优先执行 1 次技术犯规的罚球后(优先级别最高),再按违犯发生的先后顺序处理剩余的犯规罚则。

常见案例:①进攻方球中篮后,将球按在地面上或将球打远。②频繁的质疑、抱怨裁判员的判罚或口吐脏字行为。③场上对抗后的夸张表演(假摔)。④与场下的球迷观众发生言语冲突或做出侮辱性手势。⑤对正在投篮的队员进行喊叫、拍手、封眼睛、跺脚的行为,干扰其投篮命中率。⑥一次精妙的配合或上篮得分后,挑衅对方球员或观众。

六、违反体育运动精神的犯规

定义:违反体育运动精神的犯规是一起队员身体接触的犯规,并且根据裁判员判定。

违反体育运动精神的犯规包含:

1)一名队员不是在本规则的精神和意图的范畴内,以不合法的方式去尝试直接抢球(拉拽对方球衣)。

2)一名队员在尽力抢球或在与对方队员尽力争抢中,造成与对方队员过分的严重接触(侵人犯规的动作过大)。

3)在攻防转换中,防守队员为了中断进攻队的快攻,与进攻队员造成不必要的身体接触。如果在进攻队员开始他的投篮动作之后则应按侵人犯规进行判罚。

4)防守队员在试图中断对方的快攻时,从进攻队员的身后或侧面与其造成身体接触,并且此时,在该进攻队员和他所进攻的球篮之间没有防守队员。如果在进攻队员开始他的投篮动作之后则应按侵人犯规进行判罚。

罚则:应给犯规队员登记一次违反体育运动精神的犯规(U2)。

应按下述原则判给若干罚球:

1)如果对没有做投篮动作的队员发生犯规:2 次罚球。

2)如果对正在做投篮动作的队员发生犯规:如果中篮应计得分并追加 1 次罚球。

3)如果对正在做投篮动作的队员发生犯规,并且球未中篮:2 次或 3 次罚球。

执行完若干罚球后,在记录台对侧的前场掷球入界线掷球入界开始比赛。

当登记了一名队员 2 次违反体育运动精神的犯规时,应该取消该队员剩余比赛的资格。该队员因被判罚第 2 次违反体育运动精神犯规被取消比赛资格,应只处罚违反体育道德的犯规的罚则,不追加取消比赛资格的罚则。

常见案例:①不努力去抢球打球,而拉拽对方身体或衣服的行为。②普通侵人犯规的动作或力度过大,给对方造成较重的侵犯。③对方抢断球要快攻反击,为了阻止这次快攻进行故意或战术性的犯规。④进攻队员快攻运球上篮时,前面已经没有任何防守队员时,从背后或侧面对其犯规。

七、取消比赛资格的犯规

定义:队员或球队席人员的任何恶劣的违反体育道德的行为是取消比赛资格的犯规。已被取消比赛资格的教练员应由登记在记录表上的助理教练员接替。如果记录表上没有登记助理教练员,应由队长(CAP)接替。

罚则:应给犯规者登记一次取消比赛资格的犯规(D2)。

每当犯规者被取消比赛资格,则不允许坐在替补席上,他应去该队的休息室,并在比赛期间留在那里,或者如果他愿意,也可以选择离开体育馆。

常见案例:①场上队员发生打架,以及打架发生时替补席的球员进入场内都要被取消比赛资格。②用球故意砸向对方的面部。③倒地后故意用脚踢踹或用手肘击打对方球员。④对投篮队员垫脚造成严重伤害。⑤上篮时抬腿过高踢打防守队员要害部位。⑥过分抱怨、辱骂裁判员、记录台人员或观众,对比赛秩序造成严重影响。

第六节　记录台裁判员的工作方法

现代篮球赛事对抗激烈,技、战术更新速度快,比赛的顺利、有序进行不仅依赖于裁判员和技术代表的精准执法与管理,也离不开记录台人员的精诚合作。记录台人员专业规范的工作、良好的团队配合以及准确高效的沟通对完成好比赛的裁判工作至关重要。缺乏记录台人员的有力支持,临场裁判员的执裁工作将无法正常开展,记录台人员的失误甚至会引起比赛矛盾,导致比赛失控。因此，标准化的记录台工作规范应既符合国际比赛、国内职业联赛的需求，同时也应符合基层比赛的需求。

一、记录台裁判员工作要求

(1)记录台人员是作为对临场比赛进行管理的重要管理者，高质量的记录台工作是顺利完成比赛任务的必要保证。记录台人员必须要精通各自的业务和熟悉所用的器材。记录台临场工作人员是一个工作团队，是一个整体。赛前要仔细检查并试运行器材，认真开好准备会，传达并贯彻赛前联席会上对记录台工作的要求，进一步确定记录台人员之间相互的联络方式，分析可能出现的问题并充分考虑好解决的预案，使之万无一失。在工作中始终保持严谨的作风，注意交流、沟通、分工、合作。互相支持，分工协作，不出差错，确保高质量地完成任务。

(2)记录台人员至少在比赛开始前 40 分钟整队进入岗位，向观众鞠躬致敬后就座，中场休息、比赛结束后整队离岗。进出场必须精神饱满，仪态端庄，统一着装，服装整洁。赛前严禁喝酒，工作时要遵守纪律，严禁吸烟、闲聊、打电话、发短信，比赛中自始至终保持旺盛的精力，专心致志。

(3)记录台人员在工作中各司其职，不得对赛场情况、裁判员的判罚情况评头论足、相互议论，保持独立、公正(尤其主客场比赛，不得倾注个人感情)，不能忘却自己的工作职责；球队教练员前来询问时，要保持良好的心态积极面对。必须做到：态度认真、公正准确、反应快速、记录不涂改。

(4)记录台上只能放置必须的器材和设备，不得放置个人物品，尤其手机、矿泉水等不能放在记录台工作台上。

(5)工作中必须服从技术代表的监督，配合好裁判员的工作。一旦记录表出现错误，必须立即报告技术代表，经技术代表确认并签字后的更改方能有效。

(6)一旦记录台出现问题(如设备故障、比分显示有误、犯规次数有争议等)，记录台人员必须立即报告技术代表，征得技术代表的意见后处理。当主裁判员与技术代表商议时，记录台人员一律坚守各自的岗位，不得插话。当技术代表或主裁判向某一岗位的人员征询意见时，必须敢于承担责任，如实说明情况。

(7)记录台人员必须精通篮球规则，通晓裁判员的各种手势以及和记录台的联络方式。宣告员要掌握一定程度的英语会话能力，记录员要有较强的文字书写能力。

二、记录台岗位职责

国际篮联(FIBA)认定的记录台工作岗位只有记录员、助理记录台、计时员、进攻计时员四个岗位。现代篮球的实际比赛过程中，还需要球队技术统计、大屏信息录入、现场解说播报等相关配套工作。因此，高级别的赛事中又增加了宣告员、大屏操作员，技术统计员、现场主持(DJ)、音乐播放控制(MC)等岗位，虽然不是官方认定的岗位，但在正式比赛中均为标准配置，对比赛的顺利进行和整体赛事的效果渲染，起到至关重要的作用。

1. 记录员职责

应给记录员提供记录表，记录员应：

1)登记比赛开始时上场的队员和所有参加比赛的替补队员的姓名和号码。当涉及比赛开始时上场的5名队员、替换或队员的号码违反规则时，他应尽快通知最靠近的裁判员。

2)在累积分表上登记投篮和罚球得分。

3)把每名球员的犯规登记在他的名下。当登记任一队员第5次犯规时，记录员必须立即通知裁判员。他应把每一教练员的犯规登记在他的名下，当教练员被取消比赛资格时，他必须立即通知裁判员。同样，当某队员已发生2次技术犯规、2次违反体育道德的犯规或1次技术犯规和1次违反体育道德的犯规并应被取消比赛资格时，他必须立即通知裁判员。

4)登记暂停。当某队已提出暂停请求，在出现暂停机会时通知裁判员。当教练员在该半时或决胜期中不再有剩余暂停时，他应通过裁判员通知该教练员。

5)操作交替拥有箭号来指明下一次交替拥有。上半时结束后，由于球队在下半时将交换球篮，记录员应立即反转交替拥有箭头的方向。

记录员应熟练掌握记录表的登记方法，他是记录台工作团队的小组长，负责协助技术代表(如到场)和裁判员及记录台同伴沟通，起到协调引领作用。实际工作中，大部分比赛为赛会制比赛，赛程安排紧密，记录员可在赛前按照秩序册中的球队信息和竞赛日程，提前抄写好记录表相关内容，以免在两场比赛衔接阶段出现慌乱情况。

2. 助理记录员职责

助理记录员应操纵记录屏和协助记录员。

如果记录屏和记录表之间的任何差异不能被解决，应以记录表为准，并将记录屏做相应的改正。

如果发现记录表上的记录错误：

1)在比赛中，记录员必须等到第一次死球时才发出信号。

2)比赛结束之后，在主裁判员签字之前，该错误应被改正，即使这个改正影响比赛的最终结果。

3)在主裁判员已在记录表上签字之后,该错误不再可能被改正。主裁判员或技术代表(如到场)必须向竞赛的组织部门送交详细的报告。

由于比赛紧张激烈,攻守转换快,记录员在记录表登记时很有可能错过场上比赛情况,因此助理记录员的主要工作就是配合记录员,给记录员口述播报场上得分犯规等信息,确保没有遗漏。记录屏的操作工作在实际比赛中已交由大屏操作员负责。

3. 计时员职责

应给计时员提供一块比赛计时钟、一块计秒表和一个蜂鸣器开关,他应该按照规则中的相关规定和临场情况,及时开启和停止计时钟。

1)计量比赛时间、暂停和比赛休息期间。

2)保证一节比赛时间结束时自动地发出非常响亮的信号。

3)如果信号失灵或未被听到,应立即使用任何可能的办法通知裁判员。

每一队员发生犯规时,举示队员犯规次数牌,使双方主教练能清楚看到该队员的犯规次数。

每一次累计全队犯规时,保证该队的全队犯规指示器的数字显示正确。在每一节全队犯规累计已达 4 次时,使该队的全队犯规指示器变为红色。

发出替换信号。

计时员的主要职责为开表和停表,只有计时钟运行,场上发生的任何情况才被认定有效。

开表的时机:跳球时,跳球队员合法初级球时;掷球入界时,球触及或被场上任一队员触及球时;罚球不中时,任一队员合法触及球时。

停表的时机:每一次裁判员鸣哨时;比赛最后两分钟或加时赛最后两分钟内,球中篮时。

4. 进攻计时员职责

应给进攻计时员提供一个进攻计时钟(24 秒计时器),并按下述要求操作:

(1)开动进攻计时钟的情况。

1)在掷球入界中,球触及或者被场上任何队员合法触及时。

2)在开场跳球后或每一次篮板球发生,某队完全控制住球时。

3)在一次投篮出手后或罚球未中后,某队抢到篮板球并完全控制住球时。

(2)停止但不复位进攻计时钟的情况(不回表)。

1)球出界。

2)同队的一名队员受伤。

3)一次跳球情况(争球)。

4)一次双方犯规,判给双方球队的相等罚则相互抵消。

以上情况只停止进攻计时钟不回表,进攻计时钟仍显示24秒的剩余时间。

(3)停止进攻计时钟并复位到24秒或无显示的情况(回表)。

1)球合法地中篮得分后。

2)球触及对方球篮的篮圈(球夹在篮圈和篮板之间除外)并且被防守球队控制。

3)某队因一次犯规或违例的罚则,获得后场掷球入界球权。

4)某队获得罚球(罚球时24秒应关闭显示)。

5)某队发生了进攻犯规。

(4)停止进攻计时钟并复位到14秒,且14秒可见的情况。

1)作为一次犯规或违例的结果,判给原控制球队在前场掷球入界并且进攻计时钟显示13秒或少于13秒。

2)投篮未命中、最后一次罚球、传球的球接触篮圈后,原进攻队抢到前场篮板球时。

3)第4节或每一决胜期比赛计时钟显示2分钟或更少,后场拥有球权的球队请求了1次暂停,暂停后该队可选择前场掷球入界线处开始比赛,此时该队只拥有14秒的进攻时间。

4)在任一节中,比赛计时钟少于14秒时,应关闭进攻计时钟。

进攻计时员是记录台工作中最重要也是工作压力最大的岗位,看似只是回表24秒和14秒的简单工作,但需要计时员掌握大量的规则理论知识,并且整场始终保持较高的专注度,才能应对场上瞬息万变的情况,及时准确地判断分析,给出进攻计时钟的正确显示。

5. 宣告员职责

宣告员是记录台的广播员,从比赛开始前的球队入场环节,到赛中的暂停、换人、三分球命中,到每一节和全场比赛结束的比分播报,都是宣告员的工作职责。宣告员的工作重点为赛前6分钟球队入场至跳球开始前的相关播报内容,此环节内容较多,宣告员应严格按照《中国篮球协会篮球比赛记录台工作规范》中的宣告词要求和时间节点进行播报,不得随意填字漏字。实际比赛中根据情况需要,宣告员的工作也可以交由现场主持人(MC)来完成。

6. 技术统计员职责

现代篮球正式比赛中,尤其各大职业联赛和官方赛事,都会有球队及球员详细的技术统计数据,用于辅助赛事主办方和各球队进行大数据分析,以解决存在的相关问题。技术统计的内容非常详细,例如得分、犯规、助攻、抢断、篮板、快攻、投篮命中率等。中国篮协现有专门关于技术统计员的培训及软件系统。实际比赛中，由于统计的内容较多，技术统计岗位一般也需要两名操作员来完成，一人负责电脑输入，一人协助观察比赛情况。技术统计员的工作强度非常大，需要保持精神高度集中，并能熟练操作技术统计软件。

7. 大屏操作员职责

大屏操作员主要负责比赛现场计分屏上相关内容的电脑操作工作，现场球队、裁判、观众都通过大屏幕来获取比赛信息。屏幕信息主要包括比赛名称、球队名称、队员信息、比分、犯规次数、暂停次数等。要求大屏操作员及时准确地将相关信息显示在大屏幕上，尤其是比分和球员个人犯规环节容易出现错误。如有比分及犯规等内容有错误，应以记录表上的信息为准来进行更正，所有大屏操作员应时刻保持与记录台工作人员的沟通，以确保信息无误。各场地的电子屏购买渠道和型号均有差别，其操作的软件和方法也都有所不同，因此，大屏操作员应在赛前对操作系统进行练习，以确保比赛顺利进行。

参考文献

[1] 张守伟,周殿学,王长在.篮球技术与体能训练[M].北京:科学出版社,2019.

[2] 金宗强,鲍勇.体能训练在竞技运动中的应用研究[M].天津:天津大学出版社,2018.

[3] 孙民治.现代篮球高级教程[M].北京:人民体育出版社,2004.

[4] 罗陵.现代篮球体能训练指导[M].北京:人民体育出版社,2009.

[5] 尹承昊.中国人的篮球体能训练秘籍[M].北京:机械工业出版社,2015.

[6] 臧宝柱.篮球[M].北京:北京体育学院出版社,1990.

[7] 乔纪龙,李延奎.篮球运动教程[M].北京:北京体育大学出版社,2017.

[8] 杭兰平,王立彬.大学校园篮球运动教程[M].西安:西北工业大学出版社,2016.

[9] 杨桦.现代篮球战术[M]. 北京:北京体育大学出版社, 2012.

[10] 杨桦,池建.篮球运动教程[M].北京:北京体育大学出版社, 2013.

[11] 中国篮球协会.篮球规则[M].北京:北京体育大学出版社,2022.

[12] 中国篮球协会.国际篮联裁判员手册[M].北京:北京体育大学出版社,2021.

[13] 中国篮球协会.篮球规则解释[M].北京:北京体育大学出版社,2022.

[14] 孙民治.现代篮球高级教程[M].2 版.北京:北京体育大学出版社.2020.

[15] 张孝平.体育竞赛组织编排[M].北京:北京体育大学出版社.2018.

[16] 李辅材.中国篮球运动史[M].武汉:武汉出版社,1991.

[17] 高卫,姜建新,申玲.中国篮球运动发展史[M].西安:西安体育学院学报编辑部,1989.

[18] 孙民治.篮球纵横[M].北京:人民体育出版社,1996.

[19] 体育词典编辑委员会.体育词典[M].上海:上海辞书出版社,1984.

[20] 钟添发.篮球大辞典[M].北京:人民体育出版社,1993.

[21] 孙民治.21世纪世界篮球运动发展的趋势与特征[J].体育学刊,2000(6):26-29.

[22] 孙民治,陈钧,方明.21世纪世界篮球竞技运动的发展趋势:兼论中国篮球运动现状及对策[J].体育科学,2001(1):44-46.

[23] 蒋桐森.篮球研究[M].上海:商务印书馆,1946.

[24] 刘天锡.最新篮球运动[M].上海:北新书局,1953.

[25] 切特林.篮球基本动作[M].方宾,译.上海:勤奋书局,1953.

[26] 切特林.篮球讲义[M].北京:人民体育出版社,1957.

[27] 陈荣泽.篮球技术与战术[M].北京:人民体育出版社,1956.

[28] 于钢.篮球技术[M].北京:商务印书馆,1976.

[29] 体育科学编辑部.新技术研究与体育[M].北京:人民体育出版社,1985.

[30] 韩之栋.篮球技术练习100例[M].成都:四川科学技术出版社,1988.

[31] 帕耶.美国篮球防守训练全书[M].杨改生,张宏杰,等,译.北京:人民体育出版社,1991.

[32] 孙民治.中学篮球教学与训练方法[M].西安:陕西科学技术出版社,1994.

[33] 体育院、系教材编审委员会.篮球[M].北京:人民体育出版社,1979.

[34] 全国体育学院教材委员会.篮球[M].北京:人民体育出版社,1991.

[35] 姜立嘉.篮球[M].长春:东北师范大学出版社,1990.

[36] 于振峰.师专篮球[M].西安:陕西科学技术出版社,1992.

[37] 于文海,张纬法,吉忠友,等.篮球[M].桂林:广西师范大学出版社,1996.

[38] 全国体育学院成人教育协作组《篮球》函授教材编写组.篮球[M].上海:东方出版中心,1996.

[39] 朱晓梅.篮球[M].合肥:合肥工业大学出版社,2004.

[40] 吕高飞,韩光胜.大学体育健康基础理论与实践教程[M].北京:北京交通大学出版社,2004.

[41] 王家彬,虞荣安,杭兰平.大学体育教程:实践篇[M].西安:西北工业大学出版社,2007.

[42] 闫小平,郭红兵.竞技体育的渊源与发展[M].北京:中国科学技术出版社,2006.

[43] 李可可.我国竞技篮球发展战略定位的回顾与反思[J].成都体育学院学报,2014,40(5):44-48.

[44] 杨茂功.国际篮球规则修订之比较研究[J].成都体育学院学报,2003(2):

52 - 54.

[45] 戴福祥,陆升汉.新编大学体育教程[M].苏州:苏州大学出版社,2009.

[46] 于振峰.篮球[M].桂林:广西师范大学出版社,2000.

[47] 张生芳,张建平.体育与健康教育[M].兰州:甘肃教育出版社,2000.

[48] 刘玉林.现代篮球运动研究[M].北京:人民体育出版社,2005.

[49] 任忠芳.篮球运动的特点及发展趋势[J].中国新技术新产品,2010(2):230.

[50] 陈钧,郭永波,杨改生.篮球理论教学概论[M].北京:北京体育大学出版社,2007.

[51] 刘畅.篮球教程[M].北京:北京理工大学出版社,2011.

[52] Milanović D,Jukić I,Itoudis D. Influence of the programmed training on changes of motor abilities of young basketball players[J]. Kinesiology, 1994,26(1 - 2):33 - 43.

[53] Trninić S,Milanović D,Blašković M,et al. The influence of defensive and offensive rebounds on the final score in a basketball game[J]. Kinesiology,1995,27(2):44 - 49.

[54] Trninić S,Dizdar D. System of the Performance Evaluation Criteria Weighted per Positions in the Basketball Game [J]. Collegium Antropologicum,2000,24(1):25.

[55] Vollmer T R,Bourret J. An application of the matching law to evaluate the allocation of two - and three - point shots by college basketball players[J]. Journal of applied behavior analysis,2000,33(2):137 - 150.

[56] Merrill J M. Relationship between Team Assists and Win - Loss Record in the National Basketball Association[J].Perceptual and Motor Skills, 2001,92(2):595 - 602.

[57] Priscilla Elsass. Trust and Team Performance in NCAA Basketball[J]. The Academy of Management Executive ,2001, 15(3):137 - 138.

[58] Goudsouzian A,Edwards H. King of the Court:Bill Russell and the Basketball Revolution [M]. Oakland : University of California Press,2010.